經典

经典文化系列

中国紫砂文化

时事出版社

前　　言

艺术瑰宝，中国紫砂

“人间珠玉安足取，岂如阳羡溪头一丸土。”这是清人汪文柏对紫砂价值的肯定。的确，紫砂以其素质、素形、素色、素饰，不上彩、不施釉、质朴无华的特有品格，使古往今来的众多文人墨客对它情有独钟，痴迷不已。

紫砂矿土是制作紫砂壶的专用陶土，是大自然赐予宜兴丁蜀镇得天独厚的宝贵资源，是一种能与黄金珠宝比价的矿藏。紫砂矿土深藏在黄石岩下，夹存于甲泥矿中，有“泥中泥”、“岩中岩”之称。其主要成分为石英、云母、黏土等矿物，大体分为紫泥、绿泥（本山绿泥）和红泥三种。即使在宜兴，最优秀的紫砂原料也只有在丁蜀镇的黄龙山 4 号矿中才能够挖掘到。因其产量过于稀少，颜色五彩缤纷，在古老的传说中又把紫砂矿土称为“富贵土”、“五色土”。

紫砂矿土还是不可多得的单矿原成泥，不需要添加其他任何原料就能单独成陶。它的可塑性好，湿泥的干燥收缩率小，烧成后不易变形。在烧制过程中，这种矿土能形成独特的双重气孔结构，这种奇异的气孔结构能使烧成后的器具不渗水，且保持良好的透气性、保温性，同时具有很强的耐冷热急变性能。另外，紫砂使用越久，器身会因抚摸擦拭而色泽越发光润，“外类紫玉，内如碧云”，因此又有“紫玉金砂”的雅号，拥有极高的艺术价值和实用功能。

紫砂艺术自明中期至今，不过短短的五百多年历史，比起陶瓷等其他种类，它无疑是“后起之秀”。但因为它的独特材质，兼受茶文化、陶文化的衬托，以及文人学士的广泛参与和助推，几乎从第一把紫砂壶诞生之日起，就形成了蔚为壮观的紫砂文化。这一文化集陶文化、茶文化、诗词文化、金石文化、民俗文化等传统文化于一体，通过紫砂器丰富的造型美表现出来，让世人为之瞩目。

紫砂文化的发展又是与社会的稳定、经济的发达程度联系在一起的。社会越安定，经济越发达，文化越繁荣，紫砂文化也就越兴盛。几百年来，中国的紫砂文化在经历了晚明、晚清以及战争的烽火硝烟数度潮起潮落后，重新发展起来形成了今日世界性的紫砂文化热潮。首先是文化热。近年来，国内社会各界对紫砂文化的关注和研究盛况空前。新闻出版、影视、旅游等行业对紫砂文化表现出极大的兴趣，研究紫砂文化的专著、报道层出不穷，就连欧美的陶艺家们也多次专门组团到宜兴观看、制作紫砂器具，并称此为陶艺的“寻根之旅”。其次是市场热。目前，使用紫砂器对健康有益已是百姓养生的常识，购买紫砂器的人们越来越多，如紫砂壶、紫砂煲、紫砂花盆等。再次是收藏热。随着紫砂购买热的升温，近几年来，紫砂器尤其是紫砂壶的价格涨幅每年都在30%以上。一时间，大批的藏家把目光从字画、陶瓷、古玉转移到紫砂身上。因此如何用合理的价格购买到合意的好壶，是每个紫砂爱好者梦寐以求的事……

可见，紫砂艺术是迷人的。数百年来，阳羡人用这上天恩赐的五色土，创造了瑰丽的紫砂文化，美誉人间。现在，随着紫砂矿开发的保护、紫砂收藏市场的持续升温，每一位华夏子孙都应该了解和掌握一些紫砂文化知识，或为实用，或为投资，或为欣赏。

正是基于以上认识，借着紫砂复苏的热潮，我们编写了这本紫砂文化的普及读物。书中系统地梳理了紫砂文化的历史发展脉络，详实简要地介绍了紫砂使用和收藏的基本知识，全面展现了紫砂文化与中国传统文化甚至世界文化的交融激荡之美，把关于紫砂的所有美好本质娓娓道来。本书篇章结构合理，内容全面、清晰、浅显易懂，文风质朴优美，意在给那些对紫砂有些许情结的读者以力所能及的帮助，为紫砂文化的发扬尽己绵薄之力。

编者

2013 年 11 月

目 录

中国紫砂发展史

中国紫砂艺术

中国紫砂鉴赏与收藏

中国紫砂相关知识

中国紫砂发展史

第一章

紫砂文化的起源期

第一节　紫砂起源期概述

1. 紫砂文化诞生之谜

紫砂器究竟起源于何时，一直是困扰文化界和紫砂行业的一大课题，已经有大量人士探求过、谈论过、考证过。目前主要有两种说法：一种说法认为紫砂器始于北宋；另一种说法认为紫砂器始于明代。

1934 年 6 月出版的《国学论衡》第三期刊登了谈溶《壶雅》一文，该文认为“泡茶用壶……宋元已有”，并有梅尧臣“紫泥新品泛春华”、“雪贮双砂罂”之句为证。文中提到在周履道、马孝常所著的《荆南唱合集》中有“阳羡紫砂”的记载，还提到在蔡司沾所著的《霁园丛话》中云：“余于白下获一紫砂罐，有‘且吃茶、清隐’草书五字，知为孙高士遗物。每以泡茶，古雅绝伦。”文中“孙高士”即元朝隐士孙道明。

20 世纪 60 年代初期，刘汝醴所著的《江苏紫砂工艺的发展》中认为紫砂器的创始年代，以诗词所提供线索可推到北宋，这一观点与谈溶相同。1976 年，宜兴羊角山紫砂古窑址的发现，证实了宜兴紫砂宋代已有。1982 年出版的《中国陶瓷史》中“江苏宜兴窑和紫砂器”一节云：“紫砂器”创始于宋代，至明代中期开始盛行。1992 年，在顾景舟主编的《宜兴紫砂珍赏》中有“紫砂陶瓷艺术的创始，根据对一些历史文献的研究和古窑址的发掘，可以追溯到北宋中叶”的内容。

但在明代周高起所著的《阳羡茗壶系》“创始”篇中却说：“金沙寺僧，久而逸其名矣，闻之陶家云，僧闲静有致，习与陶缸、瓮者处，抟其细土加以澄练，附陶穴烧成，人遂传用。”将紫砂壶的产生归为明正德年间金沙寺僧所创。

清乾隆年间吴骞编的《阳羡名陶录》、清光绪年间日本人奥玄宝的《茗壶图录》、民国二十六年出版的李景康、张虹所著的《阳羡砂壶考》中都是延续了周高起的说法。

迄今为止，关于紫砂器的起源问题仍处于争论之中，从某一方面来说，这是好事。人们不满足于典籍的记载，希望将紫砂文化的历史提前，以充分体现其价值。但人类文明的进步史是不以人的意志为转移的，任何一种器物的发明、成熟和推广，一定会有其内在的规律，是社会生活的物质需要为其提供了发展的动力。

紫砂文化的诞生是个缓慢的过程，既然紫砂矿土是“泥中泥”、“岩中岩”，其起始必然与日用陶的发展、煮茶和饮茶的生活习惯分不开。这是一个循序渐进的过程，而不是突如其来的横空出世。这或许就是对紫砂文化诞生的时代背景最为客观的阐释。

2. 陶文化对紫砂文化的带动

紫砂文化作为一种文化在社会上开始流行，有着深层的历史文化原因，其中之一就是宜兴陶文化的推动。

宜兴有七千多年的制陶史。陶器生产可追溯到7000多年前新石器时代的马家浜文化时期。近年来，在宜兴骆驼墩遗址、西溪遗址、堰南遗址、下湾遗址等新石器遗址的考古中，都出土有大量的陶器，其中陶罐占了很大的分额。陶罐是一种有着大口、鼓腹、矮胖形状的器皿，作为一种应用广泛的实用器，其历史十分悠久，可以说是和陶器的产生同步的。历史上各个时期、各个窑口都有大量的陶罐生产，流传至今的历代陶罐也是数量众多、品种繁杂，代表性的如新石器时代的彩陶罐、春秋战国时期的印纹硬陶罐、汉代的釉陶罐、唐代的三彩罐、明清的紫砂罐等。

马家浜文化时期的陶罐不仅造型丰富，制作工艺也已经十分精致，有许多还带有美丽的装饰图案，记录和反映了原始先民的生产和生活状况以及审美情趣。在没有文字的条件下，这些陶器及各种装饰为我们今天了解古人所处时代的政治、经济、文化、科技和宗教信仰等提供了方便。宜兴骆驼墩遗址正是因为其陶器所反映出的文化特征，被专家认定为“骆驼墩文化类型”。

春秋战国时期，宜兴发现较多的是印纹陶罐。这些陶罐一般出土于这一时期的土墩墓中，由于烧制温度有了很大的提高，其硬度和质量也有了明显的改善。陶罐上通常都装饰有席纹、雷纹、水波纹、布纹等，有的还贴有捏塑的动物造型。此类陶罐在宜兴文物部门和民间收藏家的手中都有大量的收藏。

两汉时期，宜兴社会经济空前繁荣，这可以从宜兴龙背山、丁山和张渚等地发现的大量古墓及其丰富陪葬物中体现出来。宜兴汉代陶罐数量众多，造型多样，制作精良，其质量处于全国领先水平。在宜兴的各个古玩店中都可以看到它们的身影，而且大都价格低廉。值得一提的是，这些陶罐大都是宜兴本地生产的，因为在丁山等地发现的汉代窑址中就发现有同类的器物标本。早在多年前，资深专家蒋赞初先生就提出“至迟到汉代，宜兴就形成了一个制陶业中心”，此说是很有道理的。

魏晋南北朝时期，宜兴主要生产青瓷器，青瓷罐是这一时期除碗以外最大宗的产品。但现在一般很少看到这一时期的陶罐。

唐宋时期，宜兴陶瓷的生产范围进一步扩大，除丁蜀镇外，在新街水北、潼渚，西渚五圣、白塔和张渚凤凰等地都有窑址分布。当时的陶罐不仅满足于人们日常生活的需要，而且还被用于军事活动。如有一种体型瘦长的四系罐便被韩世忠、岳飞等率领的士兵作为行军时佩戴的军用水壶，所以民间一般称这种陶罐叫“韩瓶”。

明清时期，陶罐已成为人们日常生活中必不可少的用品，家家户户都会备几只不同大小的陶罐，用来装油盐酱醋或黄豆、芝麻。正是在慢慢的使用过程中，人们切身感受到紫砂陶器的实用性和优越性，越来越喜欢它。

这一时期宜兴各窑都有陶罐的生产，有紫砂的、白泥的，有的上了绿釉、酱釉、黄釉，还有不少装饰了印、贴和刻的各式花纹。

正是植根于得天独厚的、丰饶的陶文化土壤，宜兴紫砂文化这朵奇葩才得以生长、繁荣、经久不衰。

3. 茶文化对紫砂文化的影响

以壶为主体的紫砂器的发展和兴起与茶及茶文化的发展是密切相关的。从某种意义上说，没有茶文化的发展就难有紫砂今日之盛。茶文化带动了紫砂壶的发展，而紫砂壶的发展又主导、影响、兴旺了整个紫砂行业。

值得注意的是，紫砂壶在客观上是应顺了茶文化的某些需要，但也显现了自身的独特价值；壶既依赖于茶又游离于茶；壶既发展了茶文化，又有自己的特殊功能和审美特点。

第一，紫砂壶的出现是顺应了茶及茶文化的发展。

茶，初起自用，菜用。“神农尝百草，时遇七十二毒，得茶而解。”秦汉以降，始为饮料。从上流社会的稀有饮物逐渐演绎成寻常百姓的饮料，这是个漫长的历史过程。

宜兴是我国产茶名区之一，自古以来名茶层出不穷，如“阳羡茶”、“晋陵紫笋”、“顾渚紫笋”、“罗茶”等。陆羽晚年隐居于与宜兴一山之隔的浙江苕溪，著《茶经》，此书中就有关于宜兴产茶的记叙，“陆羽名荒旧茶舍，却教阳羡置邮忙”。诗人卢仝也夸耀地写道：“天子未尝阳羡茶，百草不敢先开花。”晚唐杜牧在《题宜兴茶山》一诗中，开篇就说：“山实东吴秀，茶称瑞草魁。”到了宋代，宜兴茶的地位有了改变，不再是贡茶，但仍为文人雅士所爱好，所产的“雪芽”久负盛名。

曾四次到过宜兴的大文豪苏轼在《次韵完夫再赠之什，某已卜居陵邻，与完夫有庐里之约》中云：“柳絮飞时笋箨斑，风流二老对开关。雪芽为我求阳羡，乳水君应饷惠山。竹簟凉风眠昼永，玉堂制草落人间。应容缓急烦闾里，桑柘聊同十亩闲。”元代诗人谢应芳在《煮茗轩》中亦云：“聚蚊金谷任荤膻，煮茗留人也自贤；三百小团阳羡月，寻常新汲惠山泉。星飞白石童敲火，烟出青林鹤上天；午梦觉来汤欲沸，松风初响竹炉边。”可见阳羡茶在文人心目中的重要地位及茶在当时的流行程度。

随着人们制茶方式及饮用方式的不断改变，饮茶器具也在潜移默化中不断发生改变。当饮茶逐渐发展成为一种文化形式时，其审美的变化亦对各个阶段的茶具有了新的要求。茶壶形式的出现正是顺应了这一大背景，才导致了紫砂壶的兴盛。

在历代文人士大夫和官僚的推动下，饮茶之风日盛。文人相聚、吟诗作画，僧道功课、修身养性，都以茶助兴。至唐代饮茶已遍及民众生活，同时与文学、艺术及民俗的联系日益密切，文化内涵不断增大，因此就产生了与之相关的文化——茶文化（茶道、茶画、茶诗文等）。它一方面对中国其他文化产生直接或间接的影响，渗透各个领域；一方面又在不断地丰富发展着自身。对人类的物质、精神发展都起到了积极作用，有益健康，怡神修身，既成了物质生活的需要，亦为精神生活所不可缺少。特别是文士僧道为代表的人群的特殊要求，使饮茶融入了越来越多的审美内容，导致了茶文化较大的发展。陆羽《茶经》的出现，卢仝的《七碗茶歌》，宋代的斗茶，都同人民生活及茶文化发展分不开。

唐宋前饮茶为煎煮，至元明变为泡，因而对茶具又有了新的要求。由于紫砂的吸水率、排气率适合，用来泡茶色、香、味俱全，紫砂壶因此得以普及发展。“茶壶以砂者为上，盖既不夺香，又无熟汤气。”“茗注莫妙于砂，壶之精者又莫过于阳羡。”紫砂壶既实用又美观，除了独到的形制，还在于它的独特材质、肌理、色泽，自然朴素，内涵丰富。另外，在泡茶人不断摩挲、把玩的过程中，壶的物理变化与人的情感交流又能产生特殊的审美愉悦，是一般器具所不具备的，故越来越受欢迎。

第二，紫砂壶因实用而兴，亦为实用受限，皆与茶有关。

到了明代，因泡茶及壶风行导致了紫砂壶的兴盛。此时“茶壶”以小为贵，每一客，壶一把，任其自斟自饮，方为得趣，正所谓：“壶小则香不涣散，味不耽搁。”

紫砂壶的盛衰在依附于社会政治经济的同时，又依附于茶及茶文化。“泡茶”这个实用的先决条件规约了紫砂壶的形式：流、盖、把、钮的宜注功能，使制作者只能局限在此基础上加以发挥，相对限制了个性的体现。约定俗成的审美、评判方式的形成，都是以此为基础的，因而它的创作构成了厚厚的传统意味及规范。由于过分强调实用，加之传统艺人文化底蕴和理论研究的薄弱，使作为一个陶瓷门类的紫砂发展受到了一定的制约，导致了创作的局限性及对整个紫砂认识、评价的部分偏颇、误导。至今这个影响仍相当明显，在多种场合都存在一些类似的议论，甚至是“权威性”的。这与“饮茶”相关，亦有文化视野的因素。它或多或少、有意无意地起到了一些负面作用。茶文化于紫砂壶，有得亦有失。

由于过于强调实用功能，紫砂壶是作为流通商品在市场上出现的，市场是它生存发展的基础、依靠。为了满足市场，许多制壶人在制作过程中不可避免地产生了一些“俗”性、“匠”气。许多作品在体现民众喜闻乐见形式的同时，忽视了个性、人格的张扬，束缚了创新。这些习惯久而久之成为传统，传统越来越厚，形成了权威。有关创作、导向、研究、评判都在它的影响之下，利与弊皆由此而生。

作为紫砂主体的壶类因茶而生，根据茶文化的发展而发展，组成了茶文化的一部分。反过来又提高了茶文化的审美层次，丰富了它的内涵，促进了它的发展，这是由壶的形式特点决定的。而紫砂壶的价值除了“饮茶”以外，还有属于其自身的本质特征，如：陶瓷的品质，独特的审美，创作者的思维、个性、认识等。它同其他门类的塑、瓶、盆、文具、餐具等组成了紫砂这个陶瓷艺术的特殊群体，体现出了自身价值。这种价值不是其他东西所能替代的。

第三，紫砂壶是联系紫砂文化与茶文化的纽带。

紫砂文化与茶文化关系密切，是“亲戚”但不是直接的“血缘关系”，也不是一种从属关系，它们是互依互补的。弄清这种关系，有助紫砂自身的发展。人们一直在自觉不自觉地将两者倾向为一种从属关系，实际是一个谬论。原因很简单：茶——茶文化——紫砂壶，壶因茶生，因泡茶而从属于茶，实用因素是关键。故直至今日，正统的紫砂审美还是以实用为主，壶的法则也就成了主要衡量准则，其他要素如工艺等则变得次要甚至可有可无。因为泡茶须适用，加之整体上从业者文化受限，缺少深层思考，重技而忽略了艺。半封闭的狭隘思维方式，导致了创造能力的限制。虽然历史上有文人参与并产生过深远影响，但并未能成为紫砂壶制作上的主动行为及创作观念的根本变革。就是在今天紫砂创作最旺盛、思维最活跃、投入人力最多、研究层次最为高深之时，一些言论、准则、导向还是以此种思维为滥觞。

无论如何，紫砂已取得了极其辉煌的成就。它的丰富造型、人文内涵、优良材质、制作语言使其他陶瓷难以与之比肩。尤其近十年来受现代艺术思潮的影响，创作者文化层次的普遍提高，大量文化人、艺术家的参与，现代陶艺形式的介入，更使它的优点得到展示、发挥，更增加了它的魅力。紫砂创作无论内容、形式、层次都有了很大发展，道路越走越宽，从真正意义上体现了紫砂本质及价值。

第二节　紫砂起源宋代说

1. 羊角山古窑址的发掘

1976年，宜兴丁蜀镇蠡墅村羊角山发现了一处古窑址，南京博物院组织部分专家对此进行了发掘，从而提出了“紫砂始于宋”的提法。

羊角山地处蠡墅村，属于黄龙山的余脉。这里风景如画，关于它的名字，有个美丽的爱情传说，相传当年范蠡帮越王勾践灭吴复越后，就携西施居住在这里，并建别墅，蠡墅村因此得名。

羊角山虽名为山，但并不高，顶多也就四五层楼那么高。以前，这里一直是陶都窑厂的中心。20世纪70年代，羊角山的东北角还尚存一个旧称“外窑”的长龙窑，在此区域进行地质勘探时，曾在“外窑”以东底层3.4米以下发现一条东西走向的古河道。据考古推测，此古河道在宋元以前可能与今天的蠡河相通。1976年7月，当时尚在原址的宜兴红旗陶瓷厂建造隧道窑，在基建过程中，在羊角山的西北角发现了一座宋代紫砂古龙窑及大量早期紫砂残器和废品堆积，残器主要是壶、罐两大类，其中以壶为主。壶有高颈壶、矮颈壶、提梁壶，呈紫红色，里外均无釉，从造型和工艺手法上可以看到紫砂器的雏形。更具说服力的是，造型除圆形器皿外，还有六方形，可见，当时的制作方法已经脱离了陶轮拉坯成型，开始接片成形了。壶嘴、壶把（壶鋬）、壶钮（壶的）的粘接采用打洞捏塞法，而且相当一部分壶嘴有捏塑龙头型的装饰，这与宋代流行于南方的龙虎瓶上的捏塑手法完全一致。在这一系列的事实基础上，南京大学历史系的教授和南京博物院的专家鉴定，这座紫砂古窑址可能始于北宋而盛于南宋。由此，宜兴陶瓷公司《陶瓷史》编写组编写并发表了一份《宜兴羊角山古窑址调查简报》。报告认为：

（1）“羊角山古紫砂窑”处乱砖与北宋中期南方流行的小墓砖相似，龙头型壶嘴与北宋江南墓葬中常见的龙虎瓶手法极为相似，双条形壶把也是隋唐至宋代瓷器中较为流行的一种形式（南宋以后不多见），而紫砂残器中年代稍晚的制作风格与吴经墓葬壶极为相似，其胎又略粗些，具有明代早期特征，因此“羊角山古紫砂窑”的年代上限不早于北宋早期，盛于南宋，下限到明代早期。

（2）印证了北宋梅尧臣“小石冷泉留早味，紫泥新品泛春华”和苏东坡“松风竹炉，提壶相呼”等诗句，证明紫砂始于北宋。

镇江博物馆近年来在一座南宋古井里发现了两件紫砂壶。壶身、壶嘴、壶底用泥片捏成，壶颈部留有刀削痕，壶身留有很明显的手捏痕，并且上半截还施了釉。据考证，专家认为是宋代酒壶。从其用泥粗糙，制型朴素，年代比较古老看，在时代上可能早于南宋。

2000年，地处羊角山的宜兴红旗陶瓷厂倒闭，由于地理位置优越，土地被拍卖用作房地产开发，在羊角山顶也建起了一个三单元的连体别墅。最里面的两个单元被原龙窑业主的后人买下，这里满园紫砂古迹，古宕口、洗手池完整保存下来，地下室就依岩石而建，成为观看紫砂地质构造的活标本。黄岩石之间还有薄薄的一层黄龙山红泥矿。房主也是紫砂中人，拟利用这里丰富的紫砂历史资源开办集展示、旅游、住宿、制作于一体的羊角山庄。

2. 宋代诗词中的紫砂踪迹

在探求紫砂起源的问题上，一些学者在古代诗词歌赋中也发现了些许紫砂的踪迹，从另一个侧面印证了紫砂起源于北宋。其中最著名的例子是：

北宋诗人梅尧臣的《依韵和杜相公谢蔡君谟寄茶》：

天子岁尝龙焙茶，茶官催摘雨前芽。
团香已入中都府，斗品争传太傅家。
小石冷泉留早味，紫泥新品泛春华。
吴中内史才多少，从此莼羹不足夸。

北宋政治家、文学家欧阳修的诗《和梅公仪尝茶》：

溪山击鼓助雷惊，逗晓灵芽发翠茎。
摘处两旗香可爱，贡来双凤品尤精。
寒侵病骨惟思睡，花落春愁未解酲。
喜共紫瓯吟且酌，羡君潇洒有余清。

北宋书法家、画家米芾的《满庭芳·咏茶》：

雅燕飞觞，清谈挥麈，使君高会群贤。
密云双凤，初破缕金团。
外炉烟自动，开瓶试、一品香泉。
轻涛起，香生玉乳，雪溅紫瓯圆。
娇鬟，宜美盼，双擎翠袖，稳步红莲。
座中客翻愁，酒醒歌阑。
点上纱笼画烛，花骢弄、月影当轩。
频相顾，馀欢未尽，欲去且留连。

北宋政治家、书法家蔡襄《北苑十咏·试茶》：

兔毫紫瓯新，蟹眼青泉煮。
雪冻作成化，云间未垂缕。
愿尔池中波，去作人间雨。

以上这些诗句中的“紫泥”、“紫瓯”，很可能就是紫砂器的别称。也因此，顾景舟先生把紫砂文化的产生定为北宋中叶。

但是由于在明朝以前文献中，往往找不到确切的、直接的关于紫砂的记述，于是有人提出异议：“紫泥”、“紫瓯”可能并非就是紫砂。在宋朝，福建省建瓯（当时的建州府）盛产官茶，而其邻县建阳出产黑瓷。茶官把建州好茶作为馈赠佳品，赠与要好的朋友与上司。在赠送建州名茶的同时，还把黑瓷茶具一并相赠，这黑瓷即为“紫瓯”。但这也只是猜测。毕竟黑瓷是属于瓷器，虽然古人在一些文章里对黑与紫的概念分的不是很清，但是相比瓷器，陶制品更称得上“泥”与“瓯”。

那么宋人所说的“紫瓯”会不会就是黑盏呢？宋代斗茶，贵重黑盏。宋徽宗赵佶在《大观茶论》中云：“盏，盏色贵青黑。玉毫条达者为上，取其焕发茶采色也，底必差深而微宽，底深则茶宜立而易于取乳，宽则运筅旋彻不碍击拂。然须度茶之多少，用盏之大小，盏高茶少则掩蔽茶色，茶多盏小则受汤不尽。盏惟热则茶发立耐久。”蔡襄《茶录》云：“茶盏，茶色白，宜黑盏，建安所造者绀黑，纹如兔毫，其坯微厚，久热难冷。出他处者，或薄或色紫，皆不及也，其青白盏斗试家自不用。”《现代汉语词典》对瓯的注释之一为：盅。这就是说盅是陶制品。而宋代茶盏主要以瓷器为主，其它也有玻璃、金、银、铜等制成，所以说黑盏就是紫瓯有点太过牵强。

第三节 紫砂起源明代说

1. 明代紫砂壶的出土

文献中有明确记载的紫砂历史是从明代开始的。

第一部紫砂艺术的专著《阳羡茗壶系》是周高起在明崇祯年间写成的，书中写紫砂壶的创始者是金沙寺僧，正始者是供春（龚春），都是明代的人物。《阳羡茗壶系》说：“近百年中，壶黜银锡及闽豫瓷，而尚宜兴陶。”这说明紫砂至少是在明代开始流行并成为时尚的。清乾隆年间吴骞编《阳羡名陶录》，清光绪年间日本人奥玄宝的《茗壶图录》，民国二十六年出版的李景康、张虹所著《阳羡砂壶考》也都赞同此说，认为紫砂起源于明代。

1984 年在南京中华门外马家山油坊桥明嘉靖年间的司礼太监吴经墓中出土的紫砂提梁壶，是目前唯一有绝对年代可考的明嘉靖早期紫砂器。壶通高 17.7 厘米，口径 7.4 厘米，底径 7.1 厘米。壶盖较大，反面用“十”字形泥条起固定作用。

2005 年 8 月，工艺师徐立在宜兴市川埠潜洛乡古窑址处购得一件缺盖紫砂提梁器，并在出土的古窑址中挖掘出大量该类器型的残附件。从残片和匣钵的数量来看，该窑址曾经在某个时期主要生产该类紫砂器并具有一定规模。该紫砂残器为提梁式，圆形直嘴，高 15 厘米，直径 16 厘米，容量 1000 毫升左右，薄胎（2 毫米），泥料为暗红色，有白色土浸，泥料较为细腻，胎表隐约有颗粒泛出，与明末清初的紫砂器泥色相似。此残器底部有内凹的底槽沿口，可以放在火炉口并能平合，底槽中间有一个圆锥形烟道口，直达水壶的外壁，成为火炉的炭烟烟囱。壶身分两截，用垒缸法粘贴而成。壶体外表光滑，而内壁则较为粗糙。

为了证明自己的猜测，徐立做了多方面的考证，在出版于日本天保年间的《茶说图谱》中找到类似该残器的一张简图。简图所绘茶壶腹中有一锥管，书上有文字：“江芸阁云：铫，又名穿心吊，《茶疏》所谓必穿其心，令透火气者也。按：铫，其底挑起，故名。”所谓“铫”，即煮水的容器，有石铫、砂铫、铜铫等，我国古代又称水瓢、鼎。由于简图所绘茶壶腹中有一锥管，所以又称“穿心铫”，是日本茶道中用来煮水的汤铫。徐立援引《中日茶文化交流史》介绍说，日本煎茶中使用的砂铫，一般是用白泥或红泥制成，容量在500—1000毫升之间，其中以日本文政时期从中国潮汕、漳州地区进口的“文政渡砂铫”最为著名。“文政渡砂铫”以白泥为料，壁薄如纸，煮出的水感柔和，用此水泡可茶香味美。

徐立进一步考证说：在明代之前作为煮水的容器，“铫”并不太讲究，只是一种铜制的容器，喝茶的人只是注重茶汤的重要性。直到明代文士茶的流行与普及，才对于茶器的讲究上了一个层次。在明代，张源在《茶录》中提到：“桑苎翁煮茶用银瓢，谓过于奢侈。后用瓷器，又不能持久。卒归于银。愚意银者宜贮朱楼华屋，若山斋茅舍，惟用锡瓢，亦无损于香、色、味也。”而在中国茶史上占有重要地位的明代许次纾的《茶疏》中又说：“煮水器：金乃水母，锡备柔刚，味不咸涩，作铫最良。铫必穿其心，令透火气，沸速则鲜嫩风逸，沸迟则老熟昏钝，兼有汤气……”文中第一次提到“穿其心”的铫，也是历代茶书中第一次提到“穿心铫”。同时文中提到“瓯注”时，认为“茶注以不受他气者为良……，往时龚春茶壶，今日时大彬所制，大为时人宝惜。盖皆以粗砂制之，正取砂无土气耳”。“……其余细砂，及造自他匠手者，质恶制劣，尤有土气，绝能败味，勿用勿用。”

由此，徐立认为“穿心铫”与时大彬的茶壶在明代万历年间曾流行成时尚。而这只紫砂“穿心铫”的提梁做法类似于吴经墓葬提梁壶，从金属煮水器仿制而来，把梢有琢磨的痕迹，胎表也有竹工具留下的“竹丝”痕迹。从相同器物的盖残片看，该提梁壶的盖为平盖，在一片凸起的泥片上加一道简易的圆形子口。从吴经墓葬提梁壶的“十”字形子口，到时大彬壶盖的圆子口分析可得：此“穿心铫”的制作时间应该晚于吴经墓葬提梁壶。另外，“穿心铫”的材质较吴经葬墓壶纯正，而制壶工艺仍属圈围缸之法，并非打身筒成型，这一点也表明这件“穿心铫”的成型时间应早于时大彬时期。

潜洛乡古窑址的发现，可以证明紫砂器创始于明万历年间，最早是以煮水、煮茶的器皿形式出现的。

2. 无锡南禅寺出土茗壶

1991 年，无锡市南禅寺基建工地的数处古井中出现大量文物，无锡市文管会、博物馆工作人员闻讯后前往现场调查。经观察，这些古井均为无砖之土井，具有明代水井的显著特征。其中，妙光塔北侧百米处的一口井中出土有失盖紫砂壶一件。该壶肩平，底平呈鼓形；无把，肩部饰银锭式四系；器壁较薄，器里留有中腹接胎痕；胎质较粗，内杂粗细不一的黑色颗粒；还可见飞釉泪痕。另有陶罐一件。其为广口，口沿成流形；深腹，腹稍圆；贴附双条形把（宜兴羊角山古窑址曾出土此种双条形把标本）；器壁较薄、均匀，底面可见大片烟垢焦痕。还有明正德年间景德镇民窑青花茶盏一对。其器形作压手杯式，饰折枝三果杂宝纹。以及汲水陶瓶二件。其中一件肩部压印佛教“卍”字符号。这种口小、底足小、瓶身卵圆形的陶器，民间俗称“韩瓶”，在宋、元、明时期的河道、古井中常有出土。其他还有数片碎瓷，年代均在明早、中期。

专家学者对这件紫砂壶有比较一致的结论，认为此器与南京吴经墓出土的提梁壶十分相似：工艺上均有胎质较粗、近似缸胎、中腹留有接胎痕、无匣钵装烧、沾有飞釉泪斑等特征，是明代中期的的作品。

2002 年，《文物》杂志上刊登了无锡市博物馆朱建新先生撰写的《无锡南禅寺出土的明代紫砂器》一文。该文认为：它们容量大，夹砂多，造型朴实，都作宽大的平底，不仅可作泡沏器，更可作烹煮器，符合当时民间日用要求。从宜兴紫砂的历史来看，它们的制作年代当处于供春时期或稍后，尚在不成熟阶段。其艺术性尚不及供春壶的水准，但其质朴古雅的风格，符合供春时期的紫砂特点。

无锡市博物馆研究员袁志洪认为：该古井出土的广口陶罐，“造型简单，工艺粗犷，使用的成型工艺是拉坯法”，下部有烟垢焦痕，“是明代中期典型的煮水器物”；而失盖紫砂器，“作为一件早期紫砂茗壶，文化背景已决定了它的上限不会早于明初，它本身带有的一些原始特征，如胎粗、接胎痕、飞釉、无铭款等等，为确定它的下限不会晚于明万历时期提供了依据”。

以上两位专家的看法基本相同，认为南禅寺古井出土的紫砂器是供春时期，即明正德年间的物品。

第二章

紫砂文化的创始期——明中期

第一节　紫砂创始期概述

1. 时代背景

尽管紫砂文化的发展，是陶文化发展到一定程度的结果，是陶工和宜兴的先民们生活实践经验的长期积累所得。然而将其作为特殊的茶器而有意识的专门且大规模地开掘、利用、创造，应当是在明正德—嘉靖年间的事。

在明代，阳羡茶事随着茶风盛行而不衰，明四大家之一的文徽明与宜兴有深厚的感情，往往“邂逅高人自阳羡，淹留残夜品枪旗”。他在《是夜酌泉试宜兴吴大本所寄茶》中云：“白绢旋开阳羡月，竹符新调惠山泉。”这里的“阳羡月”指的就是阳羡茶团。另一位官僚，明代成化年间会试、殿试皆第一（状元）的苏州府长洲人吴宽，在《匏瓮家藏集》中也多次提及宜兴茶，如：“区区舟楫来何远，阳羡旗枪瀹更新。”“今年阳羡山中品，此日倾来始满瓯。”“阳羡茶适至，新品攒寸莲。是非龙凤团，胜出蔡与丁。”大儒陈眉公在论茶产地时说：“浙西湖州为上，常州次之。湖州出长城顾渚山中，常州出义兴（宜兴又称义兴）君山悬脚岭北崖下。”

在饮茶方式上，较之于“唐煮宋点”法，明代也有所变革。首先是皇帝发布行政命令将传统的团茶废除，改贡叶茶，在全国范围内掀起了新的饮茶方式，团茶饮用方法逐渐退出主流舞台。比如明代著名书画家徐渭在《某伯子惠虎丘茗谢之》一诗中说：“虎丘春茗妙烘蒸，七碗何愁不止升。青箬旧封题谷雨，紫砂新罐买宜兴。”也就是说有人给徐渭送来了虎丘茶，这茶无疑是散茶，是用新法炒制的绿茶，否则无法冲泡。当然，生活习俗的改变不是一朝一夕所能完成的，至少在明正德至嘉靖年间两种茶饮方式仍然是并存的，所以我们在文人们的诗文、图画中发现两种饮茶方式也不足为怪。

饮茶方式的改变，导致了茶具的更新和多样化，促进了紫砂文化的发展，最重要的就是催生了紫砂壶的诞生。

2. 创始期的紫砂器特征

1984 年南京中华门外马家山油坊桥吴经墓中出土的紫砂壶，是紫砂壶早期作品的典型代表。

墓砖所刻墓志上的内容表明，墓主葬于明嘉靖十二年。经过专家考证，这把壶的制作下限是明嘉靖十二年，是迄今所见有纪年可考的最早的一把紫砂壶。

这把紫砂壶的泥料质地、烧成工艺和火候、制作技法与羊角山古窑址出土的紫砂陶器残片完全一致，和明代中期以后制壶的工艺手段有明显区别。从形制、容量及使用功能来看，它完全符合明以前茶具用器的格调。壶嘴的制作、壶盖“十”字形撑架等，也和明代中期以后的器物有很大不同。壶的腹半出现节腠，与史籍记载的原始紫砂器的制法相一致。但外部修工整齐，特别是壶钮修整圆滑，可见已用转盘加工。流的下部有四瓣柿形泥片贴花和壶身相接，这一贴花除了装饰作用外，尚具有加固流与壶身的黏合作用。这把壶的成型方法与明代工艺的区别在于：手工捏制，用木模镶接成型，故腹半显有节腠，不同于发展到后来的打身筒成型；嘴、扳均用连接法；与缸坛一起烧成，壶身沾有釉泪。由于壶身受火不一致，可以推测出当时的烧成气氛。

第二节　紫砂创始期的造型与工艺

早期紫砂器形主要有壶、罐两大类，以壶类为大宗，有高颈壶、矮颈壶和提梁壶等。

（1）高颈壶。壶嘴有素式和捏塑两种，素式较简单。捏塑有龙头形，手法粗犷简练，神态各异。壶嘴与壶身的粘接采用打洞捏塞法，这种方法很像金属器具的铆形制，故为称之为“铆钉法”。这种制作方法早在六朝瓷器上就已见到。壶把有单条把和双条把两种。一般以双条把的年代略早些，隋唐陶瓷壶类就出现双条把，至宋仍然很流行。壶盖有平盖与罩形盖两种，前者较粗糙，年代似较早，以后则改成罩形盖。

（2）矮颈壶。器形扁矮，卷口，一般无龙头形捏塑壶嘴。

（3）提梁壶。壶颈较矮。提梁与壶身的粘接亦采用铆钉法。壶身已向几何形变化，如有六方长颈壶。壶嘴开始用刀割成平口形，有的与壶身一样出现六角形或方圆结合等形式。壶嘴边饰柿蒂纹（一称菱瓣纹），器腹上部饰乳钉纹等简单装饰。壶把中的双条已逐渐淘汰，制作日趋工整。

（4）紫砂罐。早期紫砂罐类较为单调。大体有高颈罐与矮颈罐两种，罐肩饰横系，器形扁圆，有的带流，有的无流，有的带短炳把手。

第三节　紫砂创始期的艺术成就

1. 金沙寺僧和供春

明末江阴人周高起在《阳羡茗壶录》“创始”篇中说：“金沙寺僧，久而逸其名矣。闻之陶家云：僧闲静有致，习与陶缸瓮者处，其细土，加以澄炼，捏筑为胎，规而圆之，刳使中空，踵傅口柄盖的，附陶穴烧成，人遂传用。”又在“正始”篇中说：“供春，学使吴颐山家青衣也。颐山读书金沙寺中，供春于给役之暇，窃仿老僧心匠，亦淘细土抟坯，茶匙穴中，指掠内外，指螺纹隐起可按，胎必累按，故腹半尚现节腠，视以辨真。今传世者，栗色暗暗，如古金铁，敦庞周正，允称神明垂则矣！世以其孙龚姓，亦书为龚春。”

由以上两篇的内容可见，金沙寺的僧人是用细缸土制造茶壶的第一人，但因身处偏远而没有留下姓名，从而使供春成为中国紫砂史上第一位被记载下名字的大师，成为紫砂壶的正式创始者。

金沙寺僧人因是出家人，住持寺中，活动范围有限，之所以“久而逸其名”，就是因为影响太小之故，如果供春不去金沙寺，寺僧创始的一套制壶技艺就会不为人知。而供春临时栖身于此，偶然的机会学到了技艺，而且热衷于此，就把这个技艺在更大的范围内推广开来，同时也把紫砂器（细陶）从日用器（粗陶）中独立出来。

对于这样一位紫砂壶历史上的开山鼻祖，后人万分景仰。吴梅鼎在《阳羡茗壶赋》中称赞供春：“在髫龄而颖异，寓目成能；借小伎以娱闲，因心挈矩。过土人之陶穴，变瓦瓯以为壶；信异僧而琢山，斫阴凝以求土……彼新奇兮万变，师造化兮元功。信陶壶之鼻祖，亦天下之良工。”并评价了供春对紫砂壶造型的贡献：“稽三代以博古，考秦汉以程功。圆者如丸，体稍纵为龙蛋；方兮若印，角隅刻以秦琮。脱手则光能照面，出冶则资比凝铜。”

很多文人在其作品中也都表达了对供春及其作品的赞美之意，如张岱的《陶庵梦忆》：“宜兴罐（壶）以供春为上。”文震亨的《长物志》：“壶以砂者为上，供春最贵。”徐喈凤的《宜兴县志》：“供春制壶，款式不一，虽属瓷器，海内珍之，名公巨乡，高人墨士，恒不惜重价购之。”周澍的《如阳百咏注》：“台湾郡人，茗皆自煮，最重供春小壶，一具用之数十年，则值金一笏。”

另外，关于供春的身份，有两点需要进一步说明。

一是他的出生日期，这个在史书中没有明确的记载。不过我们可以推算一下。既然他的主人吴颐山在明正德戌年（1514 年）中了进士，在金沙寺读书必早于此年。不管吴颐山那时有多大年纪，那时候供春应该是十二三岁的孩童，据此可以大致推算，供春应出生于 1500 年前后，也就是弘历十三年前后。

二是关于他的姓氏。供春姓供吗？周高起在写下“世以其孙龚姓，亦书为龚春”的字样后，又在其旁记录下自己对此事的看法：“人皆证为龚，予于吴问卿家见时大彬所仿，则刻‘供春’二字，足折聚讼云。”周高起以自己所亲见的时大彬仿供春壶，认为“书为龚春”是不对的。吴骞在《阳羡名陶录·丛谈》中罗列了许多名人对茶壶的评说，顺便提到了这个姓氏，如《茶疏》的作者许次纾下笔为“龚”，《长物志》的作者文震亨写“供”，张岱在《陶庵梦忆》中书为“龚”，不一而足。《五十瓠》的作者对此有自己的看法：“宜兴紫砂，创于吴氏之仆曰供春，及久而有名，人称龚春。”因为《五十瓠》的作者知道镇江（京口）一位名叫谈长益的人写过供春传，因此他的这个说法比较合乎生活实际，即供春一开始是吴氏的书童，名“供春”，后来名气渐大，复姓归宗，而为“龚”。他的早期作品，如有款记应为“供春”，成名后的作品应该为“龚春”。

2. 跨世艺术殿堂的第一壶——供春壶

在长期的实践中，供春对紫砂烧制技术和紫砂造型技术等方面的改进和发展，都做出了重要的贡献。把原来以实用性为主的壶制作得更有文化气息。当时文人们对于奇石有种独特的审美，他们认为“丑极”就是“美极”，如果一块石头达到了“瘦、漏、透、皱”的程度，就是一块美石。当时供春仿照金沙寺旁大银杏树的树瘿，也就是树瘤的形状做了一把壶，并刻上树瘿上的花纹，烧成之后，这把壶非常古朴可爱，很合文人的意，于是这种仿照自然形态的紫砂壶一下子出了名，人们都叫它“供春壶”。

由于身份原因，供春结交的都是一些读书人，文人爱喝茶，大家在一起谈论文学时品茶聊天，所以供春壶在文人中一下传播开了。他制作的“一粒珠壶”、“漏花日葵壶”、“松鼠葡萄壶”等，都是极名贵的珍品。供春使宜兴紫砂由单一的实用器物，发展为具有很高艺术价值和实用价值的工艺品。正因为如此，他才获得了“陶壶鼻祖”、“天下之良工”的美誉。

供春壶在明代即已名声大噪，与嘉定濮仲谦的刻竹、苏州陆子冈的治玉、姜千里的螺钿器同为明代士人推崇。

但供春的作品并不多，且多淹没。明代的周高起也没有亲眼见过，只是从时大彬的仿器中知道其刻款。清代乾隆年间的吴骞也自叹福薄：“供春壶世间已不复存在了。”但 1928 年，以开凿宜兴善卷洞知名的宜兴名士储南强先生却宣称在苏州地摊上发现并买回了一把有“供春”刻款的茶壶。经过追踪、调查和众多专家的鉴赏，通说认为这确是供春的真迹，也就是被今人称作“供春壶”的“树瘿壶”。

这把壶现在中国历史博物馆中收藏，壶高 10 厘米，通长 19.3 厘米，通宽 12 厘米。它的造型仿银杏古树树根，形似树瘿，色如梨皮，形制古朴，精美绝伦。英国人曾愿出两万美金购买，却被婉拒。这把国宝级茶壶已成为当今紫砂艺人仿制、学习的标本，并为紫砂爱好者所心生向往。

3. 供春壶的工艺特点

供春壶有哪些工艺特点呢？主要有四点：

第一，供春壶的泥料。根据记载，供春是“窃仿老僧之匠”而为之，既仿金沙寺僧的办法“亦淘细土抟坯”，就是从制缸瓮的陶土中分离出来的细土。

供春壶早期的作品泥料如此，其传世之作呢？按照周高起的描述，则是“栗色暗暗，如古金铁，敦庞周正”。既然周高起没有见过供春壶，那他的描述是不是不可信？但周氏在吴问卿家却见过时大彬仿制的供春壶，而时大彬的泥料质地是，“或淘土，或杂硇砂土，诸款具足，诸土色亦具足，不务妍媚，而朴雅紧栗”，说得很清楚，是较之缸泥更细的土，或是杂硇砂土。同时周氏也十分明确地说：“壶之土色，自供春而下及时大彬初年，皆细土，淡墨色，上有银沙闪点，迨硇砂和制，縠绉周身，珠粒隐隐。”

第二，关于供春壶的大小问题。周高起在“大家”一节中，谈及时大彬时说：“初自仿供春得手，喜作大壶。”由此可知，供春壶应该是大壶。究竟有多大呢？《长物志》中说：“供壶最贵，第形不雅，亦无差小者。时大彬所制又太小。若得受水半升而形制古洁者取以注茶，更为使用。”按明代的容积标准，半升为 480 毫升。供春壶应该是容量大于 480 毫升的壶。

第三，关于供春壶的制作。典籍描述供春做壶的方法是：“茶匙穴中，指掠内外，指螺纹隐起可按，胎必累按，故腹半尚现节腠”。按我们的推断，这一说法有点玄。因为，宜兴制缸罐早就应用泥片围接拉满法、泥片“虚坨”成型复合法。供春的方法很明显就是原始制陶用的“泥条盘筑法”，这也是现代陶艺家常用的方法。从成型工艺上说，金沙寺僧“捏筑为胎”、“削竹如刃，刳山土为之”，供春却已“斫木为模”，就是使用内模的粗陶做缸瓮的成型法，将泥料拍打成片，包到木质内模上，这样，成品就不可避免地会在器皿腹部中间留下镶接的痕迹，这种“节腠”是“视以辨真”的重要依据。

第四，关于供春壶的烧成方式。供春时代是“附陶穴烧成”，把器皿放置在烧造陶缸瓮的窑膛内一起烧成，既没有烧造紫砂的专用窑，也没有“另作瓦缶，囊闭入陶穴”，所以器皿身上会黏附上飞釉。

如能把握以上四点，辨识供春壶的真伪应该不成问题。不妨设想如下，它应该是：受水半升以上，颜色“栗色暗暗，如古金铁”，线条简洁明快，质地粗犷，较缸胎为细，外表不免沾有飞釉，似乎与吴经墓中出土的提梁壶的特征相似。

第三章

紫砂文化的初繁荣期
——明晚期

第一节　紫砂初繁荣期概述

1. 时代背景

从明万历至明末这段时间，是紫砂文化的初步繁荣期。这一历史阶段的紫砂陶艺通过时大彬等著名壶艺家的努力探索，已经形成了一套合理完备的制作工艺，并拥有了成套的专用制作工具，以及独立的生产体系。这种局面的形成，是与当时的社会经济背景分不开的。明代前期的“匠户制”已较元代松懈，自洪武十六年起实行了“轮班制”，到成化二十年，终于废除了轮班制，改为征银制，使长达两百年的工奴制宣告结束。这些改革措施大大解放了手工业者，调动了他们自主择业和创作的积极性，从而推进了包括陶瓷业在内的各种手工业的迅速发展。

明代后期紫砂器的快速发展更与当时宜兴整个陶业的发展密不可分。当时陶类的商品经济颇为发达，丁蜀镇一带逐渐形成集中的产区。据《荆溪县志》记载：明代嘉靖、万历年间，宜兴窑场的产品已是“于四方利最薄，不胫而走天下半”，各地商贩云集，“千里之外，趋之若鸿”，“沿贾扬帆而晓夜行”，“商贾贸易缠市，山村宛然都会”。至明末，宜兴紫砂器也由葡萄牙商人远涉重洋运至欧洲，被称为中国的“红色瓷器”、“朱砂瓷”，成为欧洲市场的热销产品。

2. 茶文化对紫砂文化的推动

中国人饮茶的方法在历经几百年后，到了明代晚期，发生了根本性的变化，不再冲点、煎煮，而是沏泡了。这个变化过程大约从1531年到1595年。

当茶饮的冲泡法盛行以后，茶具的改变也势在必行，最先意识并适应这一变化的是宜兴人。那里的人们在长期生活实践中，发现了紫砂陶优良的物理性能，特别是宜茶的功能。而这些特殊的品质，很快从普通百姓的手中、口中传送给了敏锐又讲究风雅的文人，为文人所接受和赞美。明人屠隆在《考盘余事》中说：“茶之为饮，最宜精行修德之人。”

另外，由于紫砂土又名“五色土”，其色彩之丰富远在越碗、建盏之上：“上有银沙闪点，迨砜砂和制彀绉周身珠粒隐隐，更自夺目”；“壶，经用久，涤拭日加，自发暗然之光，入手可鉴，此为书房雅供”。壶上镌刻款识铭文，增添了紫砂壶的古趣、文趣、诗趣、画趣、书趣，大大丰富了文人的赏壶意味，“几案有一具，生人闲远之思”。更为重要的是，紫砂陶素面素心的质地，古朴而纯厚，与文人气质风骨十分相近，文人对它的评价是：“温润如君子，豪迈如丈夫，风流如词客，丽娴如佳人，褒光如隐士，潇洒如少年，短小如侏儒，朴讷如仁人，飘逸如仙子，廉洁如高士，脱尘如衲子。”

宜兴紫砂以它独特的魅力，在吸引着无数茶人青睐的同时，也为文人们更多地营造出茶事活动的文化氛围，吸引了他们关注的目光，从而在紫砂壶的设计、诗词和书画装饰、印鉴篆刻等方面全力地参与，给紫砂陶以新的形象，迸发出更强的生命力。另一方面，宜兴的陶工们也对文人的要求和意境心领神会，不断地磨砺技艺，提高自身素养，在原料、成型工艺、烧成等方面精益求精。如《阳羡茗壶系·大家》说时大彬：“初自仿供春得手，喜作大壶。后游娄东，闻眉公与琅琊、太原诸公品茶施茶之论，乃作小壶。”

文人、茶人、艺人为了同一个目的——“饮茶、品茗”，共同打造一门极致的陶瓷文化，使紫砂壶在形制、尺寸、结构，乃至局部处理方面，都更符合茶艺的要求，逐渐形成了古朴、典雅、坚实、浑厚、沉着的艺术风格，以及浓郁的书卷气息和韵致，最终合力形成了实用性、审美性两者完美统一的紫砂工艺。

今人杨永善说："紫砂陶实际上是热衷文化的艺人与热爱工艺的文人共同创造的。"

第二节　紫砂初繁荣期的特点

1. 器形特点

可以说，明万历至明末这一时期，紫砂壶的主要器形是仿青铜器、瓷器，以及从原生态的自然形态和社会日常用品的造型、筋纹器具变化而来，并主要偏重于筋纹造型。这是紫砂艺人在先人优秀工艺成果中汲取精华后提升的产物，也是生活给予的艺术启迪。

菱花八角、僧帽、梅花、汉觯、柿饼、六角、扁花篮形及方壶、提梁壶等，都是时大彬的壶形款式。

董翰始造菱花壶式，是以自然植物的花卉图案配合筋纹而成的。

徐友泉的作品花样繁多，让人眼界大开。据周高起的描述有：汉方、扁觯、小云雷、提梁壶、蕉叶、莲方、菱花、鹅蛋、分裆索耳、美人垂莲、大顶莲、一回角等诸款。

陈用卿也有莲子、汤婆、钵盂、圆珠等式样。

沈子澈更多的是花货和筋囊作品，如竹节、束腰菱花、合菊、海棠香盒、葵花笔洗等式样。

2. 泥质特点

在这段时间中，采矿并无分类选料，而是将本山绿泥、中槽泥、底槽泥混在一起加工，实为混料。这种泥料制成的紫砂器，以二十二倍放大镜观察表面，可看见其中颗粒组合的结构，多为底色泥中夹杂着黄、草绿、红褐色大小不等的颗粒。壶的色泽取决于泥料比例的大小。如：中槽泥成分多者，呈偏红之浓紫色；底槽泥成分多者，呈淡墨之黑紫色；本山绿泥多者，呈偏黄之古金色。若是掺钢砂之成品，底泥的特色仍在。目前市场上常见一种粗砂壶，有人认为是明代壶，从而认为明代紫砂就是粗砂，这实际上是错误的。这种外表砂质突出之壶，是用一种

"洗砂法"把掺粗砂之土坯烧制前用水洗去表面细土，突显粗砂之表面，再入窑烧制而成的，并非是明代紫砂壶。事实上，明代紫砂已一改以前的粗气，重视原料色泽的调配，在粉料中掺进较粗大均匀的颗粒，显得朴雅大方；并由于矿土质优，窑火克谐，烧制时表面砂质熔化，而在出窑后表现出胎骨泥质有细致莹洁之感。

3. 署款特点

这一时期紫砂器的款识流行竹刀刻或竹刀划刻，极少印款。

第三节　紫砂初繁荣期的集大成者——时大彬

1. 人物简介

在紫砂壶的发展史上，时大彬是一位了不起的人物。可以说，没有时大彬，就没有明末紫砂的繁荣。

时大彬（1573—1648年），号少山，又称大彬、时彬。明万历至清顺治年间人，他是宋代尚书时彦的后人，是著名的紫砂"四大家"之一时朋的儿子，是宜兴紫砂壶艺的集大成者，是上承供春、下启百家的一代宗师。据民间口碑资料，说他家居宜兴城里，制壶时客居上袁。他对紫砂陶的泥料配制、成型技法、造型设计与铭刻都有极深的研究，创造了用泥片和镶接凭空成型的技术体系。

2. 作品风格

时大彬的制壶风格不求妍媚悦目，而追雄阔气韵；看似稚拙，实为超凡脱俗；"沙粗质古"、"朴雅坚致"、"粗而不媚，朴而大雅"。其先仿供春制大壶，后随封建士大夫追求淡雅、韵致而改做小壶，心摹手追，揣摩古意，多有创新。他在泥料上喜杂以少许缸砂土，看上去更具朴雅；壶底或壶身刻款刻画，以显书法文雅；壶盖与壶身吻合，做工细腻，手抓壶盖，能连壶并起（参见《阳羡名陶录》卷下引张燕昌《阳羡陶说》）。

3. 突出贡献

在紫砂文化发展史上，时大彬是一位里程碑式的人物，他的杰出贡献主要包括：

(1) 全手工制壶，拍打成型

在工艺上，时大彬基本上完成了手工成型的制壶工艺。所谓“壶艺传至大彬，始蔚然大观，为完成之初期”（张虹、李景康，《阳羡砂壶图考》）。周容在《宜兴甆壶记》中这样记载：壶艺“至时大彬，以寺僧始，止削竹如刃，刳山土为之。供春更斫木为模。时悟其法，则又弃模。而所谓削竹如刃者器类增至今日，不啻数十事”。这就是说，不知名的金沙寺僧原来是徒手捏壶，供春是“斫木为模”，用木模挡坯制壶，而时大彬又抛弃了木模，用手工制壶，而且大大发展了制壶的专用工具。时人评论：“良工虽巧，不能徒手而就，必先器具修后制度精。甆壶以大彬传，几使旅人指。”（旅人：陶工；指：折指。喻佩服其工巧）时大彬不仅手艺巧，而且器具修，所以其制壶“制度精”，使天下制壶陶人为之折服。我们可以这样说：是时大彬总结了前人制壶经验，奠定了今天紫砂“拍身筒”、“镶身筒”手工制壶的一套独特的制壶工艺基础。紫砂泰斗顾景舟生前也常说：“自时大彬开始，制作紫砂陶的一整套传统技法已大体上建立，并传承给以后的各代艺人，这应是时大彬最大的功绩。”

但凡有点紫砂常识的人都知道，在各种紫砂壶中，全手工制作的通常价格很贵，品质上也是最佳的。现在，宜兴很多店家都打出了“全手工壶”的牌子，其实除了灌浆成型的壶，紫砂壶可以说都是手工制作的，但这个概念和“全手工壶”完全不是一回事。

手工制作的壶是模具壶，模具壶古已有之。明代周高起在其《阳羡茗壶系》中就明确记载，作为紫砂壶鼻祖之一的供春“是斫木为模”，即借助木模（可能是“内模”）来制壶。到时大彬时才开创了真正全手工时代。时大彬初期制壶，还是照供春的成型方式用木模，一直到中晚期才创造出了一套完整的紫砂成型技法，并一直沿袭到现在（木模成型在今天仍偶有运用）。

(2) 泥料调配创新

周高起在《阳羡茗壶系》中说：大彬制壶“或淘土、或杂以硇砂土，诸款具足，诸土色亦俱足”。所谓“淘土”，即从陶土中“抟其细土，加以澄练”，是从金沙寺僧和供春那里继承来的。但“杂以硇砂”却是大彬先生的首创。所谓“杂以硇砂”，即相当于现在的调砂、铺砂、参砂。其目的是增加“细土”的强度、壶的艺术效果。做法是“陶土之内杂以硇砂。尝毁旧甓以杵舂之，使还为土，范为壶，熿以熠火，审候出之”（李斗《扬州画舫录》），“硇砂即陶缸已成之器捣碎舂之参入土中”（周容《宜兴甆壶记》）。

时大彬不仅善于调砂，且能调配泥色，所以“诸土色具足”，远比供春时代的用泥进步和讲究。

（3）开创茶壶造型的“诸款俱足”

时大彬制壶有多种造型，可谓“诸款具足”。有圆器、方器、仿生器、筋囊器等多种，是制壶造型的多面手。人赞其为“千奇万状信手出，巧夺坡诗百态新”（吴骞诗）。

（4）开壶上题铭之先河

在识款上，时大彬在制壶的识款、题铭上表现了较高的文化修养。他出身于壶艺世家、书香门第，家学渊源，与文人交流广阔。受当时文人的影响，见光壶（素壶）外表虽然质朴，但却缺少灵动和变化，于是决定在壶身上刻画留款。这种做法在此前是没有的。但时大彬初时也并不精通，是请“能书者落墨”，自己“用竹刀画之”。后来才苦练书法，“竟运刀成字，书法闲雅，在《黄庭》、《乐毅》帖间”（意谓书法像王羲之），博得文人的赞美。如周高起曰：“大彬款用竹刀，书法逼真换鹅经。”张叔未得时大彬方壶，见其题铭赞曰：“削竹镌留廿字铭，居然楷法本黄庭。”不过，大彬壶的题铭内容大多是现成诗句，多镌于壶底，且偶见于壶身。

第四节　紫砂初繁荣期的其他艺术典范

1. 孟臣小壶

惠孟臣是明天启、崇祯年间的一位紫砂艺人。1975 年广东陆丰县发现的明末清初黄霖墓中，曾出土过一件孟臣壶。《阳羡名陶录》作者吴骞说，他在海宁安国寺六月二十九日香市集会上买到一把孟臣壶，底有唐诗“云入西津一片明”，制作浑朴，刻款笔法类似唐代书法家褚遂良。

惠孟臣的作品在晚清和民国初年不断有发现，多为小壶。其所作小壶较大壶制作精良，为后世水平壶的前身，而华南一带盛行功夫茶，水平壶最为受用，因此孟臣壶在社会上流传颇广，很受欢迎。“漳、泉、明三府品茗，茗必武夷，壶必孟臣，杯必若深。”

后世仿孟臣壶的多为小壶，究其原因，多为功夫茶盛行及潮汕人的偏爱所致。时至今日，紫砂艺人仿造惠孟臣小壶也司空见惯。

2. 与时大彬同时代的紫砂名流

明代万历年间，紫砂壶盛极一时。其重要标志，就是紫砂大家、名家的出现。吴梅鼎在《阳羡茗壶赋》中，赞美了这些大家们的技艺和影响：“大彬之典重，价拟璆琳；仲美之雕镂，巧穷毫发；伸芳骨胜，而秀出刀镌；正春肉好，而工疑刻画。求其美丽，争称君用离奇；尚彼浑成，佥曰用卿醇饬。若夫综古今而合度，极变化以从心，技而进乎道者，其友泉徐子乎”。

坊间有“壶家妙手称三大”的说法，“三大”即时大彬、李仲芳、徐友泉。三人中自然以时大彬居首，成就也最著，但李仲芳、徐友泉作为时大彬高足，也久负盛名。

除时门弟子、别派艺人之外，明天启以后的紫砂艺人也不乏名手，这些后起之秀的作品，有的“气格高古，韵致清绝”，有的“重镂叠刻，巧夺天工”，给紫砂茗壶的灿烂盛期增添了许多光彩。

在别派后辈诸家中，以陈用卿的声誉最高。其为明万历、崇祯年间宜兴制壶高手，生卒年月不详，是与蒋时英技艺相当而又同时著名于壶艺界的名家。陈用卿行三，富有劳动人民刚强耿直的气质，曾因得罪衙吏官绅而一度致陷狱中。文献上说他“负力尚义，尝挂吏议在缧中”。当时很多人不了解他，因此称他为“陈三呆子”。

陈用卿善制大壶，式尚工致，丰满自然。其所造莲子、汤婆、钵盂、圆珠等式样，不用规矩准绳而自然圆正妍饰。款仿钟太傅帖意，落墨拙而用刀工。吴梅鼎的《阳羡茗壶赋》评：用卿壶艺以浑成醇厚称之。其艺术水平仅次于时大彬。

在其余的诸多名手中，还有三个人值得一提，一是陈仲美，二是沈君用，三是沈子澈。

陈仲美，江西婺源人，原是景德镇的制壶名手，工仿古窑器，后慕名到宜兴改业紫砂器。他的作品别具一格，所制茗壶以摹状花果，并缀以草虫为其特色。茗壶之外，他又制作过许多文房雅玩，如香盒、花盆、狻猊炉、辟邪、镇纸、鹦鹉杯等陈设物品，都极精工，大大开拓了紫砂陶的制作范围。他把瓷雕与紫砂壶艺相结合，匠心独运，不仅施展了瓷雕的绝技，在紫砂壶上附加陶刻艺术的美学要素，重镂精琢，为之增华，而且又擅长塑造，曾塑紫砂“观音大士像”，庄严慈悯，神彩焕生，把紫砂工艺向塑造艺术推进，为紫砂增添了新的光辉和华彩。可惜的是这位“智兼龙眼、道子”的艺术家，竟“心思殚竭，以夭天年”。吴梅鼎称其壶“巧穷毫发”，周高起将他的作品列为“神品”。传器有束竹柴圆壶，款署“万历癸丑陈仲美作”楷书刻款；盉形壶，壶底有“陈仲美”楷书刻款。

继陈仲美而起的另一名手是沈君用（约 1610—1666 年），名士良，又名多梳，所制茗壶式色，上承欧正春一派，又近陈仲美风格。作品多浮雕，玲珑透剔，形象逼真。而且他善于调配壶土，“色象天错”，烧成器皿有“金石同坚”之美。其作品造型“不务正方圆，而榫缝不苟丝发”。他未成年时就已初露才华，以艺术精湛离奇而著称，因此人称他为“沈多梳”。多梳，就是童年垂髫，还没有束发成年的意思。但他在艺术成就刚开始成长的阶段，就因用脑过度，不幸过早去世。据文献记载，“巧殚厥心，以甲申四日夭。”《阳羡茗壶系》称仲美、君用所制茗壶砂器为神品，并对于这两位艺人英年早逝者深感惋惜。

沈子澈，明崇祯年间桐乡人，善制茗壶、文具，人称与时大彬齐名，所制茗壶典雅浑朴，巧夺天工。《阳羡名陶录》称：“子澈实明季一名手也。”《桃溪客话》云：“子澈胜国名乎，至其品类，则有龙蛋、印方、云罍、螭觯、汉瓶、僧帽、提梁卣、苦节君、扇面方、芦席方。诰宝、圆珠、美人肩、西施乳、束腹菱花、平肩莲子、合菊、蝉翼、柄云、索耳、蕃象鼻、沙鱼皮、天鸡、篆饵、海桑、香合、鹦鹉杯、葵花、茶洗、仿古花尊、棋花炉、十锦杯等，大都炫奇争胜，各有擅长，始举其十一耳。”可见子澈的制作，善仿友泉，其壶式也多相类同。

通过时大彬及其学生以及其他诸家的努力，紫砂陶在这一时期的品种方面已经基本齐备，茶壶、文房用品、雕塑（人物、动物、花卉水果）都有相当的成果，色彩也是红、紫、白、黄、墨、碧诸色齐备，呈现出各擅其巧、力争上游、欣欣向荣的局面。

第四章

紫砂文化的成熟期——清早期

第一节　紫砂成熟期概述

紫砂制壶工艺经过明朝晚期的兴旺成熟阶段，度过了由于朝代更替、战争频繁的一段萧条期后，自康熙中期开始，随着社会安定、经济繁荣，而呈现出全新的艺术风貌。

这一时期，紫砂壶艺的发展已达到相当成熟的阶段，民间制壶业非常发达，“白甄家家哀玉响，青窑处处画溪烟”。蜀山、上袁、中袁、川埠、潜洛、牛毛圩、西望圩一带，大多是农忙务农、农闲制坯、半农半陶的制陶人家，其制作坯件由窑户收购，论件计酬，品种均为日用大壶，如寿星壶、洋桶壶、龙蛋壶等，以及小茶馆用的贡灯壶类。上等茶壶均为名匠制作，家传师承，受雇于窑户，或在作坊间制作，或在家中制作特定的制品，如鱼化龙壶、传炉壶、柿子壶等。茶壶品种中的筋纹器和自然器形丰富多彩，但绝大多数工匠都是在小心翼翼地描摹前人所作，缺乏创新意识。陶瓷艺术的繁缛之风有所抬头，紫砂壶的造型装饰上也出现了“炉均釉”等华丽装饰，即在紫砂胎上施以彩绘、描绘、泥绘、贴花、镂空、包嵌等，这和紫砂陶的质朴无华显然是格格不入的。

但尽管如此，这一时期仍是紫砂文化发展史上的又一段辉煌阶段，制作工艺趋向成熟，出现了大批名家、名人，最有代表性的是被后人称作在继供春、时大彬之后最有成就的大家——陈鸣远。由于陈鸣远大大拓展了紫砂陶的题材领域，花货、花壶和文房雅玩成为紫砂陶的制作热门，它们的文化气息更为浓厚，吸引了大批的文人热捧，一时蔚然成风。这个时期，紫砂器大量进入宫廷，受到最高统治者的喜爱。为适应宫廷的需求和审美趋向，紫砂陶出现了瓷器的彩釉装饰，走奢华路线，繁缛堂皇。这种风格扩展到民间，成为相沿至今的装饰手法。这一时期，在壶上印盖章以代替刻款也逐渐成为壶艺的主要手法。

第二节　紫砂成熟期巨匠——陈鸣远

1. 陈鸣远其人

陈鸣远，宜兴人，名远，号鹤峰，又号壶隐。清初康熙、雍正年间人。他出生于紫砂世家，相传其父是明代著名紫砂艺人陈子畦。

陈鸣远技艺精湛，雕镂兼长，是紫砂史上技艺最为全面而精熟的大师。他无穷的创造力为紫砂工艺开拓了更为宽阔的发展道路。陈鸣远在紫砂陶艺的题材和表现形式上多有拓展，所创作的紫砂壶造型装饰有了非常大的变化，造型加进了青铜器造型和自然界瓜果、竹木、树段等雕塑造型，在壶的表面加以浮雕装饰及书法装饰，壶盖内加盖印章。在紫砂泥原料的色彩、质地变化上也有了发展，并应用于壶艺以外的玩偶、文房清玩等。

2. 陈鸣远的紫砂艺术成就

第一，在壶形设计上突破了明代几何器形和筋纹器形的局限性，模拟自然形态塑成壶身。自然界的花草树木、蔬菜水果、鸟兽鱼虫，无不可以入壶。其造型源于自然，加以取舍并适当夸张，作品生动活泼、富于美感，开创了后代“花货”先河，是一个热爱生活的艺术家对生活的再创造。

第二，扩大了紫砂器的艺术品类。除壶、杯、瓶、盒以外，他还设计制作了许多文房雅玩，如笔筒、笔架、笋形水盂、鼎、爵、歇蝉摆件等，造型别致，精巧可人，既是文房用具，又可供艺术欣赏。清人张燕昌写道：“陈鸣远手制茶具雅玩，余所见不下数十种，如梅根笔架之类。”此外，陈鸣远充分利用紫砂材料独特的质地和颜色，创作了藕、荸荠、蘑菇、胡桃、花生、板栗、菱角、扁豆等仿真蔬果，栩栩如生，几可乱真，深得人们的喜爱，促进了紫砂像生派艺术的形成。

第三，陈鸣远与文人的密切交往与合作，给紫砂作品带来幽雅的文化内涵。清乾隆年间吴骞所著《阳羡名陶录》载：“鸣远一技之能，间世特出。自百余年来，诸家传器日少，故其名尤噪。足迹所至，文人学士争相延揽。常至海盐馆张氏之涉园，桐乡则汪柯庭家，海宁则陈氏、曹氏、马氏，多有其手作，而与杨中允（晚研）交尤厚。”文中涉及的张氏（柯）、汪柯庭、曹氏（廉让）、马氏（思赞）及杨中允等人，都是载入史籍的文人学士，有的工诗文，有的善绘画，有的擅书法。他们将陈鸣远邀请至家中，制作茗壶，切磋陶艺。这些文人直接参与壶形的设计、壶款的选择或拟订，甚至亲笔书写壶款，如曹廉让书款的天鸡壶，体现出浓厚的文人意趣。陈鸣远本是极有天赋之人，在文人学士之间长期的耳濡目染，其文化艺术素养逐步达到很高的境界。这充分体现在陈鸣远的壶款内容、刻款书法及款与壶的配合上。如现藏于南京博物院的“南瓜壶”，即引用西汉初年秦东陵侯召平弃官为民，种瓜长安的典故，表达了作者淡泊高远的心志。此壶型自然生动，寓意深刻，刻款书法亦很精妙，已从民间的日用品，变成有深刻文化内涵的艺术品。

第四，开创了壶体镌刻诗铭作装饰，署款以刻名和印章并用的先河。他把中国传统书法绘画的装饰艺术和书款方式引入了紫砂壶的制作工艺，使原来光素无华的壶体增添了许多隽永的装饰情趣，也使紫砂壶具有了更浓厚的书卷气。再加之他所提的诗铭、书款的书法雅健娟秀，富有晋唐笔意，从而把壶艺、品茗和文人的风雅情致融为一体，极大地提高了紫砂壶的艺术价值和文化价值，使之成为真正的艺术品进入了艺术殿堂，这是陈鸣远在壶艺发展史上建立的卓越功勋。

3. 陈鸣远的著名作品

陈鸣远在清初的影响极大，标有陈鸣远款识的存世作品不少，古籍图谱中提及陈鸣远的作品也不在少数，据《阳羡砂壶图考》记载的就有：

张燕昌在王芍山家见一壶，底有铭：“汲甘泉，论芳茗，孔颜之乐在瓢饮。”

吴骞曾得陈鸣远天鸡壶，细砂作，紫棠色，上锓庾子山诗，为曹廉让先生手书。

汪季青藏双卮一具，汪为此赋诗云："赠我双卮颇殊状，宛似红梅岭头放。"

张燕昌在樊桐山房见一壶，题"丁卯上元为端木先生刻"，书法好像是杨中纳的所撰。

汪次迁赠张燕昌一个陈鸣远制"研屏"，高六寸弱，阔四寸一分强，一面临米元章《垂虹亭诗》，一面刻柯庭双钩兰。

《茗壶图录》记载有二壶："风流宰相壶"和"浴后妃子壶"。

《艺术丛编》载陈鸣远方壶一具，底锓"衎斋真赏。鸣远"六字。又海棠形小壶一具，底有陈鸣远款"石霞山人"章。还有一具，底镌"石乳泛轻花"铭，有"陈"字圆章及"鸣远"方章。

邓秋枚的《砂壶全形拓本》载紫砂壶一柄，底铭曰"器堕于地，不可掇也；言出于口，不可及也。慎之哉"。有"远"字款、"陈鸣远"章。

唐天如孝廉藏白泥大壶一柄，诰宝形，底有"陈鸣远"篆书章，超逸有致。

另据查慎行《以陈鸣远旧制莲蕊水盛、梅根笔格，为借山和尚七十寿口占二绝句》，记载有莲蕊水盂（水盛）、梅根笔架（笔格）。

陈鸣远作品还有：

筋囊器："瓜棱壶"（弗里尔艺术收藏馆收藏）。

光货："六方壶"（上海博物馆收藏）、"梨皮方壶"（旧金山博物馆收藏）、"甜瓜壶"（原名南瓜壶，是陈鸣远的一件代表作，壶身镌有"仿得东陵式，盛来雪孔香"诗句，刻款楷书"鸣远"，钤"陈鸣远"阳文篆书方印，今藏南京博物院）、"四足方壶"（壶身铭"且饮且读，不过满腹"，今藏上海博物馆）。

花货："南瓜壶"、"束柴三友壶"、"梅干壶"、"包袱壶"、"蚕桑壶"、"天鸡壶"（天津博物馆藏）、"松鼠葡萄壶"（故宫保和殿藏）。

此外，还有为数不少的像生果品和文房雅玩，如"回纹小水盂"、"玉蜀黍、花生、慈姑"、"笋型水盂"（也是陈鸣远的代表作品，今藏南京博物院）。

1990 年 7 月，在福建漳浦县南坑村乾隆二十三年入土的蓝国威

（蓝氏为康熙六十年贡生）墓中出土了一把朱泥壶，壶底刻“丙午（1726 年）仲夏，鸣远仿古”，有圆“鸣”方“远”篆书小印章，为陈鸣远的作品。

4. 陈鸣远作品真伪甄别

陈鸣远的作品历代为世人所重，仿制求利者层出不穷，无论数量还是品种，其仿制品都是历史上最多的，其作品真伪的鉴别成为令收藏家和紫砂爱好者头痛的一件事。

如何鉴别陈鸣远紫砂作品的真伪呢？

第一，款式内容。前面已谈过，陈鸣远与当时的文人学士过从甚密，已具备相当文化素养，境界远非一般匠人可比。目前所见陈鸣远作品的款识，要么儒雅含蓄，如上述“南瓜壶”；要么简洁朴素，如 1990 年福建漳浦县出土的朱泥壶款识就很简单。若是偶遇“逸趣”之类的题款，则必须警惕，这样过于直露的款识，似为现代人口吻，而非陈鸣远的风格。

第二，刻款书法。陈鸣远刻款书法历代评价颇高，“雅健”而“有晋唐风格”，从“南瓜壶”款及“瓜果壶”款已可略知大概。

第三，印章。印章也是鉴别紫砂器真伪的重要依据。然而，印章的复制并不难，20 世纪二三十年代，古董商用火漆在老壶上拓下印记，待硬化后，再印盖在仿制品上，印记完全一样，只是稍小些。而现代利用电脑技术仿制的印章，则完全可以乱真。此外，后人用前人真印章的情况也存在，某著名工匠故去后，他的印章可能传给了子孙或弟子，后代受利益诱惑，不可避免地在自己的作品上使用，或者有偿供别人使用。如清代杨彭年的“阿曼陀室”印和“彭年”印，近代程寿珍的“冰心道人”印，都是如此。所以，印章作为依据之一，还必须结合其他因素做综合分析。

第四，颜色。年代久远的紫砂器，因手泽摩揩、茶叶亮润而发出黯然之光，或具有自然的茶垢和污迹。而赝品为了追求“旧”的效果，有的用颜料、油类涂抹，有的将新壶表面处理后浸在浓茶甚至人工配制色汁中，使新壶快速上色，充作老壶。这类赝品，只要仔细观察，都不难识破。

第五，署名格式。紫砂器制作者的署名多为“某某某”、“某某某制”，在紫砂器上刻图画或刻款的刻工多署“某某某刻”。陈鸣远款后署名常见“鸣远”、“陈远”、“鸣远仿”等，未见“陈鸣远镌”之例。若是藏品上出现“陈鸣远镌”之类的说法，多半为假。

然而，并不是所有赝品都没有价值。在20世纪初的上海，一些古董商人重金招聘宜兴制壶高手，不惜成本，不计时间，仿制或“创造”古代名壶。裴石民、顾景舟、王寅春等名家都是当时古董商的座上宾。这批作品制作精美，与原作比较，在工艺上也许还有超过的地方。若不谈历史价值，其艺术上的成就则是应当肯定的。就是现在某些博物馆收藏的名家名壶，或者已被社会公认的原作真品中，是否就有当时精美的仿制品，亦是值得考察的。

第三节 紫砂成熟期的其他艺术成就

1. 紫砂名手、名品

清康熙、乾隆时期是紫砂壶的第二个发展时期。这一历史时期，除陈鸣远和他的作品之外，还有不少名家名品，也为紫砂陶艺增色不少。顾景舟先生认为，除了陈鸣远，“其余有葭轩、郑宁侯和王南林、邵玉亭、邵旭茂、陈萌千等。至此，砂艺风格又有了很大转变。从各家传器观察，在明代形式下的简练朴雅已经有些过时，往往一件作品的装饰纹样、所用手法能纤细如毫发”。如许龙文，专长花样图案造型，“每壶无一不竭智力，而兹壶精制尤穷神妙，非他工之可拟论也”。其在菱花、菊花、葵式等线条的处理、技法上的清脆利索，自成流派。他所制的一柄葵花壶，“流直把环，通体以秋葵花为式，千瓣参差，向背分明，如笑如语”。

对于许龙文，台湾徐鳌润先生认为他是时大彬的再传弟子，为晚清艺人，这是一家之言；更多的人认为徐龙文是清初康熙年间的艺人，《阳羡砂壶图考·别传》中说，“龙文，清初荆溪人，所制多花卉像生壶，殚精竭智，巧不可阶。仲美、君用之嗣响也。壶底恒有二方印，曰‘荆溪’，曰‘龙文’”。

《茗壶图录》一书中收录了许龙文的茶壶七件，它们是梨皮泥“风卷葵壶”（倾心佳侣）、梨皮泥“虚扁壶”（跌坐逃禅）、梨皮泥“藏六壶”（藏六居士）、梨皮泥“水仙花壶”（凌波仙子）、梨皮泥“四方壶”（方山逸士）、梨皮泥“菊蕾壶”（陶家佳友）、梨皮泥“菱花壶”（俪兰女史）。这七件茶壶，奥兰田认为“七壶不问有款无款，大率如出许龙文一手”，与王蟾、国瑞款的“帝乡仙驭”壶，合称“荆溪八仙”。

葭轩和郑宁侯的传器稀少，世人对他们的情况知之甚少。

项圣思：生卒年不详，大约是清初之人，南京博物院现藏有他的一件桃杯，显示了他在紫砂陶塑上不同凡响的功力，可惜他的其他作品没有流传下来。

潘虔荣：清代中期壶艺家，字菊轩。香港中文大学博物馆藏有他的一把底款为“岁在辛卯仲春虔荣制时年七十有六并书”的作品，辛卯年即道光十一年，公元 1831 年。

如果说，明末紫砂壶的主要器形偏重于筋纹造型，那么清初的工艺风格则是继承了晚明多姿多彩的造型特点，较多地偏重于花货造型。这是与陈鸣远和许龙文创作了较多的花货作品分不开的。陈鸣远的“南瓜壶”、“束柴三友壶”、“梅干壶”、“蚕桑壶”、“松鼠葡萄壶”等，许龙文的“风卷葵壶”、“水仙花壶”、“菱花壶”、“菊蕾壶”等，都足以说明这一点。也可以说，花货类茶壶在清初确立了它的门类地位，成为紫砂壶主要的造型类别之一。

2. “宫廷紫砂”的蔚然成风

所谓“宫廷紫砂”，并不是所有收藏于故宫博物院的紫砂器就是宫廷紫砂，而是专指按照皇家风格、要求，由宫廷造办处提供样式，制作精美、品味高超的宫廷用品。据有关材料表明，迄今为止，故宫博物院收藏各类紫砂器共有四百余件，宫廷紫砂只是其中很小的一部分。

明代，宜兴已经开始承接朝廷御用的陶瓷器物，由上面派官或地方管理兼作“陶正”（督造贡陶之官名）督造。其特点是：进入宫廷的紫砂壶都是作为内胎使用的，或内砂外漆，或里外挂釉。代表器物为时大彬款紫砂雕漆四方壶：委角四方形，全身大红髹漆并雕刻纹饰；壶腹四面开光，内雕刻山水人物、亭台楼阁；壶底涂薄层黑漆，隐约可见“时大彬制”四字楷书款。

清初康熙时期紫砂器的特点是重彩。造办处尝试在素坯的紫砂茶具上画珐琅彩，创烧了一批精美的紫砂珐琅彩茗壶。故宫仅存的一件珐琅彩紫砂壶残器，虽已残缺，但彩色和画功均出自于宫廷，弥足珍贵，足以看出当时精妙绝伦的珐琅彩工艺。这时有一些工匠专为宫廷烧制加彩釉的紫砂茶壶，其中较著名的有王南林、杨继元、杨友兰、邵基祖、邵德馨、邵玉亭等。

雍正时期，雍正皇帝崇尚素雅，迷恋紫砂陶特有的天然色泽，将陶泥的自然之美发展到极致。素雅的凸花茶具代表了雍正宫廷紫砂古雅温润的艺术特色。

乾隆时期，宫廷紫砂特色又回归重彩，或更甚之。乾隆皇帝一生嗜茶，对紫砂茶具情有独钟，由内廷出样在宜兴定烧的成对乾隆御题诗烹茶图茗壶、茶叶罐具有鲜明的宫廷特色。另外，乾隆时期造办处漆作还生产了一批以紫砂为内胎、外包描金彩漆茗壶，富丽堂皇，美轮美奂。现在北京故宫博物院藏有一把壶底钤有“乾隆年制”篆文方印的紫砂方壶，是宫廷督造的贡品，壶高9.2厘米，以金粉装饰，壶身一面画的是《湖山雁归图》，另一面用金粉书写《山居即景》：“径穿玲珑石，檐挂峥嵘泉，水许亦自洼，昨来龙井边。”这把壶集陶艺、书画为一体，堪称精品。

进献宫廷的紫砂必须按内廷出样制作，不允许有任何个人创意和署名。乾隆以后宫廷停止向宜兴成批定制紫砂茶具，少量名家制品才开始进入宫廷，但使用对象已经由皇帝御用改为宫中茶膳房的实用器皿，所以故宫收藏的名家制壶数量不多，其中清代中后期紫砂大家杨彭年与溧阳知县陈曼生合作创制出“曼生十八式”便是精品中的精品。

除了紫砂壶外，清代宫廷紫砂还有其他的品类，如紫砂文房用品、花盆、水丞、水盂、仿生文玩等。其中：紫砂文房用品多由内廷出样在宜兴烧制后，运到宫廷造办处进行第二次加工彩绘，也有少部分是宜兴地方巡抚按年例进贡的物品。雍正、乾隆时期宫廷造办处漆作加工绘制的宜兴描金彩绘大笔筒，画稿均出于宫廷画家之手，既有宫廷用器的富丽典雅又充满浓郁的书卷气。独一无二的雍正描金漆紫砂云蝠澄泥砚更是紫砂文房中的极品。紫砂花盆形制多样、大小不一，有圆形、椭圆、四方、长方、三角、三折、树桩等不同造型，其中最大的是乾隆蓝料彩缠枝花卉圆花盆，形体硕大，制作精良，是专门为宫廷栽种盆景特制的实用器，外界很少看到。许多紫砂花盆一直在宫中各处使用，直到新中国成立以后才逐渐入库收贮。

3. 紫砂的外销及影响

康熙中期到乾隆晚期是紫砂茗壶造型全面发展的繁荣时期，装饰风格发展到顶峰，名家辈出、代有精品，不仅作为贡品进献朝廷，还运销海外。

如清康熙二十四年海运开禁，欧洲商旅开始抵达中国沿岸港口进行贸易。他们以香料、银器来交换丝绸、茶叶及瓷器。随着饮茶风气逐步开始在欧洲流行，对中国茶具的需求与日俱增，宜兴紫砂的外销也始于这个时期。有资料表明，紫砂壶和茶叶罐系由葡萄牙人最先带到欧洲，单荷兰一国就曾进口了约两千把紫砂壶，被称为“朱泥器”或“红色瓷器”。这些紫砂茶具多以朱泥做成，而紫泥或段泥的则较少，其丰富造型受到欧洲人的欢迎，葡萄牙人、荷兰人、德国人、英国人都先后以中国的紫砂茶壶为蓝本，仿造出欧洲的第一批茶用器皿。

康熙四十八年，德国人包特格尔在德累斯顿城仿制紫砂壶，并撰有《朱砂瓷》的论文。

乾隆四十五年，西班牙国王在布恩来提罗设立瓷厂仿制宜兴陶器。

据法国学者万福莱先生对 17、18 世纪欧洲紫砂收藏的记录及相关藏品的研究：在大约 1675 年以前，为数不多的中国宜兴壶出口到欧洲，然后有订制品种的定单发给宜兴制壶陶工。出口到欧洲的宜兴紫砂壶有两个特点，一是表面有装饰，装饰内容大多取材于佛教和道教的故事，充满了异域神秘气质，极大地满足了欧洲人的好奇心；二是壶体很小，大部分容积在 300—400 毫升之间，直到 18 世纪上半叶容量才相对增大。

万福莱先生介绍说，丹麦哥本哈根博物馆 1656—1674 年间的王室藏品中有紫砂壶；德国德累斯顿博物馆中保存着从 1694 年开始收藏的 117 把紫砂壶；英国大英博物院有从 18 世纪末开始收藏的 116 把紫砂壶；英国人埃尔斯福德伯爵家族自 18 世纪末收藏宜兴紫砂壶；法国的吉美博物馆藏有由埃内斯特·博朗迪德尔在 1887—1910 年收藏的紫砂壶；还有一些驶往欧洲的沉船，如荷兰东印度公司 1697 年沉没的“奥斯特兰”号、1713 年沉没的“班尼布鲁克”号、1752 年沉没的“戈尔德马尔森”号上均有紫砂壶。

据说，欧洲仿制宜兴紫砂壶的生产约始于 1675 年，品种除茶壶外还有茶叶罐、杯碟、碗及花瓶。例如：1636 年至 1708 年间荷兰迈尔德地区的艾理、1682 年至 1719 年间德国弗里德里希·伯格特的仿制品；1685—1687 年出版的图书里也能见到紫砂壶，甚至在同一时期的静物油画中也出现了紫砂壶的身影。

出口到欧洲的宜兴紫砂，其装饰特点是：同类色装饰。其代表性茶壶是现存于伦敦英国维多利亚阿伯特博物馆的、刻款为“惠孟臣”的朱泥壶，这把壶的农历刻款年代相当于 1627 年，是“同色泥装饰一根盛开梅花的树枝”。这其实就是我们所说的“花货茶壶”。对比色装饰特点是把黄色装饰在红或棕底色上，珐琅彩装饰、模压装饰、镂空装饰和泥绘装饰。

宜兴茶壶外销欧洲的繁荣局面一直维持到乾隆末年，其后逐步为景德镇的青花瓷器所替代，外销数量锐减，其通商渠道也仅局限于广州口岸。

其实，早在明清之际，输入东南亚的紫砂器就很多。随后自康熙三十九年起，宜兴陶器被东印度公司订购，运往泰国、缅甸和印度等国。乾隆、嘉庆年间，宜兴葛明祥、葛源祥两兄弟烧造的均釉陶和其他窑户烧造的紫涛陶等产品，通过宜兴窑户开设在国内大中城市的陶器行、店，源源不断地销往日本、东南亚以及美洲等国际市场。

清光绪二十八年，鼎山鲍氏、陈氏两家大窑户合资在新加坡开办了“鼎生福”陶器店，直接经销大龙缸、洋坛、紫砂壶等产品，先后达 10 年之久。清宣统二年鼎山大窑户鲍明亮在上海开设了“鲍信源”陶器行，专营外销业务。当时，紫砂壶除远销日本、欧洲、墨西哥、秘鲁、智利外，还畅销南洋群岛，南洋华桥特别喜爱紫砂壶，暹罗华侨还为紫砂壶镶金嵌银。嗣后，宜兴窑户又在上海、杭州、天津等大城市开设“铁画轩”、“豫丰”、“福康”、“葛德和”等陶器行、店，定制紫砂壶，上刻各店商号，销往国外。

第五章

紫砂文化的繁盛期
——清中晚期

第一节　紫砂繁盛期概述

1. 这一时期紫砂发展的特点

清代进入中晚期后，社会政治经济逐渐走下坡路，手工艺生产也多不及康乾盛世时期辉煌，但紫砂陶在跃上康熙朝的高峰，经历了乾隆期的一段华彩弯路后，却在嘉庆年间因为曼生壶的出现而迎来了新的面貌。

陈曼生设计的紫砂壶，一扫繁复粗俗的作风，洋溢着清新自然之风。而他之后的邵大亨，更以其超凡脱俗的审美取向、清高出众的精神风貌和出众的技艺，打开一片雄健挺拔的艺术天地，与黄玉麟一起在晚清紫砂史上留下浓墨重彩的一笔。

2. 紫砂壶艺特征

曼生壶的壶形和壶铭风格，使茶壶的品味回归并重建其文人传统。这一变化首先体现在茶壶的造型上，因为铭文装饰的关系，要求茶壶壶面简洁、宽大，有更多的空间，因此光货造型大行其道，并充分展现了它的造型魅力，也激发了紫砂艺人在这方面的努力。可以说，清嘉庆、道光年间是紫砂壶光货造型大放光彩的年代，由此促进了紫砂壶光货造型的大发展，有了其后诸如邵大亨这样大家的出现，这种艺术流派一脉流传至今，可以清晰地看出时大彬—邵大亨—顾景舟的传承路径。

在光货茶壶的创作中，充满了理性而不是浪漫的情致，于删削浮华堆砌的工艺中追求清醒的艺术表现，在看似呆板、机械的无生命线、面上用简约大方的审美理念，创造出生动而又严谨的艺术造型。这种手工技艺的精神，更多地凸显造壶者自身的品格修养和人生哲理，使作品既赏心悦目，又发人深省。

光货造型的发展，其作品的块面大，反过来促进和发展了书法铭刻成为壶体的主要装饰手段，壶底、壶把、壶盖、盖唇无不成为文人、艺人的发挥所在；将传统文化的诗文、历史和社会的感悟，如电光石火般在小小的茶壶上得到体现，并传之久远。这是人文精神在物质器皿层面的体现，也是陶文化在更高层面的体现。

第二节　文人紫砂的兴起

1. 清朝文人的紫砂情结

自古文人有三雅：奇石、兰花、紫砂壶。文人的紫砂情结到了清代，更加浓重。

清康、雍、乾年间，社会太平，经济繁荣，茶文化更加丰富多彩，特别是沏泡式的茶饮方法的普及，改变了以往冲泡式和煮茶式的器皿形式，使整个社会对紫砂茶具的需求更加迫切，文人对紫砂的喜爱也与日俱增，不断为紫砂注入新的审美元素和趣味要求，同时也把他们的人生哲学和处世态度充分地反映出来，使紫砂渐趋精致风雅。

在明末文人喜好紫砂的基础上，清代早中期有更多的文人加入到爱好者的行列，他们纷纷参与紫砂器的造型设计、制作，亲自或派人去宜兴定制或请工匠至家中依式制壶，继续扩大紫砂的造型范畴，仿商鼎周彝，摹花卉果木，或作博古陈设、文房雅玩；他们撰写砂壶铭文，用以纪事、寓意、言志、寄情，这些壶铭或为他们本人亲自拟撰，或为友朋酬唱之作，大都切茗切壶切水，体现出较高的文学意味；文人在所撰著作中，对紫砂也有了更多的关注和记录。

有文字记载：宋荦（1634—1713年，官至吏部尚书）以“清德堂”之名定制茶壶；蒋升瀛（字布瞻，号惠堂）以“寿松堂”之名定制茶壶。

与陈鸣远交往的浙江张东谷、昆仲、陈亦禧、杨中讷、曹廉让、马思赞、汪森、汪文柏诸公，是记录在册的与紫砂文化关系密切的文人学士。

周容的《宜兴瓷壶记》、吴梅鼎的《阳羡茗壶赋》、李渔的《杂说》、阮葵生的《茶余客话》、李斗的《扬州画舫录》、张燕昌的《阳羡陶说》、王士禛的《池北偶谈》和《居易录》，都记录了对紫砂器特别是紫砂壶的描述和评价。特别是清乾隆时人吴骞，在明代周高起《阳羡茗壶录》的基础上，归类整理完成了另一部紫砂陶的重要著作《阳羡名陶录》。

“一壶满贮碧山芥，摩挲便觉胜饮醇。”（陈维崧《赠高侍读澹人以宜壶二器并系以诗》）“山家雅供称第一，清泉好瀹三春荑……拂拭经时不释手，童心爱玩仍孩提。”（高士奇《宜壶歌答陈其年检讨》）这些话语中充满了文人对紫砂壶由衷的赞美和欣赏，是清代文人爱物性情的真率表白，而查慎行的“合作案头清供具，不归田舍归禅房。偶然小技亦成名，何物非从假合成”（《以陈鸣远旧制莲蕊水盛、梅根笔格，为借山和尚七十寿口占二绝句》），表达了对民间艺术能登大雅之堂的叹服之意。诸如这类诗词歌赋，在许多文人的笔下都有相当的张扬，《阳羡名陶录续录》就辑录了一些关于紫砂壶的文人辞章，其中就有这样一件趣事：张廷济（叔未）得到一把“大彬壶”，一口气写了四首七律诗，还引来了葛徽、徐熊飞、张上林、沈铭彝、周汝珍、吴骞等人的唱和，“削竹镌留廿字铭，居然楷法本黄庭”、“活火新泉逸兴赊，年年爱斗雨前茶”、“记取年年来一呷，未妨桑苎目茶神”、“瓦全果胜千金注，时好平分满座春”、“曾阅沧桑二百年，一时千载姓名镌。从今位置清宜阁，活火新泉话夙缘”。从中可见文人对紫砂的爱好和痴迷到了何等程度，对紫砂壶的赏玩成为文人的精神会餐，这就为文人紫砂的兴起埋下了伏笔。

2. 文人与艺人首开合作先列

嘉庆年间，开始流行文人学士与陶人合作制壶，可以说正是文化与壶品的契合，才有了今天紫砂壶的发扬光大。

说到文人与紫砂艺人的合作，最著名的一次莫过于陈曼生和杨彭年的合作了。

陈曼生，名鸿寿，字子恭，又号老曼、曼寿、曼云，清乾隆三十三年生，道光二年卒，浙江钱塘（今杭州）人，能书善画，精于雕琢，以书法篆刻成名，艺名昭显，著作有《种榆仙馆摹印》、《种榆仙馆印谱》等。

从根本上说，陈曼生的主要成就不在诗、书、画方面。在文人荟萃的乾嘉时代，同大学者、大书画家相比，陈曼生的作品似乎还稍逊一筹。他在艺坛上崭露头角的是他的篆刻，其作品以精湛的技巧和艺术激情赢得了世人的尊重。陈曼生善书，酷嗜摩崖碑版，兼工花卉、兰竹。他所刻铭文，篆隶楷行都有，隶书自成风貌，行楷有法度，八分书尤其简古超逸，篆刻追踪秦汉，为“西泠八家”之一。

据记载，陈曼生“辛未（嘉庆十六年）自赣榆移任溧阳”，两任溧阳知县，于嘉庆二十一年离任。而溧阳与宜兴紧邻，这就引出了文人县令与宜兴紫砂的不解情缘。

陈曼生和当时的诗人名流钱菽美、改七芗、汪小迂、郭频迦、江听香、高爽泉、查梅史等是颇为不俗的幕友、朋友，并结识了杨彭年、杨宝年、杨凤年兄妹，与紫砂结下了不解之缘。

杨彭年，字二泉，号大鹏，清嘉庆年间宜兴人，也有人称其原籍为浙江桐乡。但不管原籍何处，以蜀山古南街曾称为“杨氏街”，以及“杨家祠堂”等遗存来看，我们有理由相信杨彭年一家的紫砂艺术活动是在紫砂的风水宝地——蜀山进行的。

在与陈曼生联手之前，杨彭年只是普通的紫砂艺人，用顾景舟的话说，“彭年的壶艺技巧，功力平凡，并不出色”。陈与杨可谓风云际会，两个在单项领域并不出色的人经过合作，成就了彼此。

陈曼生结识杨彭年后，对杨氏“一门眷属”的制壶技艺给予了鼓励和支持。更因自己酷嗜砂器，于是在公余之暇，辨别砂质，创制新样，设计了多种造型简洁、利于装饰的壶形。随后，曼生亲自捉刀，以俊逸的刀法，在壶上刻雄奇古雅的书体和契合茶壶本身意境的题句。

自此，文人壶风大盛，“名士名工，相得益彰”的韵味，将紫砂创作导入另一境界，形象地给予人们视觉上美的享受，在紫砂历史上便出现了“曼生壶”或“曼生铭，彭年制砂壶”等名词。表面看来，镌刻名士和制壶名工“固属两美”，实际上，名壶以名士铭款而闻名。虽然写在壶上的诗文书画依壶而流传，但壶随字贵，这就是名垂青史的曼生壶。

其特点首先是去除了繁琐的装饰和陈旧的样式，务求简洁明快。其次是壶身大量留白，上面刻铭文诗句。因为其壶型变换多样，简洁流畅，古朴大方，因而一面世就受到了欢迎，对后世影响颇大。其成就有如下三个方面：

（1）曼生壶的取材是多方面的，有取自几何形态的，如圆形、半圆形、扁体式；有取自自然现象的，如“却月”、“饮虹”、“横云”等；取植物形态的有瓜型、葫芦等；取实用器物的有“钿盒”、“覆斗”、“牛铎”、“井栏”、“合斗”、笠形等；取几何形的有“汲直”、“合欢”、“春胜”、“员珠”、方壶等；取仿古器的有“石铫”、“百衲”、“古春”、“延年半瓦”、“飞鸿延年瓦”、“天鸡”、“镜瓦”、“乳鼎”等。

这些造型又都因为需要题咏篆刻，壶面都较空阔，简单明朗，这就大大丰富了紫砂壶的“光货”造型，拓展了“光货”的艺术空间及其表现力，给后人以启发。

（2）开创了一种新的篆刻装饰手法。在“曼生壶”上，除可看到壶形、壶色、壶工外，还可以欣赏到文学（铭文）、书画、篆刻、金石艺术，感受到中国传统文化的“诗书画”三位一体的风韵内涵。应该说，到了陈曼生时代，紫砂壶才完成了它应承载的全部美学价值，从而使紫砂壶迈进了高雅的艺术殿堂，彻底摆脱了工匠装饰的流俗习气。

（3）陈曼生率先垂范参与设计、制作、装饰、篆刻，既促进了紫砂的繁盛，使之富含精品文化内容，又提高了紫砂陶及其作者的社会地位。

第三节 “曼生十八式”及其文化意义

1. “十八式”特点

在紫砂爱好者中，传说中的“曼生十八式”一直引起他们的浓厚兴趣，但陈曼生及其朋友们一共设计了多少壶形，后人说法不一。

1963 年春，曾在第二次世界大战前专营古董生意、时任上海文史馆官员的龚怀希老先生有一本宣纸线装《陶冶性灵》的手稿。打开封面，左页绘壶形20个，右页录壶名及铭文，最后一页记曰：“杨生彭年作茗壶二种，小迂为之图，频迦曼生为之著铭如右。癸酉四月二日记。”癸酉是嘉庆十八年，即1813年，正是曼生在宜兴任官之时。二十式加上前面的十八式，就应该是38个曼生壶造型了。所以说，世人用“十八”这个数字，只是一种习惯叫法，用“十八”来象征完善、成熟或极至。

2. 曼生壶的壶铭

井栏：汲井匪深，挈瓶匪小，式饮庶几，永以为好。

井栏提梁：左供水，右供酒，学仙佛，付两手。

钿盒：钿盒丁宁，改注茶经。

扁壶：止流水以怡心。

石瓢：不肥而坚，是以永年。

石瓢提梁：煮白石，泛绿云，一瓢细酌邀桐君。

合欢1：八饼头纲，为鸾为凰，得雌者昌。

合欢2：试阳羡茶，煮合江水，坡仙之徒，皆大欢喜。

合盘：竹里半炉火活。

箬笠：笠荫暍，茶去渴，是二是一，我佛无说。

葫芦：为惠施，为张苍，去满腹，无湖江。

匏瓜：饮之吉，匏瓜无匹。

半瓜：梅雪枝头活火煎，山中人兮仙乎仙。

半瓢：曼公督造茗壶，第四千六百十四为龏泉清玩。

扁石：有扁斯石，砭我之渴。

果圆：山有智珠，使人不枯，列仙之儒。

周盘：吾爱吾鼎，强食强饮。

汉方：水味甘，茶味苦，养生方，胜钟乳。

瓦当：不求其全，乃能延年，饮之甘泉，青萝清玩。

乳钉：水味甘，茶味苦，养生方，胜钟乳。

镜瓦：日之光，泉之香，仙之人，乐未央。

仿古井栏：壶一侧为维唐元和六年，岁次辛卯，五月甲午朔，十五日戊申，沙门澄观为零陵寺造常住古井阑并石盆，永充供养，大匠储卿郭通。”另一侧以偈偾曰：“此是南山石，将来作井阑，留传千万代，各结佛家缘，尽意修功德，应无朽坏年，同霑胜福者，超于弥勒前。曼生抚零陵寺唐井文字为寄沤清玩。”

3. 曼生壶铭文分类

总的来说，曼生壶铭文可分为四类：

第一类为切壶切形，摹形状物妙趣横生。根据茗壶的形状，题铭加以形象的描写，但又不停留在描写上，而是自然地引伸出一些生动活泼的情趣。如“葫芦壶”，题曰：“作葫芦画，悦亲戚之情话”；又如“天鸡壶”，题曰：“天鸡鸣，宝露盈”；再如“提梁壶”，相传是宋朝文学家苏东坡设计，故题曰：“提壶相呼，松风竹炉”。最妙的是“钿盒壶”，题曰：“钿盒丁宁，改注茶经。”钿盒本来是用来装珠宝首饰的，而如今成了茗壶的形状，因而也就“改注茶经”了。

第二类为切茶切茗，品茗饮茶修身养性。茗壶是用来沏茶的，因此曼生壶铭中更多的是描写品茗饮茶的无限乐趣，尤其是文人墨客常常借铭发挥，寄志抒情。如“汲直壶”，题曰：“苦而旨，直其体，公孙丞相甘如醴。”醴，即甜酒。对于真正的饮茶者来说，“苦而旨”的茶，恰如甘醇的甜酒，正是应了“寒夜客来茶当酒”的淡泊情志。

第三类为箴言警句，哲理启迪人生真谛。有的题铭如箴言、警句、格言、座右铭，大抵是文人对人生的一种感悟，对事态的一种评价。最典型的如“却月壶”，铭曰：“月满则亏，置之座右，以为我规”。“月满则亏”即月有阴晴圆缺，本是自然现象，而他隐喻着“满遭损，谦受益”、“虚心使人进步，骄傲使人落后”的人生哲理。作者将其题于“却月壶”上，把玩之时，作为座右铭来规范自己。

第四类为写景抒情，诗情画意引发遐想。还有一类题铭用诗一样的语言或写景或抒情，借物比兴，于方寸间营造意境，抒发天地之春秋，读来让人回味无穷。比如“箬笠壶”上的题铭：“笠荫暍，茶去渴，是二是一，我佛无说。”斗笠可以遮荫避暑，而饮茶可以消暑解渴。两者功能有所差别，似又一致。“我佛无说”是禅机玄语，发人深省。

这些由曼生及其幕友精心构撰的壶铭，可谓字字珠玑，句句华美。曼生的题铭影响了一代文人，其后如瞿子冶、邓奎、梅调鼎的壶铭中都可看到曼生壶铭的影子。到目前为止，在壶铭方面可能有一二则题得精辟深刻，但在整体的数量和质量上，还没有人可以与曼生壶铭相比，达到或超越其高度。

4. 陈曼生对紫砂文化的影响

“曼生壶”是陈设性和实用性相结合的艺术品，其切茗切壶的题辞、融入书法艺术的饰面、与制壶者和欣赏者有关的座右铭等，更为直接地影响着审视者和把玩者的心性，完成了参与者和制作者的心灵碰撞。

陈曼生前无古人的艺术创新，对文人参与紫砂壶创作有巨大影响，许多文人效仿他，加入到设计、装饰的队伍中去，也获得了相当可观的成绩，其中有较大影响和成就的人有：

（1）瞿应绍

瞿应绍（1778—1849 年），字陛春，号子冶，又号月壶，上海松江人，清嘉庆年间廪贡生，诗文甚佳，擅篆刻，善绘画，师宗恽南田。他生平收藏古物甚多，宅内陈设皆为古今名人墨迹。其一生制壶不少，多摹陈曼生之作。他雇陶工多人，用宜兴陶土制成各式壶模，自己在壶上画竹题诗，由友人邓奎（符生）篆刻。因其晚年创制月壶，人称“瞿壶”，制壶法未能传世。

“瞿壶”有粗、细两种：粗沙制作工致；细沙皆画竹，寥寥数笔，更显古朴。上海开埠后，有人将“瞿壶”携至日本，一壶可售数十银元。咸丰年间，上海小刀会起义，瞿应绍所藏书画古玩在兵燹中散失，仅有所作《月壶题诗画》存世。

（2）邓奎

邓奎，字符生，清道光前后人，是瞿应绍的朋友，与紫砂艺人合作，自己设计监制紫砂壶，自撰铭文，或刻花、竹，壶底用印“符生邓奎监造”。

（3）朱坚

朱坚，清代嘉庆、道光间人，字石梅，又作石眉等，山阴（今浙江绍兴）人，生卒年不详，与沈存周齐名，砂胎锡壶为其创制。他工鉴赏，多巧思，能画，善墨梅，具苍古之致，书法上在篆、隶、行、楷方面均劲逸有风致，尤精铁笔。清蒋茝生所著的《墨林今话续编》中说：“朱石梅坚，山阴人，工鉴赏，多巧思。沙胎锡壶，是其创制。著有《壶史》一册，嘉、道以来，名士题吟殆遍。”民国谈溶写的《壶雅》

(《国学论衡》1934年第四期）中说：“朱石梅（坚）以壶锡名于时，间作砂壶，亦殊精雅。梦园藏其‘朱泥笠样’一壶，用陈曼生铭，而署石梅款，把下有‘彭年’二字小印，底有‘有味无味斋’印。梦园云：由徕以茶事名斋者，罕有若是之典雅。”朱坚卒时七十余。

（4）乔重禧

乔重禧，清咸丰至光绪年间人，原籍上海。他先随师傅瞿应绍画壶稿，瞿逝世后到宜兴，依师图稿制壶。其工刻绘，尤以梅花居多，刻绘时将口、盖全部划分，统一布局，这在砂壶刻绘装饰上是一大创新。

（5）梅调鼎

梅调鼎（1839—1906年），字廷宽，号友竹，浙江慈溪人，晚清学者，诗人。据20世纪30年代沙孟海的《近三百年的书学》中记载：“梅调鼎不很著名，只有上海宁波一方面的人知道他。他是个山林隐士，脾气古怪，不肯随便替人家写字，尤其是达官贵人，是他所厌恶的。因此，他在当时名誉不打大，到现在，他的作品流传也不多。说到他的作品价值，不但当时没人可以和他抗衡，恐怕清代二百六十年也没有这样高逸的作品呢！”

梅调鼎效仿陈曼生之举，与艺人韵石合作制壶铭刻，留下了不少佳器佳铭，如：

秦权壶：“载船春茗桃源卖，自有人家带秤来。”

笠翁壶：“茶已熟，雨正濛。戴笠来，苏长公。”

汉铎壶：“以汉之铎，为今之壶。土既代金，茶当呼茶。”

柱础壶：“久晴何日雨，问我我不语。请君一杯茶，柱础看君家。”

瓜娄壶：“生于棚，可以羹。制为壶，饮者卢。”

博浪椎壶：“铁为之，沙搏之。彼一时，此一时。”

第四节　杨彭年的紫砂艺术成就

杨彭年这位紫砂艺人，由于与文人陈曼生合作，制成名垂青史的“曼生壶”而广为人知，但也因此有人认为：杨彭年在紫砂史上的地位是因陈曼生的作用才提高的，即所谓“壶以字贵”。这其实不然。杨彭年本身就具有较高的文化修养，工艺精、悟性高，是清中期一位紫砂大家。诚如高振宇先生所言："时人常谓彭年皆陈曼生书镌提携而成名，今观此壶（指唐云艺术馆藏曼生壶）可知杨彭年无愧于当年嘉庆间紫砂大家也。"他的主要艺术成就如下：

1. 继承并发扬了全手工制壶工艺

在众多的紫砂艺人中，陈曼生独独选择杨彭年，看中的是他的手工捏制砂壶工艺，他曾说："杨君彭年，制壶得龚时遗法。"什么是"龚（供）时遗法"？那就是手工捏制砂壶的传统工艺。因为"乾隆时期制壶多用模衔造，其法简易，大彬手捏遗法已少传人。彭年善制砂壶，始复捏造之法，虽随意制成，自有天然风致。"（《耕砚田笔记》）也就是说：杨彭年继承、恢复了龚（供）春、时大彬的全手工制壶技法，并且技法娴熟，得心应手，巧夺天工。这一点，我们从传世的"曼生壶"制作工艺可以得到验证。徐秀棠大师评论曼生匏瓜壶"制作工艺娴熟、精到，有珠圆玉润之感"。中国艺术研究院高振宇研究员评点曼生钿盒壶："直腹挺刮……轮廓分明，抚之温润如玉。"这些都反映了曼生壶的制作者杨彭年的工艺精制。

2. 艺人与文人全面合作的典范

杨彭年与陈曼生合作的"曼生壶"，是艺人与文人深入交流、全面合作的结晶。从泥料的选定、壶款的设计到壶铭镌刻，陈曼生及其幕友全面参与，杨彭年都要准确领会陈曼生的设计意图，并具体把它从平面的图样制成壶样，而且在制作中一定会提出修改意见，使之完善。所以，曼生壶的创新造型也应有杨彭年的功劳在内。杨彭年不但和陈曼生合作，还先后与乔重禧、蔡锡恭等文人合作，这些文人大都精通书画、鉴赏。尤其是他与朱坚合作，使其也能参与制作镶玉包锡壶。目前在故宫藏紫砂器中就有一款宜兴窑杨彭年款镶玉包锡壶，底钤"杨彭年造"、"彭年制"阳文印章，而未见"朱坚"的印款。

第五节　其他紫砂大师的艺术成就

1. 大亨与大亨壶

邵大亨，清嘉庆、道光间宜兴壶艺名家。江苏宜兴上岸里（今上袁）人，生卒年不详。他年少时就大名鼎鼎，秉性刚烈，富有情趣闲逸，艺技超群，作品浑厚、精到、大度。

在清代时，邵大亨所制之壶，已被嗜茶者视若珍宝。清高熙《茗壶说·赠邵大亨君》记载："邵大亨所长，非一式而雅，善仿古，力追古人，有过之无不及也。其掇壶，肩项及腹，骨肉亭匀，雅俗共赏，无飨者之讥，识者谓后来居上焉。注权胥出自然，若生成者，截长注尤古峭。口盖直而紧，虽倾侧无落帽忧。口内厚而狭，以防其缺，气眼外小内锥，如喇叭形，故无窒塞不通之弊。"顾景舟的《宜兴紫砂珍赏·紫砂陶史概论》中说："他一改清代宫廷化繁缛靡弱之态，重新强化了砂艺质朴典雅的大度气质；既讲究形式上的完整、功能上的适用，又表现出技巧的深到，成为陈鸣远之后的一代宗匠。"

邵大亨品格高贵，清光绪《宜兴荆溪县新志》中记载："有邑令欲得之（大亨壶），购选泥色招入署，啖以重利，留之经旬，大亨故作劣者以应，令怒而杖之，亦不叶暴也。"表现了邵大亨坚贞不屈的可贵一面。

杨彭年以精巧取胜，邵大亨则以浑朴见长，当时其作品被识者视为珍宝，"一壶千金，几不可得"，但壮年时便死于乱世，留存作品甚少，现有"鱼化龙壶"、"掇球壶"、"风卷葵壶"、"一捆竹壶"藏于南京博物馆。

后人多以邵大亨作品为楷模临摹仿制，甚至伪作的也大有人在。而邵大亨的真品，几经流落到现在已经为数不多。收藏和鉴赏者们应该对邵大亨的作品认真地观察体会，进行深刻的研究以领悟其中的韵致，以辨别真伪。

2. 申锡的紫砂艺术成就

申锡，字子贻，清道光至咸丰年间制陶名家。当年他因有"帝命主苏山，功成有申锡”之句，而取此义，名为申锡，笃志壶艺。他的制品喜用白泥（本山绿泥）配制，精致捏造，极为巧妙。他制壶，壶底多钤“茶熟温香”阳文篆书方印，盖内有“申锡”阳文楷书小印，把梢下有“申锡”二字篆章。申锡常和朱石海等文人合作。《阳羡砂壶图考》称：阳羡壶艺能蔚为名家者，当推其为后劲，后此则有广陵绝响之叹矣！

3. 黄玉麟的紫砂艺术成就

黄玉麟（1842—1914年），原名玉林，曾用名玉麐，宜兴蜀山人，为清末著名制壶艺人。他曾师从邵湘甫，三年即学成，且青出于蓝而胜于蓝，善制掇球、供春、鱼化龙等诸式，精巧而不失古意；又善制假山，层峦迭嶂，妙若天成。光绪二十一年，黄玉麟受聘于收藏家吴大澄，开始仿古创新，此后他的作品精品迭出，名声远扬。晚年每制一壶必精心构撰，积日月而后成。

4. 邵友兰的紫砂艺术成就

邵友兰，清中期制壶名家，道光年间人，是与邵大亨同时的又一紫砂名手。邵友兰善做仿古器型，尤以“配泥精致，质坚如玉为一绝”。他所用印章有椭圆式带边纹的“阳羡邵友兰制”，还有带边的方章“友兰秘制”；小印为楷书“友兰”二字；铭刻一般署名“二泉”。邵友兰于道光年间曾为清宫廷制过贡品，北京故宫博物院现在还有他的藏品。

5. 邵友廷的紫砂艺术成就

邵友廷是成名于邵大亨之后的一位制壶名家，清朝道光至同治年间宜兴上袁村人，精工壶艺，尤其善于制作“鹅蛋壶”和“掇球壶”。他所制紫砂壶大多工整、规矩、技艺腴丽，壶上大多盖有“友廷”两字的椭圆形阳文篆印。

矮蛋包壶是邵大亨所创，但却是邵友廷之名品。邵友廷做“矮蛋包壶”，容量较大，软提，适于家中与茶坊间携带，为清末茶坊的流行款式。这种壶壶身圆浑丰满，线条柔和，和颈饰云肩线，挺而精细，口盖母子线配合，稳如天压地，盖内钤“友廷”二字楷书椭圆章。矮蛋包壶为打身筒手工成型，口部用剜凹法，内部光润无泥迹，技艺难度较高。

其技艺后传继子程寿珍，为其造就紫砂艺品的坚实基础，成为屡摘国际金奖的名手。

6. 蒋德休的紫砂艺术成就

蒋德休，字万泉，道光、同治年间制陶名家。据光绪年间《宜兴县志》记载：蒋德休“工精埴业，百艺极精，凡茗壶、花盆、杯盘及一切书案陈设器具，色色工致，为一时之冠”。

第六章

紫砂文化的低潮期
——清末民初

第一节　紫砂低潮期概述

1. 清末紫砂业的集体衰退

晚清时期，社会腐败不堪，动荡不安，世风日下，紫砂陶艺也在社会时局的影响下走向衰退，从业人员日渐减少，官府对紫砂业的态度日趋封闭保守。例如光绪八年七月，“同知直隶州江苏常州府荆溪县正堂加三级纪录十次”就发布告示，对紫砂陶普遍使用的陶刻装饰方法加以限制，“尔等嗣后烧做茶壶器用伙物件……尤不准刻印字迹”，否则“定即提案究办，决不姑宽”。

但尽管如此，由于紫砂陶特别是紫砂壶是民间生活用品之一，特别是一些宦官出于个人爱好、附庸风雅，继续为紫砂注入传统文化力量，这一期间仍生产出一些有质量、有品位的紫砂壶。

清朝末年被迫开放门户后，中国成为西方列强掠夺的场所，物美价廉的宜兴陶瓷包括紫砂器外销增多。

2. 民国初年的峰回路转

进入民国时期，特别是第一次世界大战前后，民族工业渐渐发展，国内外市场渐有起色，“西洋生意”、“南洋生意”、“东洋生意”兴起，紫砂器的销售情况出现好转，在外埠新开的陶瓷商店多达数十家。同时，“江苏省宜兴陶业工厂”、“利用”、“永利”等实业公司也相继开办，探索出一些新工艺、新泥拼法，如墨绿色泥、紫檀色泥、古铜色泥等，涌现出一批紫砂名家。

第二节　清末紫砂文化的艺术成就

1. 清末士大夫的紫砂爱好

清朝末年，社会动荡加剧，文人士大夫们内心惆怅，情绪低落，愈发转向追求内心世界的平衡和怡情养性，紫砂壶和文房摆件是他们喜好的工艺品之一，这就给紫砂文化的发展提供了社会土壤。也因为这些士大夫有相当的社会地位和人生阅历，同时也具备较高的文化素养，因此参与制作的紫砂器要求相对较高。据有关资料，爱好紫砂的士大夫有：

（1）黄彭年

黄彭年（1824—1890年），字子寿，号陶楼，晚号更生。清朝贵州贵筑县（今贵阳市）人。他出身仕宦之家，擅长诗文，著有《陶楼诗文集》和《紫泥日记》等；亦工书画，有《达摩图》立轴，属上乘之作。蔡寒琼（哲夫）尝见白泥小方壶，底有“彭年”二字篆刻小方印，盖内有“子寿”隶书小长方印（《阳羡砂壶图考》）。

（2）潘仕成

潘仕成（1804—1873年），字德畬、德舆，祖籍福建，世居广州，是晚清的官商巨富。潘仕成先祖以盐商起家，他继承家业后继续经营盐务，以至洋务，成为广州十三行的巨商。潘仕成一生主要在广州度过，既经商又从政，既好古也学洋，既是慷慨的慈善家，也是博古通今的古玩、字画收藏家，嗜茶，喜制茗壶，以壶盖唇外阴文篆书“潘”字印为识，至今流传，人称“潘壶”（《阳羡砂壶图考》）。

（3）伍元华

伍元华，字良仪，号春岚，南海（今广州）人，候选道员。他能文善画，收藏甚富，性嗜茗壶，特请宜兴名手冯彩霞赴粤开窑制壶，底署“万松园制”四字，多楷书，间作草书，有署款“癸巳年万松园鉴制”

者，间携“彩霞”二字于盖唇外，甚为士大夫珍赏。其又筑听涛楼于万松山麓，且制“听涛山馆”茗壶，款书“伍式听涛山馆春岚鉴制”（《阳羡砂壶图考》）。

（4）蔡锦泉

蔡锦泉，字文渊，号春帆，清道光壬辰年恩科进士，翰林院编修，官至内阁中书。其精诗文，善书画，著有《听桐山馆诗集》。他与伍元华为友，伍氏请宜兴名手制砂壶，他亦请制壶，并自题铭，或钤“听松山馆”印。

（5）蔡恺

蔡恺，字乐樵，号小痴，蔡锦泉族侄。其工诗画、篆刻，有《眺松阁集》二十卷，并嗜茶饮，手制茶具极其精妙。

（6）吴大徵

吴大徵（1835—1902 年），初名大淳，字止敬，又字清卿，号恒轩，又别号白云山樵、愙斋、郑龛、白云病叟，平生致力于古器物研究，为清著名金石考古学家，著有《愙斋诗文集》、《愙斋集古录》、《古籀补》、《恒轩吉金录》、《权衡度量考》等，并留有《清史稿》四百五十卷。他精于鉴别和考释古文字，亦工篆刻和书画。他的篆书很有特色，将小篆与古籀文结合，功力甚深。晚年他卜居歇浦，与画人任伯年、胡公寿、吴俊卿交结，并尝请黄玉麟至家造壶，壶底印有“愙斋”阳文印，古篆朴雅。

（7）胡远

胡远（1823—1886 年），字公寿，号瘦鹤，又号横云山民，华亭（今上海松江）人。他画笔秀雅绝伦，山木、兰竹、花卉无所不能，定制茶具，自题铭识。

（8）金铁芝

金铁芝，号玉道人，同治、道光时人，以钢刀刻瓷，善双钩法，故其室名曰“铁画轩”。其兼善治印，与吴石仙齐名。他传有披云楼藏紫泥小壶一把，底钤“铁画轩”篆章。

（9）端方

端方（1861—1911 年），字午桥，号陶斋，满洲正白旗人，光绪举人，官至两江总督。他工书能画，精金石之学，著有《陶斋吉金录》。他尝定制茗壶，底有“宣统元年王正月元日”篆书两行，盖内有“陶斋”及“宝华”印。

(10) 顾潞

顾潞，字茶村，道光时长洲（今苏州）人。他善画山水，尝为吴昌硕作山水画。他曾聘黄玉麟为之制壶。

2. 陶业商品经济的大发展

其实从明朝后期开始，宜兴陶业商品经济的萌芽就已经产生，窑场规模扩大，各地商贾云集。清末民初，伴随着资本主义萌芽和商品经济的长足发展，宜兴陶业商品经济较之于明代又有了大发展。

鸦片战争后，随着市场的扩大，各窑户积累的资金越来越多，经济实力越发雄厚，窑场雇佣工人数量增多，陶业内部的分工也就越来越细，大窑户每年能独资烧出三四十窑的缸坛陶器。

光绪年间，宜兴陶业已大致分作六大类产品：粗货（大缸及配套产品）、溪货（缸类产品）、黑货（盆钵、壶类产品）、砂货（罐类、油壶、大茶瓶、油灯台、鸭舌盆及泥料配方和釉色不同于黑货者）、黄货（白泥砂锅罐类产品）和紫砂，后来又加了个洋装货。紫砂主要集中在蜀山、上袁和潜洛一带的农村。

伴随着产品的细分和工种划分，出现了各种行业、行会，行规制约，不能逾越。在产品的销售方面，也出现了“牙行”，有“印只行”（又称“正货行”）、“次货行”（又称“号货行”、“炉头行”）等。

民国四年，黄货同业公所、砂货同业公所、紫砂同业公所、溪货同业公所等相继成立，各自生产营销专业陶器产品。它们规定：不入行会，不得烧窑，要烧窑就必须入行，并交纳一定的入行费；行会内部实行统一的议价并强制执行，产品等级的划定也由统一的行会成员去执行。但紫砂陶与其他陶器相比有较大的自由度，窑户可以直接与顾客交易，而无需通过“牙行”。为获得更多的利润，窑户还在本地和上海及苏浙皖各大码头开行设店。如：宜兴本地有鼎山边庄的“华信孚”，潘家潭的“秦垂裕”，蜀山的“永兴裕”等；外埠有杭州的“华信昌”、“正大新”，上海的“鲍鼎泰”、“鲍理泰”、“鲍生泰”、“葛德和”，常州的“永大昌”、“永泰”，苏州、南通、镇江三地的“鲍信盛”、“瑞泰”，无锡的“信泰”、“永泰昌”等。

民国初年，顺应紫砂的外销趋势，陶瓷公司和工场纷纷成立。1912

年，鼎山白宕人葛翼云与日商和田一雄合作，在日本大阪开设陶瓷店，做日本人生意，人称“东洋生意”。1920年，鼎山鲍氏、陈氏两大窑户合资在新加坡开办了“鼎生福”陶器店，经销紫砂壶、龙缸等，长达十年之久。

1912年前后，宜兴芳桥开明人士周文伯提倡实业，创办“利永陶器公司”，聘任宜兴川埠上袁村的前清秀才邵咏常为经理，并在上海、天津等地开设分店，扩大经营业务。1915年该公司的一批紫砂产品，包括程寿珍作的掇球壶，在美国旧金山举办的巴拿马国际博览会上获头等奖。参加该博览会的紫砂壶有署“潜陶”的铭文。该公司于1921年又成立“利永陶工传习所”，招收二十名紫砂艺徒，老师由名师担任。

1917年，江苏省议员潘宝坤向江苏省政府提议在蜀山办一个陶业工厂，很快得到批准。省政府拨款十万八千元，成立了“江苏省陶业工厂”。工厂设在蜀山北麓，后称北厂。这是第一家国营陶业工厂，由潘宝西任厂长，以制细货茶壶为主，并对紫砂泥质、泥色以及造型等进行研究和改进。

1931年，“江苏省公立宜兴职业学校”成立，内设“陶工科”，次年改名“窑业科”。1933年，窑业科和宜兴职业学校脱离，单独建成“江苏省宜兴初级陶瓷职业学校”，并借用原“江苏省陶业工厂”为学校的实习工场。该学校的首任校长为日本东京帝国工业大学毕业的王世杰，聘任吴云根、朱可心等人担任教师兼实验工场技师。此学校一直办到新中国成立以后，校址在现丁蜀大桥的东桥堍。

第三节　民初紫砂文化的发展

1. 陶瓷商店的开设

早在清末，上海的一群工商业人士和宜兴的实业界人士，便在宜兴、上海、无锡、天津和杭州等城市开设陶器专营商店，到了20世纪二三十年代这些商业行为更加频繁，其中有代表性的知名商店是：汪庄茶行、吴德盛陶器公司、铁画轩陶器公司、利永陶器公司、陈鼎和陶器公司和葛德和陶器公司，以及“福康”、“豫丰”等。

汪庄茶行是安徽绩溪人汪锡纯于道光二十七年在上海创办的，其子汪惕予在杭州营造汪庄，内有饮茗室、茶叶供应部，曾聘请冯桂林去杭州制壶，壶款印记“卷翁”。

吴德盛陶器公司为吴汉文于民国五年所创，店址在宜兴县城。公司自产紫砂壶，也收购壶坯，通常在壶上镌刻书画装饰，烧成后出售。壶身上精美的书画装饰是其优势。吴汉文自己能刻陶，署款“歧陶”、“企陶”、“潜陶”，还雇用其他的刻字先生，如“漱石”、“岩石”、“石溪”、“缶硕”、“淦庭”、“北岩”、“耀庭”等。壶上用“吴德盛制”印章。至19世纪20年代后期，开始使用著名的“金鼎商标”印章。圆形印款中央是一个由“吴德盛”三字组合成的鼎形图案，四角为阳文楷书“金鼎商标”。吴德盛在当时声望极高，为其供坯的都是当时宜兴的制壶名师，如裴石民、范锦甫、蒋燕亭、俞国良、冯桂林等。抗战爆发后，吴德盛公司倒闭，但“吴德盛”及“金鼎商标”印款沿用至1939年底。

铁画轩陶器公司为江苏人戴国宝于19世纪末创立，最初在上海四马路（今福州路）以刻瓷为业。后经紫砂艺人蒋祥元（蒋蓉的祖父）相劝经营紫砂器。他们以铁画技艺镌刻紫砂，用刀遒劲，章法森严，壶胎则由蒋祥元负责从宜兴提供。1923年，戴国宝与蒋祥元、朱培金等人合股在宜兴创办“铁画轩陶器厂”。戴国宝除生产国内市场需要的各式紫砂茶壶外，还注意开拓国外市场。不单有出口南洋欧美的彩釉彩绘紫砂产品，还专门制作适合日本人习惯的八件茶具及形式多样的花盆，生意非常红火。1942年戴国宝之子戴相明继承家业，他极欣赏顾景舟的才艺，1948年介绍顾景舟认识江寒汀、吴湖帆、唐云等著名书画篆刻家。顾景舟兴奋之余，精心制作石瓢壶五把，由戴相明邀请吴湖帆、江寒汀绘画题诗。壶艺书画双绝，在紫砂史上留下灿烂的一页。铁画轩在抗战后又现中兴之势，直至1956年公私合营。

利永陶业公司为宜兴名士周文伯（物理学家周培源的父亲）和邵惠如于民国四年合资创办，聘请范大生、程寿珍、裴石民等为技师。当年在美国旧金山举办的巴拿马国际博览会上，该公司送展的程寿珍掇球壶获头等奖。1921年周氏退出，邵氏之子邵咏常任经理，改名为利永公司，并在上海豫园设立“利永陶器店”，专营紫砂器。又于当年开办“利永陶工传习所”，由名师带徒授艺。还自建紫砂龙窑，生产量大且质量优异。其时利永公司名工毕至，无出其右者。

陈鼎和陶器厂由陈元明兄弟于民国五年开办，在宜兴开设店铺，在上海设办事处。其业务多为商家定制产品，品种有紫砂所制壶、杯子、笔筒、花瓶等，盖有“陈鼎和”方印、圆印，有些茶具底部还印有英文。其作坊设在宜兴川埠上袁村，公司为当地壶工提供壶样，成胎后再盖上陈鼎和公司的印章。该公司于抗战期间败落。

民国十四年，著名紫砂艺人、实业家赵松亭创建“艺古斋”，建有“复兴窑”，专门烧制使用“贡局”印款的朱泥水平壶“贡壶”和独钮洋桶壶，表面或磨砂抛光，或用箔金片包口沿、盖沿。

新中国成立前夕成立的陶器商店还有：储银兰在宜兴汽车站开设的“裕丰陶器店”，邵巨宝和邵全章在宜兴长桥北门合开的“巨宝陶器店”，许立生开办的“立信陶器店”和徐耀棠开办的“艺光陶器店”等等。

2. 上海仿古风的盛行

20 世纪二三十年代，上海经济繁荣，这个新兴的城市汇集了中国最重要的资本主义商业和企业，也是政界、商界、文艺界精英汇聚之地。精明的紫砂商人发现，与经营普通的紫砂器相比，仿制明清名家紫砂壶的利润要大得多，而繁华的上海则是中国兜售赝品最好的市场。于是，紫砂仿古从 19 世纪末逐步形成规模，并终于在 20 世纪初的二三十年里达到高峰。一些专营紫砂器及茶叶的店主、古董商及紫砂精通者，纷纷将宜兴紫砂名手聘至上海，以明清名家时大彬、陈鸣远等人的作品为蓝本进行仿制，或者根据古籍文字的描写，臆测构思设计，画出图样，让他们仿古做旧，签署历代各名家的名款、印鉴，冒充古董出售。

这批被聘用到上海的名艺人包括蒋彦亭、陈光明、王寅春、裴石民、顾景舟、叶德喜、蒋蓉等人。如裴石民就以仿制陈鸣远而知名，有“陈鸣远第二”之称，也曾在魔术师莫悟奇家制器上盖“悟奇治陶”、“悟奇陶”之印。蒋蓉大师生前曾经写道：“（二十世纪）二十年代，蒋彦亭到上海为某古董商人制作仿古紫砂……他的工作室隔壁为另一刻章艺人，两间房子有一小窗相通，但不许交谈。所做的产品均盖上过去名家的图章，如徐友全、陈鸣远、时大彬等，运回宜兴烧成后，老板就以古董出售，谋取暴利。”朱可心和蒋蓉两个人也曾经指《宜兴陶器》一书中所载的部分陈鸣远作品为蒋彦亭所仿。顾景舟也曾被聘至上海“郎氏艺苑”仿古做陶，摹制过时大彬、供春和陈鸣远、邵大亨等人的作品，后来他到南京博物院鉴定院藏紫砂器，就指出其中陈鸣远款的“竹笋水盂”和“龙柄凤首壶”是他当年的仿制作品。

古董商并不要求产品的数量，对制作周期也极有耐心，仿器的质量是他们最关心的。充足的资金、宽裕的时间、优厚的待遇、出色的艺人，这些条件下产生出高水平的仿制品是必然的。就这些仿制明清两代的作品，顾景舟感言道：“凡是意仿明代作家类型的壶，无论在技艺上、泥色上都是远远超过历史原作的，因为社会是不断地向前发展的，事物是不断进步的，科学技术更是长足地提高着，所以摹制品与明代传器相比较，都显示出后代摹仿品的优越水平。至于清初至民中期的几位杰出的大家，如陈鸣远、项圣思、邵大亨等的旷代佳作，尽管复制者技巧有多么精工，总感觉在神韵上有所不逮”。

3. 民国紫砂收藏大家

民国时期，大批收藏界、政界、商界、文艺界名流醉心于紫砂收藏。代表人物有：

（1）庞元济

庞元济（1864—1947 年），字莱臣，号虚斋，浙江吴兴南浔镇人。家族世代经商，家境殷实。庞氏精鉴赏，收藏之富为全国私家之冠。他曾出版《虚斋名陶录》著录宜兴紫砂器，每件紫砂器均有整器及款印的拓本图片，并有详细的文字说明。如他给一把惠孟臣款朱泥圆壶的按语为：“余见其作品极多，皆朴雅可玩，则孟臣亦乾隆时一作家也。”可见他对紫砂有深入的研究。建国后，庞家后人将其所藏书画文物捐赠或出让给上海博物馆、南京博物院和苏州博物馆。

（2）龚心钊

龚心钊（1870—1949 年）字怀希，号仲勉、瞻麓，安徽合肥人，寓居上海。光绪二十一年进士，是清代著名的外交家。平生笃好文物，所藏紫砂亦极丰富，每件藏品均配有精美的包装盒，盒内附标签、说明文字。1964 年，其后辈将 500 余件文物捐献给上海市文管会。

2006 年 6 月 3 日，嘉德以 30.8 万元人民币拍出一件紫砂“代代封侯壶”，壶有匣，匣内钤“瞻麓斋”朱文印，此壶即为龚心钊旧藏。壶高 10.5 厘米，整体做树桩形，流、柄为枝干形，枝叶、瘿节刻划细致。盖钮为一猴趺坐伸左手入袋探物的形象，壶柄与壁相接处另塑一猴探头拟取上方之蜂巢。壶底行书刻款“丁未杏月，鸣远仿古”。柄下钤“鸣远”方印。综合蜂、猴、袋几个元素，壶名取其吉祥谐音即“代代封侯”。此壶落款虽为“陈鸣远”，但制作的风格、面貌则近于裴石民。裴石民是近代著名紫砂艺人，曾为包括龚心钊在内的多位古玩商仿制紫砂名器，尤擅长模仿陈鸣远的花货作品。

（3）杜月笙

杜月笙（1888—1951 年）是近代上海青帮中最著名的人物，酷爱紫砂壶收藏。香港著名茶具收藏家罗桂祥曾于 1978 年在香港苏富比拍卖行购得一批紫砂古壶，悉为杜氏旧藏。罗氏后来将其所购赠与香港艺术馆。

（4）李初梨

李初梨（1900—1994 年）是重庆江津人，15 岁赴日本留学，1928 年在上海加入中国共产党。1939 年到延安，任新华社社长。从 1983 年开始，李初梨前后四次向重庆市博物馆捐献了 600 余件文物，其中紫砂器共 28 件，落款多为明清名家，包括供春款 1 件、时大彬款 5 件、徐友泉款 3 件、陈仲美款 4 件、陈鸣远款 3 件，及陈信卿、徐次京、陈曼生、瞿子冶、窸斋等款。李初梨对中国古代文物充满着挚爱并有深入研究，这些紫砂器大多是他在 1930 年前后在上海苦心搜集的，其中陈鸣远款“委足方胜壶”和“包袱壶”都曾是龚心钊旧藏。这些珍贵的紫砂器对了解民国时期上海仿制古壶有极大帮助。

（5）陈克立

陈克立 1909 年生，龚心钊侄女婿，受龚氏影响迷恋紫砂。20 世纪 40 年代在荣宝斋购得数十件紫砂精品，龚心钊见后大为惊异，认为陈克立数月间所得可与自己五六十年之收藏相媲美。据卖家所言，这些紫砂器来源于海盐张氏，因张氏后人分拆家产，将家中所藏珍贵紫砂古壶出让。张氏为海盐望族，商务印书馆创始人张元济即为其后人。《阳羡名陶录》说，张家曾礼聘陈鸣远至家中制壶。陈克立所购之壶，真如卖家所言源于张家旧藏，亦或仅是商人的炒作，尚存疑问。

另外，汤临泽、郎玉书等人既收藏也仿制古器，新加坡人陈之初、上海著名魔术师莫悟奇则也是紫砂收藏大家。

4. 民国紫砂名流

民国年间，紫砂工艺品在芝加哥、巴拿马、伦敦等世界各地的博览会上多次获得了金质奖章，并出现了一批杰出的紫砂艺人，因为距今不远，一些名流的作品和故事至今依然脍炙人口。

（1）程寿珍

程寿珍，清咸丰至民国初期的宜兴人，是一位勤劳多产的紫砂壶名家，师承其养父邵友庭，擅长制形体简练的壶式，作品粗犷中有韵味，技艺纯熟。他所制的“掇球壶”最负盛名，壶是由三个大、中、小的圆球重叠而垒成，其造型以优美弧线构成主体，线条流畅，视觉感也极为舒适，整把壶稳健丰润。该壶在巴拿马国际博览会和芝加哥世界博览会上得到金奖，名重一时。

（2）陈光明

陈光明（1859—1930 年），字润贤，原籍金陵，自幼侨寓蜀山，善作紫砂玩具和果品，色形逼真，细巧玲珑，为当时摹仿陈鸣远作品的高手之一，当时有“仿鸣远壶好手，明有陈光明，暗有江案卿”之说，所制品以花果类小品杂项居多，如豆、核桃及柿子等等，制作细巧玲珑，几可乱真，色形优异，美妙绝伦。其所制壶器精致、高雅，刻有“陈光明制”底款，但至今流传甚少。中年后侨寓上海。

（3）俞国良

俞国良（1874—1939 年），又名祖琳，无锡锡山人，晚年定居宜兴蜀山木石村（今宜兴市丁蜀镇），紫砂界一代宗师。其传器制作严谨，器形格调雅致，代表作有各式传炉壶、线圆壶、仿古壶等，被各地博物馆珍藏。他擅长制作“传炉壶”，制壶艺人都说传炉壶最难做，而俞国良所做传炉挺匀有力，仿佛天成。1932 年他所制的“四方传炉壶”参展美国芝加哥博览会，获优秀奖。1937 年所制茶壶获江苏全省物品展览会特等奖。他在宜兴紫砂界享有很高的声誉，对民国时期紫砂艺术的繁荣作出了很大的贡献。

（4）李宝珍

李宝珍（1888—1938 年），江苏宜兴人，师从俞国良，是晚清至民国紫砂制作大师，与大师吴云根齐名。1915 年他应邀在山西做技师，带徒弟制陶器。1933 年他又返回江苏，传授技艺，制作紫砂。他十分钟爱贫家出身的艺徒，凡跟他学成满师的，他均赠予图本、样板、工具等，使他们有施艺求食的本领，是位德艺双馨的紫砂大师。

其传器有“葵仿生壶”、“大磨壶”、“竹鼠壶”、“传炉壶”、“鱼化龙壶”、“圆条壶”、“犀登壶”等。

1941年2月23日，在日寇占领下的蜀山，李宝珍在贫病交加中含恨而去。据说，其子女遵守其父遗嘱，此后无一人再从事紫砂业。

(5) 蒋彦亭

蒋彦亭（1890—1943年），原名宏高、鸿鹄，曾用名志臣，后改名燕廷、燕亭，宜兴川埠潜洛人，为民国初年宜兴著名紫砂艺人。他早年即师承家学，随父学习制壶技艺；艺成后，又从友学习雕塑，善于观察飞禽走兽、虫鱼花草，仿制临摹其形状。由于天资聪慧、心灵手巧，二十年代后期他在业界崭露头角，擅制水盂、水滴、文房用具、杂玩等项，尤以雕塑器为佳。三十年代他的技艺进入成熟期，被聘至上海专门仿制古董及紫砂古器，仿“大彬”、“友泉”、“鸣远”等传统经典之作，其作品古色古香、端丽清秀，善于配置紫砂泥色，充分运用五色土之材质。

其无论仿制品或创新品，均以其他名家名号名款面目出现，为“他人作嫁衣”，真假难分，是紫砂历史上颇有争议的人物之一。

蒋彦亭仿制并传艺于后人的主要代表作有“茄子水滴”、“白菜水滴”、“藕杯形洗”、“莲蓬杯形洗”、“蚕桑笔架”、“堆菱笔架”、“莲蓬壶”、“蚕桑壶”、“三友壶”、“马上封候壶”、“四方”、“六方”、“菱”、“扁豆”、“花生”、“田螺”、“荷叶杯”等作品，作品大多形态逼真、自然大方、古色古香。有许多作品名为仿古，实际上是蒋彦亭的创新作品，只是打上历史名家印款而已。

(6) 汪宝根

汪宝根（1890—1954年），号旭斋，宜兴蜀山人，为民国时期紫砂高手“三宝”之一（三宝：李宝珍、汪宝根、陈宝生）。汪宝根早年随伯父、清末名家汪春荣（生义）学艺，与壶艺大师吴云根、朱可心为同门师兄弟。出师后他曾在宜兴吴德盛公司、上海铁画轩公司任技师。1935年，他制成大东坡壶与三友瓶，参加美国芝加哥世界博览会并获优等奖。

汪宝根曾与清末紫砂名家黄玉麟是邻居，常常向黄玉麟请教，学到了不少制壶绝艺，并以樱桃小包嘴制壶而闻名壶艺界。汪宝根身材矮小，但精力过人，制作不满意随即毁之，不做到尽善尽美绝不出手，虽制作较多但求者难得。

汪宝根的“上桃合菱壶”现为宜兴陶瓷陈列馆收藏，“线云壶”则被红学专家冯其庸珍藏。

（7）冯桂林

冯桂林（1902—1946年），原宜兴周铁镇人。1918年迁居宜兴蜀山北厂。紫砂著名艺人，擅长松竹梅题材及仿真自然塑器。其制品或圆或方，或长或短，或高或矮，或规则或不规则，无不精致细腻、深沉肃穆，给人以“千奇万状信手出，鬼斧神工难类同”之感。冯桂林一生创制紫砂花货精品甚多，仅新品种类就达二百余种，以手法新颖、风格独特、构思奇妙著称于世，为紫砂史上不可多得的名匠艺师之一。

（8）范鼎甫

他是清末民初宜兴紫砂名工，与俞国良是同代艺人。《宜兴陶瓷发展史》曰：范鼎甫善制砂壶，尤长陶塑。

（9）范大生

范大生（1875—1942年），字绳武，号承甫，世居宜兴县丁蜀镇西望圩村。民国初年，他被利永陶器公司聘为技师，民国五年又受江苏省立第五中学校长童斐之聘，任该校陶业教师。他一生勤奋好学，刻苦钻研，制壶技艺精深，所制大生壶名噪一时，传世之作有“合棱壶”、“鱼化龙壶”、“合梅壶”、“一捆竹壶”、“掇球壶”等，造型浑朴有致，色泽匀称，均为壶艺珍品。他精心创作的大型陶塑“雄鹰壶”曾获1935年英国伦敦艺术博览会金奖。

5. 九款民国经典紫砂壶

民国时期制壶，因店号增多，壶具的文人气稍减而工匠气增加，有世俗化的倾向。但其中亦不乏壶艺名家的精品之作，这些名作对紫砂壶艺的发展起着承上起下的巨大作用。

（1）六方竹顶壶

“六方竹顶壶”是近代壶艺名家汪宝根于民国初期创作的作品。该壶体为竹段造型的六方形，顶盖饰以竹节与竹叶。壶高10.5厘米，口径为4.3厘米×6方，容量400毫升。壶盖内钤阳文篆印“宝根”，壶底钤方形阳文篆印“旭斋”。六方宝塔形壶体色泽暗红，制作精细严谨，线条挺括流畅，玲珑高雅，气度非凡，是汪宝根的代表作之一，为民国壶具中不可多得的珍品。

“六方竹顶壶”四面均为民国陶刻名家潜陶篆刻。主面砖文为“元嘉”，瓦文为“宜富当贵”，落款为“此仿积古为抚本，潜陶氏摹古并镌于古阳羡”；副面刻有山川村落和孤帆远影，题款为隶书“山外澹云无墨画，潜陶主人”（澹：音淡，意为安定、安静）。整个陶刻字画清秀、刀法精细，是潜陶篆刻的又一杰作。潜陶是清末民初宜兴碑刻名家韩泰的笔名（韩泰号潜陶），由他亲自篆刻的壶均为精品。

（2）梅花树桩壶

“梅花树桩壶”是近代壶艺家束金寿于民国时期创作的作品。壶高9.7厘米，容量400毫升。壶盖内钤方形阳文篆印“金寿”，壶底钤方形阳文篆印“冰心道人”。该作品用一节梅段做壶体，流把钮均作梅枝状，色泽红艳。壶盖与壶体上点缀着黄色的梅花，有的已经盛开，有的含苞待放，全壶造型生动逼真、工艺一流。

梅花在百花凋零的冬天绽放，敢于凌霜傲雪，其品质正为文人雅士所欣赏。以梅制壶也同样为历代文人雅士所钟爱。

（3）双色木瓜壶

“双色木瓜壶”是近现代壶艺大师吴云根于20世纪30年代创作的作品。壶高11.8厘米，口径5.3厘米，容量700毫升。壶盖内钤长方形竖写阳文篆印“艺莱”，印章清晰刚劲。此壶无底印，但在壶体上有民国宜兴紫砂名店“毛云兴出品”的刻款。

这是一把双色紫砂壶，木瓜形的壶体表面涂以墨绿泥，而盖流把均为紫红泥。此壶造型生动，工艺高超，流把均做树桩状，盖钮为木瓜叶三层叠加而成，立体感强，令人叫绝。

（4）犀登壶

“犀登壶”是近代壶艺家强义海于民国十七年创作的作品。壶高9.6厘米，口径7.6厘米，容量450毫升。壶底钤方形阳文篆印“强义海造”，盖内代钤阳文印“强”，壶体为扁碗形，粗砂制作，色泽大红，短流牛钮圆把。

“犀登壶”主面刻有行书“剪裁成片，剆（音免，削也）掠为究，戊辰夏月”（注：戊辰为1928年）；副面刻有竹枝、竹叶。整个壶体端正稳健，格调犷朴。此壶的特点是牛钮做的生动传神，圆弧型的盖面上躺着一只刚从田地间劳作归来的水牛，它昂首吐气，双眼环瞪，全身的肌腱隐约可见，给人以强烈的力度感与纯朴的乡土气息。

明清以来，以牛钮制壶者甚众，但高手罕见。民国也只有李宝珍这样的名家制作过“犀登壶”，而强义海的这把壶生动逼真，质朴传神，是民国动物型壶具的力作。

（5）鱼化龙壶

“鱼化龙壶”是近代紫砂高手裴德荥于民国时期创作的作品。裴德荥是近现代壶艺名家裴石民的族弟，善制“鱼化龙壶”。民国期间裴氏家族有多人参加制壶，裴石民之侄裴荣生亦常制作“鱼化龙壶”。

该壶高 10.8 厘米，口径 7.6 厘米，容量 650 毫升。壶盖内钤方形阴文楷书“裴德荥印”。壶体呈圆球状，色泽紫红，上面浮雕有鲤鱼、蛟龙与波涛，并用 6 条“S”形纹线回旋组合。壶把是条龙尾，壶嘴、壶盖分别饰以云纹和伸缩自如的龙头，斟茶时龙舌会自动伸缩，妙不可言，寓意鲤鱼化龙，前途无量。全壶意境优美，情趣动人。

“鱼化龙壶”为明清流行壶式。据传为明代陈仲美首创，但由于无传器，故具体形状不祥，唯知它叠刻有“龙戏海涛伸爪出目”。“鱼化龙壶”真正的传器为清朝紫砂名家邵大亨所创。如香港茶具文物馆藏和南京王一羽所藏大亨款“鱼化龙壶”。此壶式流传至今，已成为紫砂壶具的经典器型之一，后世仿此壶者以清末黄玉麟所作最为精美。

（6）平盖钟罩壶

“平盖钟罩壶”是近代壶艺家邵茂章于民初创作的作品。壶高 7.8 厘米，口径 5.7 厘米，容量 320 毫升。壶底与壶盖均钤方形阳文篆印“邵茂章”，印文工整而纤秀。壶体为钟罩形，色泽赫红，短流，桥形钮，椭圆把。

“平盖钟罩壶”主面为民国若水生篆刻的“香浮雀舌”四字篆文，字体古雅，落款流畅；副面浅刻梅花两枝，横斜而出，疏朗有致。整个壶体简巧而沉稳，壶身挺括周正，口盖合缝严密，把手端执舒适，全壶充满灵秀之气。

（7）四方传炉壶

“四方传炉壶”是近现代壶艺家沈孝陆于民国时期创作的作品。沈孝陆出身制壶世家。他所制的这个“四方传炉壶”高 10.5 厘米，口径

6厘米×4方，容量450毫升。壶底钤方形阳文篆印“沈孝陆”。

壶的主面为民国陶刻名家范泽林（号石如）篆刻的楷书“松风煮茗，竹雨谭让，石如生刻”；副面刻有“喜鹊登梅图”，落款是“花显清得石如刻”。壶体为四方形，色泽褐红，嘴把比例恰当，曲线强劲有力，壶体下4个钉足，使传炉壶有着青铜器般的威严与稳重。全壶古朴典雅，浑厚端正，是沈孝陆中年时期的传世力作。

“四方传炉壶”为清末创新产品，众多制壶艺人都制作过，但一般艺人都深感难做，因为此壶方中有圆、圆中寓方，要想做得比例恰当、珠圆玉润，实属不易。而沈孝陆的这把传炉壶制作精细，功力不凡，加之名壶名刻，是传炉壶中的上品。

（8）四方桥顶壶

“四方桥顶壶”为紫砂光货中的经典器型。从清代到民国，众高手多有制作。传世精品中有清初一代宗师陈鸣远制作的“四方桥顶壶”。清末壶艺高手蒋祥元亦制作过此壶。

我们这里所说的“四方桥顶壶”是近代壶艺高手吴淦成于民国时期创作的作品。壶高10.7厘米，口径5厘米×4方，容量480毫升。壶盖钤无边阴文印“淦成”，壶底钤方形阴文篆书印“潭砂名壶”。壶体为四方形，色泽紫红，曲流，桥鼎钮，方把。整个壶体厚重挺括，规矩有致，颇具古雅之风。

“四方桥顶壶”主面为民国庆生篆刻的行书“聊赠一枝春”；副面浅刻国画《水乡摇橹图》一幅，图中碧波荡漾的水面上，一位渔翁在摇橹弄舟。时值江南三月，莺飞草长，岸边杂花茂密，春意盎然。这幅国画使人联想到封建社会中的士大夫文人，因官场失意，仕途受阻，于是驾一叶扁舟，寄情于山水，浪迹于江湖的情景。

（9）牛盖洋桶壶

“牛盖洋桶壶”是清末民初紫砂名手美琴制作。壶高13厘米，口径6.5厘米，容量600毫升。壶体为直筒形，造型严谨，尺度精确，色泽淡红。壶的主面为民国陶刻名手蒋永西（号石生）刻行书“世间绝品甚难识”，副面刻有山川村落。壶底钤方形阳文篆印“红葵华馆”，盖印为椭圆形阳文篆印“美琴”。

另外，在传世的紫砂壶中，常见有许多斋馆堂号的名款。这些馆堂主人到宜兴订制烧造紫砂壶所选中的制壶艺人，一般是一流或是二流水平的，不会也不可能是普通艺人。所以大凡钤有斋馆堂号的茗壶，都是由当时的名流巨贾重金聘用的能工巧匠制作的高档茶具。虽然今天我们已无法完全弄清这些斋馆堂号的主人是谁，但从印章刻款上可以说明当年名流巨贾、文人雅士参与壶艺的热情。

第七章

紫砂文化的复兴期——建国后至改革开放前

第一节　紫砂复兴期概述

1. 抗日战争时期紫砂业的惨淡

战争对于人类文化艺术产品的破坏是非常残酷的，紫砂文化也难逃厄运。1937年抗日战争爆发到1949年前，是宜兴紫砂业的急剧衰退时期。在抗日战争时期，丁山、蜀山窑业区的厂房和民房被毁者达六百多间，陶窑完全被毁者十二座，还有一些陶窑被日本侵略者改作炮台或碉堡。从业人员纷纷转行谋生，仅有二三十家窑产苟延残喘。“大窑户逃往外地，中小窑户无意经营”，“每年曾以百万件紫砂供给全国和远销世界各地的蜀山窑场，那时全年所烧紫砂茶壶不满千把”。到20世纪40年代初期稍有恢复，但年产值最多时也只及战前最高年份的45%左右。

1945年抗战结束时，宜兴保留陶窑64座，但开烧的只有46座。1948年是抗战结束以来宜兴陶业较旺盛的一年，全年共烧了2740窑次，但产值仅为1936年的58%。其中7座紫砂窑中开烧了3座，全年烧20窑次，烧造的品种也只是一些茶馆所需的普通粗茶具。而紫砂业在整个宜兴陶业中的比重，也从1936年的22.2%下降到1945年8.9%。曾经有过六七百人的紫砂从业人员，到1949年前只剩下30余人。

2. 新中国成立后的缓慢复苏

1949年新中国成立初期，紫砂行业仍未出现好的转机，直到1955年1月政府进行合作化运动，走集体生产的道路，把分散的艺人聚合在一起，才开创了一个崭新的局面。

1955年1月，宜兴紫砂从业者被组织起来，共计59人，成立了紫砂工场，作为汤渡陶业生产合作社的一部分，生产逐步恢复。1955年10月，蜀山工场上升为蜀山陶业生产合作社，并在宜兴县政府的重视下招收徒工，建立了紫砂工艺学习班，由朱可心、顾景舟、吴云根、王寅春担任辅导，学员计有35人。1956年11月，工场又招收了第二批徒工26名，分两个班，由王寅春、吴云根分别担任辅导员。

老艺人专门从事带徒弟而不是生产，徒工三年学徒期间没有生产压力，由名艺人传授技艺，有良好的外部条件和生活条件，还经常评比、参观，听文学老师讲课培训，陶冶他们的文学修养和艺术情操，使得这批原本有较高文化水平和一定艺术修养的艺徒快速成长，技艺进步很快。这种情况是院校培养和民间传统带徒方式的完美结合。

1958年的全国“大跃进”，紫砂合作社在短短的半年时间中招收了徒工近千名，提出“一步登天上大学，三天学会做高级工艺品”的口号，追求产值、产量，生产质量直线下降。老艺人出样的品种经徒工大量复制，成为质次价高的“劣质高档工艺品”而无人问津，闲置在仓库内。这些壶表面加工粗糙，只有大概的器形轮廓，有相当一部分后来流入社会，在地摊或庙会上被当做古董出售，一度产生不好的影响。

1959年，由于人员的大量增加，紫砂工艺合作社扩展成为宜兴紫砂工艺厂。其后，生产逐步走上正轨，生产品种从紫砂壶和花盆等数种发展到上百种，不仅精品与日俱增，还发展了书画雕刻和古今人物的紫砂雕塑作品。

3. “文革”期间紫砂壶的规模生产

1966年“文革”开始，宜兴紫砂工艺厂的整体生产未受到影响，半成品质量检验制度没有被取消，成型工人制作的所有半成品坯件，仍要送到半成品库一件件验收，所以茶壶成型的质量基本没有下降。紫砂品种除设计制作参展作品外，全厂上下不管手艺高低，艺人们无一例外地都参与到面向大众的产品中去。这样，一个品种的茶壶里，就有师傅的作品和徒弟的作品，质量悬殊非常大。因此，这一时期产品中包含了很多现今高级工艺师的作品。大师朱可心就曾在那段时间里做过近百把“矮竹鼓”商品壶。

“文革”期间，紫砂工艺厂的产品母模，是任职于工厂研究室的顾景舟、徐汉堂、高海庚等名艺人提供的打样，或是经他们审定的打样。因此，整个紫砂生产品种虽然档次低、价格便宜，但造型标准，整体生产的水平没有下降。

这一时期的特点是：所用铭文有极强的政治色彩，一度袭用领袖语录、诗词或革命歌曲中的句子，如“大海航行靠舵手”、“万紫千红总是春”、“暮色苍茫看劲松，乱云飞渡仍从容。天生一个仙人洞，无限风光在险峰”等，大多刻得认真、精美。其用白泥贴花技术是在江苏省陶瓷研究员的协助下，先调配好与紫砂结合的白泥浆，用丝网印到贴花纸上，再剪开贴到紫砂坯体上，最后把纸取下，但因效果并不理想，生产一段时间后就没有了。

第二节　紫砂复兴期的艺术成就

1. 引进了模具造型工艺

这一时期引进了两种模具造型工艺：一是模型成型技术。过去，紫砂行业是全手工成型。1958 年，引进了无锡惠山泥人的翻模工艺，对紫砂陶艺的发展有很大影响。这种工艺的应用，统一了生产规格，提高了形制的准确性，有利于批量生产，为高档产品造型制作提供了更加广阔的空间，缩短了一般技术工人的学习周期，普遍提高了紫砂工艺中低档产品的规格及质量。其缺点是有一定的局限性，手工含量低，对民间传统工艺的发展产生影响，不利于紫砂人文精神和技艺的传承。二是采用了注浆工艺。这种工艺是利用石膏模型的吸水性，将泥浆注入模中，待石膏型壁吸附泥浆到所需厚度时，将里面多余的泥浆倒出后再将石膏模折开，便可得到一件中空的泥坯。这种成型方法有很大的局限性，不适用于高档艺术品和大件、大型产品的生产，模型接缝明显，断面有玻璃相，不透气，收缩率大，坯体强度差等。但它适应大生产的需要，现在的酒瓶或实用陶生产中还在大规模采用。

另外，在装饰手法上还创新了绞泥、红木镶嵌、金银丝镶嵌、釉珠镶嵌、绞泥装饰等。

2. 弘扬了紫砂雕塑技艺

20 世纪初至 50 年代初，紫砂雕塑这门工艺已濒于消失。其恢复是起于五十年代中期。当时，浙江美院、中央美院和宜兴紫砂业互派人员交流，对紫砂泥塑的恢复和发展起了复燃作用。1954 年，中央美院江丰院长派学生张世椿到宜兴蜀山创作，烧造紫砂陶塑作品“武松打虎”和“列宁像”以作尝试。1956 年，江丰认为紫砂材质色泽稳重朴实、耐风化，特别适宜纪念性雕塑，且可小量复制，价格较廉，故又派毕业班学生冯河、刘志福、沈善宽到紫砂合作社烧造 1.2 米高的马克思半身像、列宁像。稍后上海伍时伟等也到蜀山烧造 1.5 米高鲁迅坐像。中央工艺美院也派高庄带了波兰学生叶亚宁到蜀山制作紫砂陶塑，当时叶亚宁还做了很多比较抽象的组雕。

1958 年，徐秀堂先生被派到北京轻工业部举办的民间雕塑研究班学习，后转入中央工艺美院“泥人张”工作室深造；朱复、法涤环、盛炳强三人还去了广东石湾学习人物雕塑。于此同时，合作社还将“雕塑”纳入了正式生产品种。

1960 年前后紫砂雕塑只是为参加展览而作，如“草原民兵”、“银球传友谊”、“藏族摔跤”等；“文革”期间一度以领袖像为题材。改革开放后，题材禁区相继突破，紫砂雕塑进入了快速发展时期。由于从业人员的努力，精心临摹中外雕塑名作，深入研究紫砂传统造型，在创作设计上把“泥人张”的传统技艺和紫砂的工艺特点相结合，逐步形成了自身的风格，从而把紫砂事业推到了一个新的阶段，一大批具有传统文化精神的作品相继问世，如“萧翼赚兰亭”、“煮酒论英雄”、“雪舟学画”等。改革开放初期，只有紫砂工艺厂一家生产紫砂雕塑，以生产小型的塑像作品为主，40 厘米宽的“坐弥勒”已是大件了。

1977 年中央美院江丰院长派雕塑系的几位名雕塑家张得蒂、时宜、赵瑞英、冯河到紫砂工厂烧造紫砂雕塑，作品有张得蒂的“艾丝美拉达”（《巴黎圣母院》中的女主人公）、“小达娃”，冯河的“虎牛斗”、

“牛”，时宜的“新生欢歌”，赵瑞英的“藏民赛牛”和李克庆的“李白像”等。这些紫砂雕塑所制不多，多被紫砂界人士收藏。

1987年，在当今紫砂雕塑的开拓者、中国工艺美术大师徐秀棠的主持下，宜兴紫砂工艺二厂成立了雕塑分厂，专事生产紫砂雕塑产品。1988年，上海的汪永泰先生创建了“遗珠阁”，在上海请了创作人员，在丁山请了陶瓷生产工艺的技术人员，开始创作生产以佛像（密宗为主）题材为主的紫砂雕塑。从此紫砂雕塑步入了发展的黄金期，生产紫砂雕塑的工厂车间如同雨后春笋般地出现，一时间紫砂雕塑产品遍布陶都宜兴和各通都大邑。

紫砂雕塑繁荣的另一个重要标志是优秀人才的脱颖而出。除了徐秀棠大师受到尊崇外，高级工艺师、工艺师也层出不穷，其作品在历届全国陶瓷创作评比中都有可喜的成绩。例如：徐秀棠大师的紫砂雕塑《丙寅大吉》、《坐八怪》、《雪舟学画》及《不朽的生命》连续在全国陶瓷评比大赛中得大奖；高级工艺美术师陈建平创作的《渔歌晚唱》获得过金奖等。

随着紫砂雕塑市场的逐步扩大，从事紫砂雕塑创作的队伍也相应扩大。民间的、学院的、专业的雕塑人才纷纷落户和作客丁山。当时，福建工艺美校王则坚的人物捏塑；贵州民间博物馆刘雍的图腾纹饰；上海同济大学罗小平的陶塑人物及中央美院吕品昌的陶雕板塑应运而生。除了长乐弘公司有一支紫砂雕塑创作群体外，几家紫砂厂及许许多多或聚或散的个体也在尝试紫砂雕塑创作。

在徐秀棠先生的带动下，紫砂雕塑题材日渐扩大，在写实为主的同时，也有了变形、夸张和先锋派的表现手法。其人物塑像不再拘泥于知足常乐的生存状态和对美好愿望的向往表达上，而更注重人物内心的揭示和充分展现，文化内涵丰富。

3. 创作了大量艺术精品

这一时期，紫砂艺人创作了大批可圈可点的艺术精品。其中有：

顾景舟的“提璧茶具”、“上新桥壶”、“雪华壶”、“云肩三脚鼎壶”、“如意仿鼓壶”、“此乐壶”等；

朱可心的“报春壶”、“翠蝶壶”、“云龙壶”、“圆松竹梅壶”、“松鼠葡萄壶”、“一节竹段壶”、“三友壶”等；

蒋蓉的“荷花茶具”、“牡丹壶”、“荷塘月色壶”、“莲藕酒具”等；

汪寅仙的“曲壶”、“神鸟出林壶”、“斑竹蝉衣提梁壶”、“冬梅茶具”、“同乐壶”、“千禧壶”、“鱼形文具”等；

徐汉堂的“龙宫宝灯壶”、“菱花提梁壶”、“微型花盆”、“牛盖扁提梁壶”、“礼花提梁壶”、“上六五头茶具”、“碧海明珠壶”、“矮石瓢壶”、“四方冰纹壶”等；

李昌鸿的“竹筒茶具”、“五代文化壶”、“铜镜壶”、“绞泥罐”、“青玉四方茶具”、“运通提梁壶”等；

高海庚的“集玉壶”、“双龙提梁壶”、“扁竹提梁壶”、“北瓜提梁壶”、“卧虎壶”等；

徐秀堂的“灵豹壶”、“天灵壶”、“皮革壶”、“高瞻壶”和人物雕塑“始陶异僧”、“供春”、“坐八怪”、“恒”、“空”、“善”等；

谭泉海装饰的“双环百寿瓶”、“唐宫佳丽美人瓶”、“深山飞瀑美人瓶”、“兰亭雅集美人瓶”、“千禧千寿世纪瑞祥双耳凤头瓶”等；

吕尧臣的“天际壶”、“竹炉茶具”、“华径壶”、“听雨壶”、“渔舟唱晚壶”、“沙漠之舟茶具”、“回娘家壶”、“爱之欲壶”等；

周桂珍的“珍竹提梁壶”、“追月壶”、“古珍提梁壶”等；

鲍志强的“三阳开泰壶”、“有余提梁壶”、“金声玉振壶”等；

顾绍培的“逸泉三足壶”；

何道洪的“三结义壶”；

许成权的“笑樱壶”；

高振宇的“金鼓壶”、“宋韵壶”；

徐徐的“紫瓜棱壶”。

4. 培养了众多紫砂名人

1949 年以后，许多紫砂老艺人更加热爱紫砂事业，他们日以继夜地辛勤工作和培育新人，使紫砂这朵陶瓷之花盛开不衰。这些老艺人有朱可心、顾景舟、蒋蓉，以及陈少亭、任金庭、裴石民、王寅春、吴连根、谈尧坤、施福生和范正根等。这里我们主要说一下徐汉堂和徐秀堂两兄弟的师承以及艺术成就。

徐汉棠（1932 年—），生于紫砂陶业之家，20 世纪 50 年代随顾景舟学艺，成为其第一个弟子，后成为中国工艺美术大师。

徐汉棠1955年进入蜀山陶业生产合作社，1958年被派到无锡学习，开创紫砂模型生产新工艺，设计了壶盖的铁模压坯，制作了石膏模注浆等新品，1965年为上海市盆景协会设计制作了250种花盆，一时沪上人家以收藏“汉棠盆”为快。1970年他设计创作的“什锦水平壶”（一套十件）赴美国参加展出，该产品引起广泛的关注，以致长年畅销不衰。1975年徐汉棠参与宜兴陶瓷公司主编的《紫砂陶器造型》的实物测绘、制图工作，其作品运用紫砂开片冰纹手法，使纹理妙若天成，壶盖移位，线纹吻合。其不仅用铺砂、调砂等装饰手法，还运用礼花、边花、填花等多种手法。1979年宜兴陶瓷展览在北京故宫展出，其作品吸引众多观众。同年，他从红木雕刻镶嵌银丝的工艺中受到启发，与徐秀棠、鲍仲梅等研讨，终于创作出两套十五头嵌银丝咖啡具，“紫砂镶嵌银丝”的新工艺从此受到藏家钟爱。近年来，其紫砂陶艺日趋成熟，艺术成就举世瞩目，代表作主要有：“四方冰纹壶”、“上六茶具”、“什锦水平壶”、“微型什锦壶”、“岁寒三友”、“三菱花”、“大型掇壶”、“碧海明珠壶”、“古兽窥今壶”、“寒江独钓”。

徐秀棠（1937年—），徐汉棠的胞弟，中国工艺美术大师。

1954年他随陶刻艺人任淦庭（缶硕）学习陶刻装饰技艺，1955年进入蜀山陶业生产合作社工作，1958年到中央工艺美术学院民间艺人雕塑研究班学习，后转入“泥人张”工作室学习民间泥塑，1959年曾参加淮海战役烈士纪念碑的雕塑创作，1968年主持并试制成功高2.8米的紫砂陶大型雕塑《毛主席去安源》。1972年他负责开展了多方面的创作设计研究工作，试制成功适合雕塑生产的泥料，采用色泥、镶嵌、琢毛等手法，并用“辉发釉”烧成雕塑，首次创作了西游记人物群雕在广交会上受到客商喜爱。1973年主持总体设计了“银葵茶具”、“水利壶”、“鱼形文具”、“鱼纹瓶”等作品，运用瓷、竹、金属材质与紫砂工艺巧妙结合，如“瓷珠镶嵌”、“嵌银丝”“色泥”、“锦纹”“琢毛”等多种装饰技巧。1977年与江苏省雕塑家一起，在苏州东山紫金庵临摹十八罗汉泥塑，用紫砂陶烧制小样，分别由江苏省工艺美术单位存档。1978年他创作了“萧翼赚兰亭”、“曹操煮酒论英雄”、“雪舟学画”等展现人物内心世界、形态逼真的作品，先后参加在北京举办的宜兴陶瓷展览和全国陶瓷艺术展评活动，获全国美术设计奖。其中“雪舟学画”投产后连续8年盛销不衰。

1990 年其从宜兴人文题材中塑造雕塑艺术形象，主要有“供春学艺”、“紫砂艺人邵大亨”等。在“中国第二届紫陶艺术展览会”上发表新作“十八罗汉”。这些作品凭借艺术功能的发挥再创造，突出人文精神，演示整体形象，独具魅力。

对于紫砂文化的国际交流和弘扬方面，徐秀棠也做出了极大的贡献。1989 年他赴日本访问。1991 年受日本陶艺家明星大学的邀请访问日本东京艺术大学、武常野艺术大学、明星大学陶艺系，并参观众多的展览和博物馆。1992 年与胞兄徐汉棠应台湾省民族文化基金会邀请，到台湾访问，开展紫砂文化的两岸交流活动。1994 年与日本著名陶艺家高弘先生组建中外合资企业宜兴长乐弘陶艺有限公司，任技术总监。1996 年他再度受台湾民族文化基金会邀请，访问台湾，发表《试说紫砂雕塑的艺术表现》，作品受到台湾同行的极高评价。1996 年徐秀棠获得中华民族文化薪传奖，发起主持“首届中国现代陶艺展”。

徐秀棠从事紫砂艺术 40 多年，不仅在紫砂工艺上有较深的艺术造诣，而且研究中国绘画、书法，并将之融会贯通到紫砂工艺创作之中。他创作了 200 多件紫砂陶塑优秀作品，把传统技艺和现代风格完美地结合起来，许多作品被英国伦敦维多利亚博物馆、故宫博物院、上海博物馆收藏。

第三节　复兴期宜兴紫砂的三大特征

1. 砂质好

建国初期的紫砂贵在土胎是藏家的一个共识，早期土胎的淳朴无华可以用“原土原矿”来形容。虽然这一时期紫砂的砂料同样需要经过培养、锤炼甚至是拼配才能用来制作器具，但相对于 20 世纪 80 年代后紫砂受外来影响而引发的“拼配”泛滥而言，早期单纯的色彩反而远胜过后来丰富多彩、色彩明艳的泥料，而且现在的泥料矿源和拼配技术也难以复制出早期砂料的特征。因此，有人认为，建国早期紫砂除了矿脉分布和炼土技术的不同之外，“陈泥”和“养土”是另一现在沙土难以企及的原因。众所周知，宜兴砂陶在解放初期已经恢复生机，内外销售供求两旺，因而挖掘出土的备用泥料数量颇丰，至70年代末当地窑业几乎停顿，为大量已经出土的紫砂生料提供了最佳的“风化养土”时间。大量露天堆放的泥料受日晒、风吹、雨淋数年，已达到了“养土”的最佳状态。如今，这些光泽温润、不养自亮的土胎已经成为改革开放之前的紫砂最重要的识别特征，后来的砂料几乎不可复制。

2. 做工自然

在制作工艺上，建国初期的砂壶在做工上要求自然粗放，就算当时名家的高档工艺壶也都以自然传神作为审美的最高标准，不像现代名家以精工细作取胜，壶体光滑如镜、线条一丝不苟。古谓“水至清则无鱼”，就艺术欣赏的角度而言，精工细作的结果常常落于生硬刻板，反不如收放自如、写意传神来得精彩。有趣的是我们将现在的一些名家陶与他们早期的作品相比，这种特征同样十分明显。这应该与制作者的生活环境和当时的文化环境有着密切的关联。

3. 传品稀少

高档的早期紫砂壶如同古壶一般可遇而不可求。因此，寻求早期紫砂就如同选择婚姻佳偶一般都要讲求缘分。究其原由，可能与当时大量外销和大量生产日用器皿有关。早期的工艺壶精品本来就少，经过多年的使用损耗，残存的业已有限，能完整保留至今的更是凤毛麟角。

第八章

紫砂文化的热潮期
——改革开放后至今

第一节　紫砂热潮期概述

这一时期的紫砂文化出现如下新面貌：

一是随着中国共产党第十一届三中全会的召开，吹响了经济体制改革的号角，乡镇工业在全国各地蓬勃兴起。这给紫砂业的大发展带来了一股东风，相继出现了多个生产、经营紫砂产品的乡镇企业，打破了计划经济体制下紫砂工艺厂一支独秀的格局，活跃了紫砂的创新和生产，迎来了紫砂繁荣发展的大好时期。后来，随着改革的程度向纵深发展，在不断的社会实践中，乡镇企业集体生产的规模化模式逐渐被抛弃，相继出现了许多家庭作坊式的生产格局，出现了百家争鸣的局面。

二是随着国民经济的快速增长，人们的物质和精神生活都有了很大的提高，对文化艺术品的需求也随之增加。作为中华传统文化中的瑰宝，宜兴紫砂也受到越来越多的青睐，高端的紫砂艺术作品的成交价格不断刷新。

三是各种文物商店的兴起和国内旅游业的迅速发展，使中国艺术品市场全面复苏，有了交易和流通的渠道。1997 年《中华人民共和国拍卖法》颁行后，中国内地的拍卖企业如同雨后春笋般涌现。

四是全民收藏热的兴起。2002年新的《中华人民共和国文物保护法》颁行后，民间私人收藏日盛一日，大批民营企业开始进军艺术品市场，中国艺术品市场呈现出火爆的发展态势。

第二节　紫砂热潮期的艺术成就

说起现代紫砂文化的艺术成就，就不能不提一个人——罗桂祥，在推动紫砂文化在东南亚乃至全球范围内掀起热潮的历史进程中，他功不可没。罗桂祥是广东梅县上村人，早年移居香港并创办自己的实体公司。他自1950年开始收藏紫砂艺术品，起初他只是喜欢收藏各式各样的紫砂壶。后来他开始研究紫砂文化，并将收藏的范围扩展到不同产地的茶壶。从1979年秋天开始，这个香港实业家多次去宜兴实地考察紫砂陶艺的生产过程，并为当代紫砂陶艺家走向市场提供了各展其能的机遇。1981年10月，罗桂祥将自己几十年来深藏珍爱的476件陶瓷茶具捐献给香港市政局。在这个香港企业家的带动下，以及在当时的宜兴紫砂工艺厂的配合下，1981年举办了一场以“宜兴紫砂陶”为题的展览并获得了空前的成功，这次活动吸引了无数港台收藏者的莫大兴趣，此后，宜兴紫砂在港台以及东南亚等地兴起了一股收藏热，这股收藏热不停蔓延、升温，直至遍布全球。

在这一历史时期，紫砂文化的发展主要取得了以下艺术成就：

一是紫砂文化交流活动丰富，紫砂文化走向世界，紫砂行业队伍壮大。

改革开放多年来，宜兴紫砂文化得到了空前的继承、弘扬、保护和发展，成为建设文化宜兴的重要组成部分。同时，宜兴的紫砂文化也开始走出国门。早在1977年，在美国纽约就举办了一场“宜兴紫砂陶艺展”，这次展览受到了各界人士的重视，尤其得到茶界人士的高度好评。两年后的1979年，紫砂名师何挺初等人随中国陶瓷代表团远赴澳大利亚考察，并做示范表演。这些活动无疑是改革开放后紫砂走出国门的一次预演。陶瓷文化的交流，陶艺的互访，让世界认识了宜兴，也让宜兴融入了世界。1980年5月，各国驻中国大使馆武官来宜兴丁蜀镇紫砂工艺厂参观制作工艺。1982年5月，日本名古屋电视台到宜兴丁蜀镇拍摄“紫砂陶器和龙窑窑址”电视片。同年9月，宜兴陶瓷公司经理胡兆根和紫砂工艺厂厂长高海庚，远赴日本考察陶瓷生产技术。1982年10月，75国驻中国使节团一行98人，在外交部副部长韩念龙等人的陪同下，分两批来宜兴参观紫砂工艺厂、陶瓷陈列馆。1983年6月，台北故宫博物院邀请谢瑞华女士演讲《谈宜兴紫砂》，之前，台北陆羽茶艺中心也邀请她举办了“宜兴紫砂”座谈，这是外地专家第一次到台北介绍宜兴紫砂壶艺。为增进宜兴对外经济、文化交流，从1988年开始，宜兴地区连续举办了六届两年一次的“陶艺节”；1998年、2001年和2005年在宜兴还举办了三届国际陶艺研讨会；自2003年起，宜兴市陶协还每年一次组团赴美国参加陶瓷教育年会。

通过这一系列的对外交流活动的推动，激发了当地人从事紫砂行业的积极性，宜兴从事紫砂的人也从1979年宜兴紫砂工艺厂的四五百人，发展到今天数万人的行业。

二是民间紫砂与艺术院校联系的加强。

20世纪70年代初，以高海庚、徐秀棠为首的一批受过正规艺术教育的中青年，把学院的现代艺术思潮带到宜兴，为艺术院校与宜兴的长久合作架起了桥梁。另外，当时的中央工艺美术学院、景德镇陶瓷学院、南京艺术学院以及其他一些艺术院校相继为宜兴办短期培训班、进修班，接受代培生，使改革开放之年涌入国门的现代艺术思潮、现代设计思想通过院校师生的接受、融化、传播，又在宜兴传播、践行，对现代紫砂在宜兴的兴起起了关键作用，所以人们称这些具有现代艺术意识的人为“学院派”。

同时，院校和传统的结合并没有影响到人们对传统的继承。中国工艺美术大师李昌鸿后来回忆道：“我看到改革开放以后，职业学院越来越多了。我在北京看到，我在苏州看到，我在无锡看到，甚至于在我们宜兴现在也已经有职业学院。那么我跟学院的院长、教授，跟他们交换意见的时候，他们深有体会地说，‘特别在陶瓷方面来讲，他们教的学生，还有其他的工艺美术专业来讲，到实际工作中去，很难跟实际工作结合’。……当然现在来讲，譬如电脑啊，新的理念的设计啊，吸收一些外来知识，这些方法是可以的。但是传统的，怎样来把传统的吸收，纳入到里面，把它规范出来，变成一种现代的教材是很主要的。”

三是宜兴陶艺展品的水准趋高，国际声誉大增。

改革开放使东西方文化交融，让大量优质的宜兴陶艺品展示在世界人们面前。1984 年德国莱比锡春季博览会上，“紫砂竹简茶具”和“百寿瓶”分获金质奖；1989 年、1992 年、1995 年在日本美浓举办的国际陶瓷展上，刘建平、徐维明、吴鸣、葛陶中、季益顺的紫砂艺术品都得到了入选奖……2005 年中国陶都——宜兴国际陶艺研讨会暨陶艺展会上，180 多件中外陶艺家的精品佳作闪亮登场，每件作品都展示着东西方文化的时尚和潮流。

紫砂、青瓷、均陶、精陶、彩陶，被誉为宜兴陶瓷艺术的“五朵金花”，它们在传承和发展中续写着辉煌。同时，随着有关宜兴紫砂文化的专著、画册、小说等的出版发行，电视专题片、科教片的摄制播放，宜兴紫砂文化在全世界范围内得到了弘扬，提升了宜兴的知名度和影响力。如今的紫砂文化艺术已不仅仅属于宜兴，它属于中国，属于世界。用国际陶艺学会主席托尼·弗来克斯先生的话说，“中国陶都在宜兴，世界制壶中心也在宜兴”。

第三节　现代紫砂文化发展

1. 紫砂文化多元化

随着时代的变迁，人们的价值趋向、思想观念有了根本的改变，艺术和审美观念也有了程度不同的变化。近年来，紫砂陶受到现代艺术思潮的广泛影响，加上现代陶艺审美的介入，以及西方艺术思想和现代科学技术手段，在文化理念、造型、雕刻等方面不断推陈出新，从而丰富了紫砂陶创作，增加了文化内涵，扩展了生命力，体现了紫砂发展的多元化。

以紫砂壶为例，紫砂茗壶是以特殊的紫砂材质精制而成，具有一定的制作技巧和审美标准。以往的紫砂壶创作多工匠个性表达，立意简单，单独制成。虽或有一些突破，但在艺术创作上显露出相当的局限性。而现在，随着人们对生活品质的追求越来越注重作品内涵，紫砂茗壶经历代艺人的创造和文士的推崇，发展至今已成为一种工艺特殊、装饰多变、风格高雅、技艺精湛的集工艺和实用于一体的，具有民族风格的一枝奇葩。当今的紫砂茗壶，造型千姿百态，品种丰富多彩，形成百品竞新的现代紫砂壶艺术，显示作者品格特征和紫砂文化，吸引着海内外各阶层人士的向往和倾心。

2. 艺术形式个性化

随着改革开放的深入发展，现代艺术思维快速地进入陶瓷艺术领域，特别是一些在高等院校学习或深造过的年轻人，把现代理念带到了紫砂创作中，更加注重个人的审美价值的展现，从成型制作、烧成、装饰诸方面追求强烈的个人色彩与自由倾向，自由表现个性化的艺术追求，在创作的理念上更为注重形式追求，而不是实用功能。他们特别强调形式美，注重外观、形体所体现的现代意识，包括生活意识、社会意识和对自然、物质的认识，且不囿于传统，并试图在自己的创作实践中，冲破传统，不仅仅限于单纯的“非方即圆”的模式，如采用诸如尖角、内外壁等形式，即便利用某些具有传统元素的设计，也只是为了表现自己作品的一个过程和手段而已。

在1990年宜兴第二届陶瓷艺术节展现的新品中，人们明显感到传统正受到挑战，现代艺术意识正悄然登堂入室，一批受现代艺术熏陶的中青年陶艺家脱颖而出，其人数之多、实力之雄厚、作品之新颖，令人瞩目。这些改革开放后成长起来的中青年陶艺家，用形体构成的新思维，强调点、线、面的地位，打破了功用结构旧观念，重视材质的质表肌理等等，这些现代设计理念，创作了一大批新颖独特、具有时代特征的现代紫砂。

3. 紫砂产品新颖化

1949年以后新培养出来的中青年艺人中，有不少人在此后精于壶艺书画、雕刻、花盆造型以及雕塑艺术等等。这些中青年人的艺术风格，有的是构思新颖，造型奇妙，代表作品如“圈足酒具”和“旅游竹炉茶具”；有的是细腻纤巧，维纱维肖，代表作品如多层底架的小型多色茶具，以及小型的多形各式花盆；有的是寓新于古的创作，代表作品如“狮茶具”、“集玉壶”、“仿古小竹提壶”、“二色竹扁壶”、“九头葵式酒具”、“鱼汛花瓶”、“八方圆铺砂花盆”，以及嵌金、嵌银装饰的新工艺等等。有些具有精细雕刻的紫砂器已登上大雅之堂，成为我国一些著名会堂、公园和饭店的高贵陈设品。关于紫砂的人物雕像作品，近年来也发展很快。其代表作品如“肖翼赚兰亭”、“雪舟学画”，以及组塑“古代书画人物”，和仿制古代的青铜钟鼎彝器，着色凝重，精细入微。

4. “紫砂语言”传统化

现代紫砂的创新对传统紫砂形成一定的冲击，但它并没有影响人们对传统的继承，更不会失去宝贵的传统“紫砂语言”。由于传统紫砂在中国还是一种区域性的文化，它比较封闭滞后。过去，虽有文人的参与，但大都是题些字、画些画，属于装饰上的点缀。现在，打破了地域概念，让更多文化人参与其中，不仅是装饰上的点缀，还有造型上的设计、理论上的探索等，这些都是一种区域文化朝主流文化迈进的创新。它是在引入中国其他艺术文化和外来民族文化精华的过程中，通过消化、吸收、交融，造就新的紫砂文化。只有这样，才能将宜兴紫砂这一区域文化纳入到中国的主流文化中，才能使紫砂艺术品成为中国的主要艺术品之一。

九百年前，古人曾经用“紫泥新品泛春华”的诗句来形容初问世的紫砂器。今天，紫砂器真正的春天已经来到了。我们相信，今后在紫砂业新老艺人的共同努力下，宜兴陶业中的这朵奇葩，必将开得更为灿烂鲜丽。

中国紫砂艺术

第九章

紫砂文化发源地——宜兴

任何一个人，要想深入了解紫砂文化，都必须了解它的发源地——江苏宜兴。只有全面了解了这个城市地理、历史和人文风貌，才有可能捕捉到紫砂文化的精髓。

宜兴历史

宜兴这座名城已经有 4000 多年的历史了。宜兴古称荆溪、荆邑。秦汉两代改称阳羡。后来，晋惠帝将阳羡改名义兴。到唐高祖武德二年，又改名为鹅州。宋代，为了避宋太宗赵光义的讳，改义兴为宜兴，相沿至今。

宜兴在唐虞夏商时代被称为荆溪。根据考古发现的青劳岗文化证明，早在四五千年前，在这一带丘陵地上，特别是湖滨河边，就有人类繁衍生息。他们使用细小石器，过着渔猎生活，发明了原始的陶器，使山区的自然资源得以开发，创造了灿烂的古代文化。关于荆溪的得名，有人说是因为境内有苍山、清溪的缘故，认为“古荆溪地”是“青山绿水之乡”、“山明水秀之地”。又有说荆溪原先是宜兴境内的一条河的名字，后来它又成了东溪、西溪、南溪、北溪河的统称，所谓“荆溪百里水涵空”。

据《宜荆新志》记载：荆溪受金陵、宣歙之水，东西绵亘百里，入于震泽（太湖古称）。溪水使长江上游带来的泥沙，慢慢沉积在下游近太湖这段低湿之地，成了肥沃的低地。在这块沼泽沃野上，到处草木繁茂，荆棘丛生，古人就把这段溪水加上一个“荆”字，“以荆名溪，因而谥邑”。如此说来，称它“荆溪”原来又象征着榛莽初生。

在西周时，宜兴称“荆邑”，属吴，到周元王四年，越王勾践灭吴后，遂并归于越。相传越国大夫范蠡曾隐居荆溪的南山从事制陶业，今有蠡墅、蠡河等古迹遗存。周显王三十六年，楚威王灭越后，荆邑又并归于楚。

秦始皇嬴政灭楚统一中国后废分封，实行郡县制，把荆邑改为阳羡。为什么秦始皇要把荆邑改为阳羡呢？据说“荆”是楚国的古名，“楚本号荆”，“荆”、“楚”同义。《左传·庄公十年》说：“荆败察于莘。”《晋书·景帝纪》说：“荆山之璞虽美，不琢不成其宝。”所谓“荆”，都是指的楚国。秦王为了整肃纲纪，消除百姓对楚、荆的怀念之情，把“荆邑”的小地名也彻底改掉，“秦以子楚，改为阳羡”。但阳羡县名的由来，又与原先“荆溪”两字有关。据《宜荆县志》记载：“盖荆溪之阴多山，其阳衍沃。”就是说：溪南（阴面）是多山地带，溪北（阳面）是肥美平坦的田野。古文的“衍”与“羡”，音相同，义相通，这就是阳羡名称的来历。

汉高祖十二年，淮南王英布谋反，当时的阳羡县令尹灵常随刘邦讨伐英布，因功被封为“阳羡侯”。汉末，三国鼎立。据说孙权 15 岁就在这里做过阳羡县长，后来坐领江东建国，改筑阳羡城池于南山下，地近小，称虾龙泾，故阳羡城旧时又名‘虾虎城’，即今宜兴古城的雏形。自秦、汉、三国到晋初，阳羡这个名称一直沿用了 500 多年。西晋时，阳羡曾出了一位大名鼎鼎的周处将军。他父亲周航在三国孙吴时曾封为“关内侯”。而周处“除三害”的功绩，人人钦仰，代代传颂。晋永嘉年间，因周处之子周玘“三定江南”，晋帝封他为建威将军、吴兴太守、乌程侯，其故乡阳羡也改名为义兴，以奖励他维护西晋王朝的功绩。义兴郡这个名称，经过西晋、东晋、南北朝，沿用了 280 多年。

地理概况

宜兴位于长江三角洲的太湖西岸，和浙江、安徽两省接壤，处沪、宁、杭三角中心，是江苏省最南边的一个城市，它的地理座标为北纬 31°07′到 31°37′，东经 119°31′到 120°03′。它东濒太湖，与苏州、无锡隔湖相望，西邻溧阳，南交浙江长兴，北接武进，西北、西南分别与金坛和安徽广德毗连。其东西最长距离 49.8 公里，南北最宽处 54.2 公里，全市总面积为1758平方公里（不含太湖水面），人口109万。境内既多山，又多水。山岭重叠，河道纵横；山水相依，景色迷人。它的西南面环绕着高山峻岭，山秀林密，峰高谷深，正如苏东坡《满江红》词所谓“清溪无底，上有千仞嵯峨”。它的东、西、北三面，则为富饶的太湖平原。湖泊荡淹，星罗棋布；港湾河渎，四通八达。县志说：“全县有名山一百三十六，溪河二十四，荡淹十七，溪潭十，渎七十二，大湖五。”“山水之胜，甲于东南。”

由于宜兴的地理位置特殊，地势险要，使它成为历代兵家必争之地。早在春秋战国时期，这里即为兵戎相向之地。东汉末年，孙权助其兄孙策在此扼守。宋代名将岳飞在宜兴建“岳家军”，击退金兵，声威大震。元末明初大将徐达则在此地围困元军，从而打开了东南门户。清时，太平天国在这里驻扎过许多军队，辅王杨辅清还在城中建造了王府。

名胜古迹

漫长的历史，悠久的文化，给宜兴古城留下了丰富的文化遗产和风景资源。这里著名的名胜古迹有：三国时代的封禅国山碑，堪称江南第一古碑；晋平西将军周孝侯庙，殿宇两壁有晋、唐、宋、元、明、清历代碑碣，以王羲之书写的碑记最为著名；唐代的古龙窑遗址；李白撰文、李阳冰书写的《史贞义女碑》；东坡书院和《楚颂帖》碑刻；太平天国辅王府遗址和壁画真迹；宜兴陶瓷博物馆以及徐悲鸿纪念馆。

宜兴还有“十大胜景”，它们是阳羡茶泉、画溪花浪、铜峰叠翠、周侯古祠、龙池晓云、玉潭凝碧、蛟桥夜月、张公福地、国山烟寺。这些胜景集中地反映了宜兴的自然风景和名胜古迹，可谓江南锦绣山河的一个缩影。“阳羡茶泉”描绘唐贡茶、金沙泉产地唐贡里的绿水青山，风光无限；“画溪花浪”表现了在春夏之交，碧流花雨，香飘十里的情景；“铜峰叠翠”展现了城南高峰重叠、层翠环抱的秀丽景色；“周侯古祠”是典型的明代建筑，石碑林立，景色幽雅；“龙池晓云”在茗岭龙池山，每当拂晓，奇石奇景如五彩云霞；“玉潭凝碧”在玉女山庄，山色水光，明靓无匹；“蛟桥夜月”在古城中央，每逢中秋之夜，明月与桥心相对，宛若银蛇万道，煞是奇观；“张公福地”即张公洞府，气势宏伟，洞中有洞，被誉为“洞天福地”；“国山烟寺”在善卷洞旁，古迹云集，风景绝佳。在古籍上最早记载“荆溪十景”之名的是明代嘉靖年间编纂的《宜兴县旧志》，此后名人题咏，代不乏人。清代民间画家徐达章就绘有《荆溪十景图》工笔山水画册传世。

这里还要特别说一下宜兴的“洞天福地”。宜兴地区山多岩洞，洞多神奇。这里有石灰岩溶洞82个，景色瑰丽，堪称“洞天世界”。据地质学家考察，它们已形成将近100万年。善卷洞、张公洞、灵谷洞为最大、最古、最奇之洞，有“江南第一古迹”、“海内奇观”之誉。善卷洞以洞中有河、水洞通舟著称；张公洞以洞中有洞、一线通天占魁；而灵谷洞则以洞中有山、绚丽多姿见长。古往今来，这些溶洞引得游客陶醉，诗人吟咏。近年来，宜兴又探明并开放了慕蠡洞和西施洞，洞身幽邃，景物奇妙，千姿百态，变幻莫测。这些洞府不仅是旅游胜地，而且是地质、历史、水文、生物、考古等科学家的科研基地。

在善卷洞的附近，有一个祝陵村。村外毛竹参天，杜鹃遍地，每年春天，红花与翠竹相映，如锦似绣，远远望去仿佛桃花源的境界。传说梁山伯与祝英台的故事就发生在此地，每逢杜鹃花开，时有大彩蝶双飞不散，俗传为两人魂灵所化。近还有祝英台读书处——“碧鲜庵”碑亭和“晋祝英台琴剑之冢”等遗迹。

在张公洞与灵谷洞之间相距3里许，有一玉女山，又名莲子山，山巅有玉女潭。相传古代有一玉女峰就在于此，因而得名。其潭大旱不竭，深不见底；其水莹洁如玉，毛发可鉴。潭依绝壁，从顶上往下看，山石累累人画，灌木耸出壁罅。《玉女潭碑记》中说：“玉女一潭，更奇，更怪，更仙，更灵，尤非诸胜所能媲美者。”唐人权德舆称：“阳羡佳境，以此为首。”明代文征明还写有《玉潭仙居记》。当年郭沫若初游宜兴，也曾在潭边伫立、观望、凝视、沉思，发怀古之幽情。

宜兴特产

（1）茶的绿洲

中国是茶的故乡，世界给了宜兴一把紫砂壶，并没有忘记在里面放一片茶叶。

宜兴是江苏省最大的茶叶产区，地处亚热带气候，四季分明，温和湿润，生长着被茶圣陆羽称为“芳香冠世产，可以上供朝廷”的阳羡茶。“天子未尝阳羡茶，百草不敢先开花。”宜兴阳羡紫笋茶与杭州龙井茶、苏州碧螺春齐名。宜兴茶在三国时代以“国山舜茶”称雄江南，唐朝以“阳羡唐贡茶”名扬天下。在宜兴山区，茶园依山就坡，一望无际，人称“茶的绿洲”。

（2）竹的海洋

宜兴的太华山区是江苏省最大的毛竹基地。太华山地处宜兴最南端，南接浙西，西接安徽，与皖南的九华山齐名。这里一山又一山，连岗接坡，层峦叠嶂，无边无际；山风过处，竹影婆娑，好似大海中的波涛起伏，故有“竹海”之称。每到春天，竹笋即破土而出，沐春风，浴春雨，蓬勃向上，一天一个样。俗语说，“清明挖笋，谷雨长竹”。太华山区的毛竹约有9万亩，产量为江苏省毛竹的70%。

（3）陶的天地

宜兴陶瓷已有四五千年的历史，其中紫砂陶最具特色。其别致的造型、精湛的工艺、古朴的色泽和优良的实用功能，在国内外享有很高的声誉。紫砂陶有壶、杯、瓶、盆等上千个品种。1984年，竹简紫砂茶具在莱比锡国际博览会上赢得金奖。除紫砂陶外，还有被誉为“东方的绿宝石”的宜兴青瓷，以及均陶、精陶、彩陶和工艺美术陶。

（4）百合之乡

宜兴百合与兰州百合、龙牙百合一起，为我国现代三种食用型百合，然而能入《本草纲目》者当数宜兴百合。宜兴百合含有多种生物碱及淀粉、蛋白质、脂肪等成分，具有滋补强壮、润肺止咳、清热利尿、理脾健胃、宁心安神等功效，能起到人参的部分作用。

世界陶都

宜兴固然以风景秀丽著称，但是形成它今天独特风貌的主要因素却是陶瓷工艺。宜兴自古即以出产陶器闻名，是中国制陶业的发源地之一，向有“陶都”之称，与瓷都景德镇齐名。

其窑场集中在宜兴城东南14公里的丁蜀镇。镇子以丁山和蜀山得名。这两座山相距不过3里，一东一西，中间隔着一条蠡画溪，遥相对望。蜀山原来叫做‘独山’，四面都是水，它好像水中央的一个小岛，山不算高，“水环之如赔嵝”。据万历年间的《宜兴县志》载：苏东坡居宜兴时，“爱其风景类蜀，乃改今名。”元末明初画家徐贲隐居于此，绘有《蜀山图》，画中远山深秀，岚气郁苍，一派江南水色山光，并有宋克、和孝思等题识，观画读诗，颇能领略远离闹市的山居之乐。明代陈淳也有《罨画图》传世，堪称一时杰作。

丁蜀镇东临烟波浩渺的太湖，西南为天目山支脉南山所环抱，宁杭公路和蠡河贯穿其间，水陆交通十分便利。这里的山丘地区露出大面积泥盆纪时期地层，地下蕴藏着丰富的陶土矿，太湖沿岸又沉积着大量含铁质的土骨，都是陶瓷工业的主要原料。山丘地区还蕴藏着茂密的林木、毛竹和煤炭资源，为发展陶瓷工业提供了充足的燃料和原材料。所以，丁蜀镇既是宜兴境内山区和水乡的交界地，也是陶土和燃料的丰富产区。东至蜀山，西至丁山白岩、汤渡，南至白泥场，北达潜洛、上袁，方圆30里，几乎是家家做坯，处处皆窑。即古人所谓“白甄家家哀玉响，青窑处处画溪烟”。（陈维崧《双溪竹枝词》）从窑区再往西南，山更高，溪更深，山上所产的陶土和燃料都可以从水道运到窑区。从这里由东往北，河面更宽，岔道更多，都通太湖，可把陶器产品运到长江两岸的广大地区直至全国各地。原料丰富，取用便利，交通运输畅达，是宜兴陶业得天独厚、不断发展的物质基础。千百年来，生长在这块土地上的人们，世代辛勤地从事着这项事业，加上陶艺家的无穷智慧和杰出创造，使陶都经历多少时代的变迁，却长盛而不衰。

第十章

紫砂土

第一节　紫砂矿的形成与矿物结构

紫砂矿分布于广东大蒲和江苏宜兴市丁蜀镇黄龙山一带，并以宜兴为主。成矿年代为古生代泥盆系，约三亿五千万年左右，位于江南古陆边缘海、陆、湖交替的三亚类地带。借助风力或水力的搬运，一些细小的粘土颗粒及其他矿物形成沉积型粘土页岩，因此紫砂矿主要由石英粉砂及胶结它的黏土矿物组成，石英碎屑孤立地分布在胶结物中。由于含铁质较多，又把它定名为含铁质黏土质粉砂岩。根据 1986 年 6 月的试样，紫砂泥中除含有较多的赤铁矿外，还含有锆、镍、钴、铅、钡等多种微量元素。

由于地质成因的关系，各处泥矿的含铁量、化学成分等各有差异，其外观呈多种色彩，“果备五色，灿若披锦”，因此，文人在典籍中称紫砂泥为“五色土”。

这种神奇的、能与黄金珠宝比价的物质，其原材料是大自然鬼斧神工的造化使然，是上天赋予宜兴丁蜀镇一带的独特的宝贵的矿产资源。

第二节　紫砂矿的储量

宜兴紫砂泥的存量有多少，宜兴紫砂矿藏还能开采多少年，这是人们愈益关心的问题。已有业内之士呼吁："如果再不加以保护，不出30年矿藏就会被耗尽。"

截至1990年年底，宜兴境内已发现各类陶土矿床（点）102处，探明储量7300万吨，保有储量6500万吨，远景储量2800万吨。其中含有紫砂泥的甲泥矿28处，探明储量5983万吨，保有储量5796万吨，远景储量1160万吨。而且据权威资料表明，丁蜀镇黄龙山以北至宜兴陶瓷产业园区以南一带0.69平方公里范围内，已探明B+C+D级甲泥储量1157万吨，其中有紫砂泥35万—58万吨，矿层距地面60—200米，这将是紫砂陶生产的大型原料基地。此外，宜兴其他甲泥矿中的紫泥探明储量和保有储量分别为90万吨。若按每年用量万吨计算，也可用百年以上。虽然紫砂泥矿产资源不可再生，会越用越少，但是"紫砂泥枯竭"之说目前来看是没有根据的。

为了科学规划、合理开采，2005年4月宜兴市人民政府发出了对黄龙山紫砂矿进行保护的通知。经省人代27次会议批准的《无锡市宜兴紫砂保护条例》，也于2007年4月1日起实施。这对推动传统紫砂陶产业的可持续发展起到积极作用。2010年6月底，宜兴市政府将恢复对紫砂泥矿的有序开采，专供制作紫砂壶。

第三节　紫砂泥的类别

目前，紫砂界人士主要将紫砂泥分为三大类（或称三种基泥），即紫泥、红泥和本山绿泥，其中：

紫泥是生产各种紫砂陶器的最主要的泥料，是甲泥矿层中的一个夹层，目前仅产于丁蜀镇黄龙山一地。与宜兴一山之隔的浙江长兴也产紫泥，但与宜兴泥料相比，质量悬殊。作为甲泥矿层的一个夹层，紫泥矿体呈薄层状、透镜状，矿层厚度一般在几十厘米到一米左右，稳定性差，原料外观颜色呈紫色、紫红色，并带有浅绿色斑点，烧后外观颜色则呈紫色、紫棕色、紫黑色。紫泥主要成分为水云母，并含有不等量的高岭土、石英、云母屑及铁质等。属于粒土—石英云母系，颇似制瓷原料，单种原料即有理想的可塑性、泥坯强度高、干燥收缩率小，为多种造型提供了良好的工艺条件。

红泥是位于嫩泥矿层底部的泥料，古称“石黄泥”，是“未触风日之石骨”，矿土呈橙黄色，出于宜兴赵庄。单纯的红泥原矿土细而不含砂质，可塑性高，但相对支撑强度比不上紫泥，因此不宜烧制大件作品，通常用作化妆土及制小件产品。近年来，赵庄红泥资源几乎采尽，紫砂艺人改用川埠乡蒋笠、红卫等地产的红泥，丁蜀镇黄龙山亦产少量红泥。川埠红泥收缩大，烧成温度低且结晶度高，泥性重、沙性小，不适合拍打成型，但具有良好的注浆性能。

本山绿泥是紫砂泥矿中的夹脂，因刚开采出来的矿泥略带青灰色、绿色而得名，一般用作化妆土粉饰在紫泥坯件表面，烧成后呈米黄色。由于本山绿泥数量不多，同时大件本山绿泥产品不易烧好，因此仅有少数产品用本山绿泥制作。而紫泥与本山绿泥的合成泥——团山泥，则可制作大件产品。

此外，三大类基泥中又可细分，其中：紫泥类可分为 10 种，即天青泥、底槽青（底皂青）、紫泥、黑铁砂、紫茄泥、拼紫泥、净水泥（俗称红紫砂或红净水）、铁星紫砂、细黑星、红皮龙（又叫野山红泥、棕红泥）。红泥类可分为 5 种，即赵庄山（石黄）朱泥、小煤窑朱泥、兰山朱泥（又称小红泥）、黄龙山朱泥、红泥（也叫大红泥）。本山绿泥可分为 6 种，即梨皮泥、段泥、百麻子泥、红麻子泥、降坡泥（又称岗坡泥）、白泥。

1. 紫泥类

天青泥：历史上被公认为最好的紫砂泥。原矿色泽为天青色，烧成后呈黯肝色。历史上说其产于丁蜀镇大水潭岩口内，后因挖到地下水形成水潭而绝迹。现仅见于杨氏、邵大亨的天青泥作品，未见新品。

底槽青（底皂青）：原产于宜兴丁山黄龙，见于紫砂矿最底层，质地特纯、泥质细腻、成色紫里透红，早年间曾被制壶名家广泛使用，现为稀有泥料。其矿石中间不平均地分布着青绿色本山绿泥颗粒（俗称

"鸡眼"或"猫眼")，烧成后显猪肝色、紫红中带有金色砂粒状小点，泡养后泥质细腻红润、温润古朴、表面有油质感。高温窑烧成后会有玄色铁质析出表面，俗称"丽人痣"。

紫泥：最地道的紫砂本色泥。由江苏宜兴黄龙山矿脉开挖出来的紫砂原矿提炼而成。因矿脉里铁质成分较高，烧成后的茶壶会产生火疵和小熔点，但泥料内所含颗粒较大结构会形成双气孔结构，使紫砂茶壶具有传热快、保温强的特点。用这种壶泡出来的茶，色香味具佳。

黑铁砂：最常见的一种泥料，为黄龙山原矿提炼加入锰而成。因矿脉里铁质成分较高、所产出的茶壶会产生火疵、小熔点。新壶初用时砂土气重，泡养一段时间后则显深褐偏黑色。目前市场上这种泥料优少劣多。

紫茄泥：光彩温润，泥中少有的精品。此泥黏性好，含石英、云母、铁量高，是黄龙紫砂矿中挑选提炼出来的特殊紫砂泥矿，成品泥色如老茄深紫，泡养后略显黑里透红。现在真正的紫茄泥已经很少有了，多为紫蓝色或偏紫黑的调色泥仿造。

拼紫泥：是用不同泥调配而成，简称"拼紫泥"，也称调和泥，为较常用的紫砂泥料，烧成后有多种颜色，市场接受度很高。但现在的拼紫泥优者少，普通或泥质差的较多。

净水泥（俗称红紫砂或红净水）：早期较常见的泥料，现存世较少。由于其泥质较其他泥料杂质较少，因此易于成型，上窑受火不乱。又因其赤铁矿、云母含量较多，烧成后色泽温顺红润。玩家通常所说的"老净水"多指这种泥。

铁星紫砂：早期做壶使用较多，深紫色，光彩温润，为矿中极品。泥性佳，石英、云母、赤铁矿的含量特别多，所出产的茶壶会产生非常密集的小熔点，器身显著成双气孔结构，常常冲泡使用，渐露锋芒，质感极强，如常年使用的老铁器一般。

细黑星：早期做壶使用较多，浅棕色，含细玄色颗粒，光彩温润。石英、云母、赤铁矿的含量特别多，所出产的茶壶会产生非常密集的小熔点，器身显著成双气孔结构，养成后变化很大，呈深棕或棕玄色。

红皮龙：又叫野山红泥和棕红泥，近年使用较多，也是目前黄龙山被盗取的泥矿里最多的。其含赤铁矿较多，烧成后呈棕红色，内有黄色颗粒矿砂点，颜色温润，易于泡养，常被人误以为早期的净水泥和相对较差的底槽净水泥。

2. 红泥类

赵庄山（石黄）朱泥：产于宜兴赵庄山（西山矿区）大黄石夹层之间，因含石黄较高，故又叫石黄嫩泥。其泥矿呈土黄色，烧成后呈桔黄透红，养后显黄里透红。成器后表面相对细腻光润，略有细皱。因收缩偏大，故难成大件，小壶较多。

小煤窑朱泥：产于宜兴市洑东乡西面任途村与红卫村交界处小煤窑矿区，属夹层嫩泥。因其泥质细腻、氧化铁含量高，烧成后偏红色，密度高、结晶高，表面光滑细腻，有较淡细皱。因收缩比较大，故以小壶较多。

兰山朱泥（又称小红泥）：宜兴市洑东乡东面的矿区所开采的嫩泥，泥质细腻，含大量的氧化铁，烧成后为朱红色，密度高、结晶高。其收缩小于朱泥、大于一般红泥，相对容易出容量较大的壶。

黄龙山朱泥：产于黄龙山的嫩泥矿，含砂量重，优于其他矿的朱泥，常有人用来做仿古朱泥。

红泥（也叫大红泥）：早期最常用之泥料，为江苏宜兴黄龙山红泥原矿提炼而成。因矿脉里铁质成分较高，所出产的茶壶会产生火疵、小熔点。新壶初用，茶汤略现砂气；长期使用，壶身呈大红色。

3. 本山绿泥类

梨皮泥：矿土呈淡绿色层片状，烧成陶后现梨皮冻色。最早记录“梨皮泥”的典籍是《阳羡茗壶系》：“又其夹支，有梨皮泥，陶现梨冻色。”其所制成的壶颗粒效果明显，易于泡养。

段泥：早期最常见的泥料，为江苏宜兴黄龙山本山绿泥与紫泥结合的共生矿。泥料所含颗粒较大、结构松散，器身显著呈双气孔结构。烧制时，窑温较低会“吐黑”。烧成后，成品会因泥料里本山绿泥成分的多少呈土黄到淡黄色。因泥料颗粒较大，故感觉质地古朴，养成后表面有蜡质感。

百麻子泥：位于紫泥上层，色与本山绿泥相似，质地粗。其杂质较多，须经由提炼方可使用，成品因窑温高低会呈现出深或浅褐色与深黄混杂的颜色，成器感觉润度较差，但透气性较好。

红麻子泥：色似紫泥，质地粗。其位于紫泥上层，间夹星点麻子绿泥，成陶后呈桃红色夹杂米黄或是土黄色。

降坡泥（又称岗坡泥）：产于黄龙山与青龙山之间山岗处，属青龙山矿带。泥料内碳酸钙质含量丰硕，烧成后较为润泽，但成品质地较脆易缺，偶有“惊裂”现象。因此对降坡泥的选料要求比较高。降坡泥中只有不到三成是较好的泥料。烧成后的颜色很多，从泛红到黄绿色之间十几种。因含有部分本山绿泥，故常有人又把它归在段泥一类。

白泥：呈白色，微泛绿，烧成后亦为白色，产于宜兴大潮山（洑东），原为日用陶原料，后人们取其精细之泥加入金属氧化物制成各种色泥或做化妆土用。

第四节　紫砂泥的性能

紫砂泥的性能受原料组成的变化而定，但总体差别不大。我国瓷器坯胎的成分组成为高岭—石英—长石系。瓷都景德镇所用的瓷石是一种由石英、绢云母组成，并含有若干高岭土、长石等矿物的聚合体，本身含有构成瓷的各种成分，具有瓷工艺所需要的性质。而陶都宜兴丁蜀镇的紫砂泥矿虽属沉积型陶土，但其矿物组成为含富铁的黏土—石英—云母系。

紫砂泥的物理、化学测试结果证明，紫砂泥中的石英作为坯体的骨架与其他矿物形成黏度高、数量少的玻璃相，对降低坯体的干燥、烧成收缩十分有利；较高的氧化铝含量扩大了坯体的烧成温度范围，赋予制品较高的机械强度和抗热震性能；高岭石的晶体细小，呈片状，赋予坯体足够的可塑性；云母的作用是多方位的，以熔解作用为主，兼有高岭、石英的作用。赤铁矿在氧化焰气氛中使坯体呈现暗紫红色。

具体而言，宜兴紫砂泥有以下几个特点：

一是可塑性强。可任意加工成大小各异的不同造型。

二是黏合力强。方型器皿的泥片镶接成型可用脂泥（多加水分即可）黏结，外装饰可另加泥进行造型。

三是收缩率小（红泥除外）。从泥坯成型到烧成的收缩率仅为8％

左右。烧成温度范围较宽，变形率小。生坯强度大，茶壶的口盖能做到严丝合缝，造型轮廓线条规矩而不致扭曲，把手可以比瓷壶的粗，可以做敞口的器皿和大口面茶壶。冷热急变性能也好，即便开水冲泡后再急入冷水也不会炸裂。

四是能单独成陶。即不需要加配其他原料就能单独成陶。成品陶材质内部结构中有双重气孔：一为闭口气孔，是团聚体周围的内部气孔；一为开口气孔，是包裹在团聚体周围的气孔群。这就使紫砂器具有良好的透气性；气孔细密度高，具有较强的吸附力，能较长时间地保持茶叶的色香味。

五是不需施釉。紫砂本身自然、平整、光润，富有水色感。泡茶越久、把玩的时间越长，就越会发出珠润之光。

第五节　紫砂泥的开采与炼制

1. 紫砂泥的开采特点

紫砂泥的开采有一个重要的特点就是，它不是单独进行的，而是伴随着其他陶土的大量开挖而从中筛选的，这是由宜兴的陶土特点和紫砂泥矿的存在特点共同决定的。

宜兴的陶土品种较多，一般产于宜兴南部的丘陵山区，以丁山、湖滏为主要产地。除前面介绍的紫砂三种基泥外，宜兴所产陶土可分为白泥、甲泥和嫩泥三大类。白泥是一种以灰白色为主颜色单存的粉砂质铝土质粘土，常用来制作砂锅、日用器皿及美术陶瓷；甲泥是一种以紫色为主的杂色粉砂质粘土（通称页岩），材质硬、脆、梢；嫩泥是一种以土黄色、砖红色为主的杂色粘土，材质软、嫩、细。甲泥和嫩泥是制作日用缸、坛、盆、罐的原料。而紫泥是甲泥矿层中的一个夹层，本山绿泥是紫砂层里的夹脂，红泥是由嫩泥矿里精选出来的。也就是说，这三种紫砂泥料并不是单独存在的，而是和白泥、甲泥、嫩泥共生。在白泥、甲泥、嫩泥三大类陶土的开采中，紫砂泥所占的比例并不多，大约千分之一。也可以说，正是由于宜兴大量日用陶泥料的开采，才保证了紫砂泥的开采。否则紫砂泥的开采就如沙里淘金，成本将非常昂贵。

2. 紫砂泥的开采方法

20 世纪 50 年代前，紫砂泥矿的开采一直承袭着几百年来的原始开掘手段，没有电能及机械动力的介入，没有应用爆破等科技手段。

黄龙山是一座高 60 米左右的黄石山，是主要的甲泥和紫砂泥的产区。当时找泥矿（又称找泥眼、泥宕）的办法是：一般先在山凹处试找“眼口”，由“眼口”进入泥层，然后以泥引进、见泥追泥，逐步深入。如有泥可采，“眼口”就成了“宕口”。“宕口”一般以开挖人名字命名。“宕”即洞，挖进三五尺（一米多）就需用当地产的黄石搭圈，以拱圈支撑，以防塌方。挖洞不能太阔，约一米多，窄时要侧着身子进出，高度一般为一人多高，具体高度要视挖掘时周边泥层情况而定，低时人要爬进爬出，有时会遇到“龙骨”（特别坚硬的黄石），可借作支撑架。挖掘的主要工具名叫“大锄”，以簸箕装泥，短扁担（不到一米）挑运。“宕”中平道极少。开采作业时，因洞内窄小，坡度又大，一般进洞后马上下坡，最斜坡度有三十多度，爬上爬下非常难走。因紫砂泥开掘出来时大多呈现块状（如煤块）可用手搬运。深进后的照明是豆油灯，灯油少，灯光弱，但耗氧也少，三米不到要放上一盏。采掘深度一般不会太深，进深了劳动力就会加大。具体进深要看可采泥的走向，有时要分道分支挖进，如遇塌方只能停止开采。停止开采的另一个重要原因就是地下水，大凡遇到地下水漫溢都必须停止。小宕口开采往往会分上下几层或穿插而过，其开采并没有拆拱圈回采的情况，回采是大矿井才会出现的情况。抗日战争爆发以后，掘泥师傅何小二发明用石匠凿石方法（用较长铁凿钉缝，以柄长二尺的铁榔头敲击）采泥，产量有了明显的提高。用以上方法开采，一人一天大约可以出泥一千至二千多斤。

从明清两代到 20 世纪 50 年代，黄龙山紫砂泥都属浅层的单一小洞井开采，采出的泥先分类，再筛选出等级。山南北两面的品质有好坏之分。紫砂壶做坯艺人认为：北面的泥“纯良”，南面的“暴躁”，各有特点。明人周高起在《阳羡茗壶系》一书中说：“出土诸山，其穴往往善徙，有素产于此，忽又他穴得之者，实山灵有以司之，然皆深入数十丈乃得。”虽说的只是面上的情况，并未深入到矿区及加工作坊体验，但基本符合实际情况。

20世纪50年代中期，宜兴采矿公司成立，接管了黄龙山矿区15个宕口，统一开采、练制，供应下属各陶瓷厂的用泥，同时还成立了黄龙山矿场，专门开采夹泥和紫砂泥。随着开采条件逐步改善，结束了明清以来一直相沿的山下小宕口开采，采用了大矿井开采，先后建了1号斜井、2号斜井、4号斜井和5号斜井，其中4号井和5号井是紫砂泥的多产井。随着科技进步，采用新工艺和新技术，采掘条件日益改善，提高了效率。

1997年起，陶瓷公司原料总厂因严重亏本，无力在井下排水，上述几个井口陆续停产，只留下台西大队区管的小规模宕口露天开采。

2004年元旦，宜兴市政府为保护紫砂矿资源，决定全面停止黄龙山矿区的开采，过往的宕口、矿井现已成一个面积约七八千平方米的大水塘。

3. 紫砂泥的炼制技术

刚开采出来的紫砂泥形似块状岩石，炼制需经十几道工序：首先是露天堆放风化（包括自然干燥—风化—预均化），待其松散；接下来是经手工磨碎或者机械粉碎；然后是筛选、除铁、搅拌陈腐、压滤、粗炼、陈腐、精炼、送成型等。但凡一件工艺精美的紫砂名器，炼泥配泥是一项重要程序。紫砂陶艺家各有绝活，各有心法，秘不相授。也正因为如此，艺人们各逞其能，各展其长，遂使紫砂艺苑精彩纷呈、百花齐放。

紫砂泥的制备基本上遵循从人工向机械动力加工的方向前进，从人力磨泥粉到应用机械设备，采用了电动石轮、雷蒙机、破碎机、球磨机等。炼泥也从手工捶炼发展到机械真空炼泥。

制坯用的泥料一般均由本人捶炼，从磨坊购生泥平铺在泥凳上，将制坯剩余的边角泥料（经润湿后俗称“熟泥头”）以生泥七成、熟泥三成搭配，用木制榔头重叠捶炼，一般需要15遍左右，每次约150斤。成块熟泥隔日可用。历史上做粗货的用泥量比较大，捶泥是徒弟们的活，劳动强度很大，非常费力，到20世纪50年代成立合作社后，就由专门的捶泥工捶泥，而不是学徒工了。

1958年，紫砂泥的加工实现了机械化，用石轮碾碎、人工过筛，加工细度一般控制在60目左右，但粉尘危害严重。1959年开始使用雷蒙粉碎机，以风力控制颗粒目数，细度在100目以上，湿水后通过炼泥机和真空炼泥机二次捏炼，成为供制坯用的熟泥。

采用石磨、石轮研成的泥粉，再经手工捶炼或真空炼泥，泥料中大小颗粒分布均匀，制壶操作特别顺手，外表粗细颗粒略有凸出，又富有滋润光泽的质感；而疏松的内壁因泥料矿物组成和团粒堆积等因素而形成的空隙，具有一定的气孔率和吸水率。用破碎机粉碎的泥粉，它的颗粒容易均匀同目，在制作时泥性有了改变，烧成后的气孔率和透气性会受到影响。

紫砂泥可以单独制成坯用泥料，与其他陶器坯料相比具有加工工艺简便的优点。然而，由于紫沙泥料颗粒的粗细常随时代的变迁而变化，制成的紫砂器便有了不同的时代风貌和内在性能。

4. 原矿泥与配制泥

紫砂泥是单矿源成泥，是大自然为人类配制好的直接可用的矿土，烧成后呈多种色彩。紫砂原矿泥有好坏之别，有夹泥（做大缸及粗大花盆用的泥）、中槽泥（红棕泥，属普通紫砂泥）和底槽泥（又称底槽青，属最好的紫砂泥）等层次。蕴藏在下面的底槽泥最好，烧成后呈色丰富，俗称“水色好”。

各种砂泥配比不同，会产生不同的色泽效果。古人在不断的实践摸索后拥有丰富的制泥经验，用什么泥、多少量，与什么泥、多少量相配合，烧到什么程度，会产生什么颜色，各有经验积累。如在本山绿泥中加入紫泥，中槽泥中添加本山绿泥，烧成后呈黄红色的橙色；底槽泥添加本山绿泥，烧成后呈古铜色；用本山绿泥边缘宽度只有1—5厘米的夹金线泥，烧成后会有墨绿色效果；用中袁村所产乌泥，烧成后会有黑色效果，但质太细，茶壶成型不易。黑色茶壶多为二次烧成，“捂灰”窑变为黑色。另如在基色泥中掺以粗泥沙，还会出现丝绸般的细腻质感。

这些配泥的经验、绝活在从前时属于商业机密，外人无从知晓。但现在，随着时代的发展，各方面的信息交流更为开放、频繁，有一些紫砂泥料配制的方法和技巧已为公众所熟知，常见方法有：

（1）筛选各种纯净的泥质加工处理。

（2）不一样的泥相拼配，可以塑造成多种泥色。

(3) 用不同颜色的泥条放在一起扭绞，多种颜色对比成为绞泥。

(4) 将泥混合掺入不同材质、不同颜色的颗粒，产生颜色深浅效果。

(5) 将泥混合掺入不同大小的颗粒，产生梨皮效果。

(6) 在泥料里加入适量金属氧化物，使之光彩丰硕，提升明亮度。

(7) 在泥料里加入适量的氧化锌，使泥料在烧窑时降低烧成温度。

其他常用泥色相拼技巧有：

(1) 本山绿泥与适量紫泥相拼，调制成团山泥，即调制段泥（原矿段泥是指紫泥与本山绿泥的共生矿，但现在市场上的段泥基本均为调制段泥，原矿段泥基本已经没有）。

(2) 红泥适量加入铁红粉，调制成朱砂泥、大红袍泥、嫣红泥。

(3) 紫泥适量加入氧化锰，调制成深褐色。

(4) 紫泥适量加入氧化钴及氧化锰，调制成黑铁砂。

(5) 本山绿泥与少量的白泥相拼，再适量加入铬绿，调制成莱茄泥、豆碧泥。

(6) 本山绿泥与少量的白泥相拼，再适量加入氧化钴，调制成墨绿泥、天青泥（调制天青泥，非早期原矿天青泥）。

(7) 本山绿泥适量加入氧化钴，调制成绿泥。

(8) 本山绿泥与少量的白泥相拼，再适量加入铬锡黄，调制成枇杷黄泥、葵黄泥、赤鳝泥、黄金桂花泥等。

紫砂茶壶随窑烧温度的变化，会产生深、浅、浓、淡各种不同的光彩，千变万化。紫砂壶泥料因颜色变化的需要会适当加入金属氧化物而非化工染料，但用量是不能超过千分之五，否则紫砂壶烧成或使用一段时间，茶壶会龟裂、裂开或丧失紫砂特有的双重透气性。在窑温过高或偏低的情况下，还会出现壶体没有油光、养不出变化、颜色暗淡无光、陶土气重等现象。

第六节　有关紫砂泥配制的术语

四号井

黄龙山四号井因产优质紫砂泥矿而被紫砂爱好者称为“圣地”，四号井最出名的泥料是本山绿泥和底槽青，现在这种矿料极少。在20世纪90年代前由于泥料开采量大，四号井的紫砂泥浪费惊人，连做紫砂花盆也用。直到90年代四号井关闭，2003年黄龙山紫砂泥矿关闭，这时人们才意识到黄龙山紫砂泥的珍贵。“物以稀为贵”，现在只有极少数的人藏有四号井的紫砂泥及矿料，而市场上称所用泥料是四号井的，可信度极低。

生料

刚开采出来的矿料常称“生料”。

风化

开采的矿料经过露天堆放，接受自然界的日晒雨淋、风吹雨打、严寒酷暑、崩裂瓦解，使原来密实的块状变化成松散的颗粒，质地由坚硬的石质结构演变为酥软的土质结构，这个过程称为“风化”。

熟料

经过至少三个月以上充分风化后的矿料便为“熟料”。

过目

紫砂矿料开采后，经风化、除杂质、粉碎，筛过滤后使泥料分出粗细，此过程叫过目。

目数

通常来说是指泥料的粗细。一般来说，60目以下的算是粗的，反之则为细的。目数越大，泥料也就越细。反之，泥料的颗粒感就会很强烈。

陈腐

亦称之为“养土”，是紫砂泥料最后的一道加工工序，将调配炼制好的泥料用陶缸装好，置于阴湿处，让其腐酿陈化。

陈腐期

将调配好、炼制好的泥料放置阴湿处开始存放的时间，称为陈腐期。就如地下酒窖的陈年好酒一样，相对陈腐期越长，制出的壶就越光润古雅。陈腐期最短也要达到三个月以上。

第十一章

紫砂器

第一节　紫砂器的造型与分类

紫砂陶器的造型千姿百态，可以说是应有尽有。这得益于两个原因，一是由于其产生的年代不长，属于“后来者”，所以其他历史悠久的艺术品造型都可以为它所用，诸如青铜器的彝、鼎、尊、爵，古陶中的彩陶、罍、瓿、钵、罐，秦汉的瓦当、汉砖纹样，以及古代器物如秦权、玉器、钟、鼓等，都能被其借鉴。另一个原因在于它的泥质、色彩和可塑性强等特点，自然界中许多形体如莲、荷、桃、柿、松、竹、梅，实用器物如笠、井、柱础、斗、升等也可仿形制作。加之它特有的文化气息和众多的文人参与制作，使它凡有实物，皆能为之。

比如历史典籍记载徐友泉创作的紫砂壶：“因学为壶，变化其式，仿古尊罍诸器，配合土色所宜，毕智穷工，移人心目。”据他的博考，有“汉方、扁觯、小云、雷提、梁卣、蕉叶、莲方、菱花、鹅蛋、分裆、索耳、美人、垂莲、大顶莲、一回角、六子诸款。泥色有海棠红、朱砂紫、白、冷金黄、淡墨、沈香、水碧、石榴皮、葵黄、闪色、梨皮诸名。种种变异，妙出心裁”。

欧正春所制紫砂造型是：“多规花卉果物。”

陈仲美所制紫砂造型则是：“好配壶土，意造诸玩，如香盒、花杯、狻猊炉、辟邪镇纸……壶像花果，缀以草虫，或龙戏海涛，伸爪出目……”

由此可见，紫砂艺苑是多么精彩、令人目不暇接的艺术造型天地啊！

至于紫砂器的分类，大类有二：一类是茶具，即所谓“联羡茗壶”；另一类是陈设品，即所谓“文房雅玩”。最初生产的品种主要是茗壶，后来才扩大到兼制文房饰品。茶具和“文房雅玩”（陈设品）又分别可以分为几十类或上百种。

当今的紫砂陶器皿，造型千姿百态，色泽雅致洁净，品种丰富多彩，依据不同的标准，有不同的分类。

紫砂器如按作品工艺和艺术档次可分为五类：

（1）历史作品：包括明、清各名家的名壶及其“杂项”（文房雅玩之类）。

（2）特艺作品：即现当代工艺美术师制作的特种紫砂工艺品，如茶壶、紫砂雕塑陈设品等。

（3）中高档紫砂器：包括茶具、咖啡具、花盆、花瓶、文具、蒸煮餐具、象形餐具、各式雕刻壁饰、浮雕刻字挂盘和陶简等。

（4）仿青铜器：如仿古酒具和各种陈设摆件。

（5）普通产品：如一般的壶、杯、盆、瓶等。

紫砂器若按作品的用途又可分为：

（1）茶具类：有茶壶、茶杯、茶碟、茶器等。

（2）花盆类：有盆栽盆、盆景盆、水仙盆等。

（3）花瓶类：有花瓶、花插等。

（4）文房雅玩类：包括各式文房饰品，有笔筒、笔架、砚台、水洗、调色碟、镇纸、印盒和陶章等。

（5）雕塑类：有人物雕塑、蔬果玩器、假山石景等。

（6）餐饮器皿类：有盘、碗、砂锅、蒸气锅、电火锅、古暖杯（温酒器）、闷罐和九子并盘等。

（7）现代陶艺类：其产品形式可以由创作者充分发挥其想象力和创造力，随心所欲。

第二节　紫砂茶具

紫砂壶是紫砂器中的主要产品，名称繁多，有“砂壶”、“泥壶”、“朱泥壶”、“瓦壶”、“瓷壶”、“宜壶”、“茗壶”、“时壶”、“茶瓶”、“孟臣壶（罐）”、“宜兴罐”、“红土罐”、“红土罐仔”、“水平壶（罐）”、“宜兴冲罐”、“功夫茶壶（罐）”等称谓。

紫砂壶的造型是由其特殊的制作方法所决定的。它不适宜用辘轱拉坯，也不能机械化流水线生产，而是完全利用手工拍打身筒和泥片镶接成型，或用石膏模成型。其型基本上非圆即方，这种“圆”和“方”，经过变化、装饰就大体呈现出花货、光货、筋囊货和雕塑四种类别的造型。在这四种基本造型以外，尚有小壶“水平壶”和充满现代艺术精神的“陶艺壶”。大体来说，紫砂壶总共分为六大类，下面分别介绍其壶形特点：

1. 花货类

把自然界物体的形态，用浮雕、半浮雕等造型装饰设计成仿生象形的茶壶。如供春“树瘿壶”，是借鉴老银杏树干上的瘿结，捏塑成壶形，成了文献记载中最早的一把花货。又如明代时大彬的“印包壶”，壶体为一枚用布包扎的方印，形体饱满挺括，布纹褶皱间反映出质感，壶盖是印包花结的顶端，嘴为方形圆角，韵致怡人。陈鸣远的“南瓜壶”以瓜为壶的主体，瓜柄为壶盖，瓜叶卷成嘴，瓜藤为壶把，叶脉藤纹刻画生动，制作入微，雅俗共赏。传统造型的“鱼化龙壶”、“藕形壶”、“松竹梅壶”等，均是花货类造型的代表品种。

2. 光货类

有人称几何体造型是根据球形、筒形、立方体、长方体及其他几何形变化而来。光货讲究外轮廓线的组合，并用各种线作为装饰变化，壶体光洁，块面挺括，线条利落。面、线与角的表现，或粗犷，或丰腴，或刚健，或清秀，呈现出不同的造型和风格；其中又可分为圆器和方器两种。圆器造型讲究“圆、稳、匀、正”，圆中要有变化，壶体本身以及附件的大小、曲直要得当匀称，比例要协调，“圆珠壶”、“掇球壶”、“仿鼓壶”、“汉扁壶”是其典型造型。方器造型要求轮廓线条分明，口盖规矩划一，“四方桥顶壶”、“传炉壶”是其典型造型。

吴经墓中出土的提梁壶，是迄今为止我们见到的最早的光货造型。高庄教授与顾景舟合作的“提壁壶”，造型轮廓端庄周正，结构严谨，线面简洁明快，是光货中的上佳作品。张守智教授和汪寅仙合作的“曲壶”，曲线流畅，大方舒展，亦属佳器。传统品种“石瓢壶”、“虚扁壶”在高度有限的外轮廓线上极尽最大的转换变化，有张力、有精神，非一般人所能，极为难得。

在光货上比较容易看出作者水平的高低，同一个造型、同一组外廓曲线，造型者的水准高低，会有“差以毫厘，失之千里”的效果。现今可以用模具帮助，大大遮盖了造型能力的高低。

3. 筋囊类

这一类紫砂壶是将自然界中瓜棱、花瓣、云水纹等形体分为若干等分，把生动流畅的筋纹纳入精确严格的设计当中，俯视效果严整精密，立面视觉生动流畅，极富节奏感和韵律感。如“菊形壶”和“瓜棱壶”，壶身是十八瓣线条筋纹组成的圆体，盖和口瓣吻合，筋纹从盖顶端放射到盖口，再舒展过渡至壶体，直到壶底，贯通一气，瓣面大小如一，腴而不肿，转角钝而不圆，呈现出匀称丰腴的宝相。

据《阳羡茗壶系·正始》记载，明代董翰是最早创制筋囊壶的人，“董翰号后溪，始造菱花式，已殚工巧”。历史上，乾隆年间的宫廷用筋囊壶有相当多的精品。

筋囊器有菱花式、菊花式、葵式、梅花式、竹式、瓜式等制式。

筋囊器相对制作难度较高，费时费工，口盖既要吻合又要面面可换，除了制作技巧以外，“样板”的准确非常重要。全手工成型制作时，其筋纹全是在光圆身筒上压加出来的，现在可用模型挡坯，工艺便简单了很多。

4. 雕塑类

雕塑类紫砂壶的产生是当今紫砂艺人对紫砂造型艺术的开创性

贡献。

紫砂壶的造型取向，花货多阴柔，光货多理性，筋囊多温和自然，遵循了“温良恭俭让”的宗旨，表现美，讴歌美，写线条之美、块面之美，摹自然风物，抒天地精华，表达或寄托美好的向往、追求和愿望。与上述紫砂壶造型美学精神不同的是，壶艺家们在传统的花货、光货和筋囊货三种造型外，另觅新路，融雕塑于茶壶之中，开创了紫砂壶的一大新门类。这类茶壶外形颇具雕塑造型的生动活泼，但同时又有茶壶的实用特点，非常完美。如“灵豹壶”、“天灵壶”、“山鸡壶”等，给人们以深刻的印象和全新的审美愉悦。

5. 水平壶类

在诸多形制的茶壶中，水平壶应有特别的说明。从壶形来说，它大多归类于“光货”造型，但其容量较小，一般只有60—80毫升左右。虽是微型茶壶，但偏偏又是件实用品，是广东、福建一带喝“功夫茶”必需的茶具。

闽、粤人喝功夫茶，用的是半发酵的青茶，如大红袍、铁观音等，香气浓郁，汤色艳红。其法是在小茶壶内放满茶叶，注入开水，合上盖，再把茶壶放在茶碗或茶海内，用沸水浇淋茶壶的表面，这样冲泡出来的茶叶才更有滋有味。小茶壶在热水中漂浮，端正平稳，不倾斜，故曰“水平壶”。

水平壶造型并不繁复，但工艺要求高，壶嘴和把形式上要协调，且重量必须一致，这样方可在热水中保持平衡。水平壶的壶嘴以直形为最多。惠孟臣的水平壶为人称道，尤其是在日本备受青睐，后人仿制不断，迄今为止稍有水准的水平壶都底署“荆溪惠孟臣制”印章或刻款。从某种意义上说，“惠孟臣制”已成为水平壶的一种标识了。

6. 陶艺壶类

陶艺壶是陶艺家现代思维的产物。顾名思义，陶艺壶不是传统意义上的手工艺品，而是融汇了现代造型手段和现代意识的壶艺作品，它们具有嘴、把等一切茶壶实用的要素，但不再囿于方圆，也不以实用为目的，而是将其作为体现作者生活和艺术思考的审美载体。无论成型、制造、烧成，还是装饰手段，创作者都采用新思维、新理念，追求的是自由表达的意愿和审美，更多地体现出现代生活的丰富多彩；他们不是为实用而创作，而是为陈设审美而创作，因而更为注重器皿的形式，以外观形式体现出现代意识，包括生活意识和社会意识，甚至是对物质的认识。

陶艺壶的形式多样，不拘一格，千人千面，融汇了现代生活感觉，给人别开生面的印象，体现了强烈的创新意识、现代气息和生活艺术思考，如“箱练壶”、“竹壶”、“竹鞭壶”、“皮革壶”、“时装壶”、“小船悠悠壶”、“二泉壶”、“摔壶”、“期待壶”、“情结壶”等。

第三节　紫砂“茶宠”

所谓“茶宠”，顾名思义就是茶人用茶水滋养的小宠物、小玩意儿，其实是一些紫砂或澄浆泥烧制而成的小工艺品，比如小象、小龟、蟾蜍、貔貅、小猪、小蜗牛等一些活灵活现的小工艺品。茶宠通常以紫砂为上。紫砂茶宠质量上乘、好养，越养越灵秀温润。

一只漂亮的茶宠，是茶人花时间、花心思慢慢“养成”的。茶人会在自己喝茶时用茶汤轻轻地浇淋自己的“宠物”，或者用茶扫蘸茶汤涂抹表面。年长日久，茶宠就会滋养出茶色，变得温润可人、茶香四溢了。一些茶宠制作工艺精湛，具有极高的收藏价值。特别是全手工制作的茶宠收藏后有很大的升值空间。还有些茶宠利用中空结构，浇上热水后就会有吐泡、喷水等现象，妙趣横生。

造型上，茶宠基本上可分为三大类：一类十二生肖茶宠。因人有属相，常为茶人对号入座。二是吉祥茶宠。吉祥茶宠突显了中国汉字的文化与魅力，一只小脚之上趴着蜘蛛一只，寓意“知足常乐”；两只蝙蝠环抱寿桃，寓意“福寿双全”；有的取材神话传说或是历史人物，如传说中的神兽、金蟾、貔貅、长寿龟均在其中。这类茶宠因其在传说中有着各自的神通，可避邪、镇宅、旺财、赐福，所以养它们既在于养情趣，也在于它们所寄予的美好意愿。三是风趣茶宠。风趣茶宠造型逼真，有的表现荷花香、蛙声脆，如荷叶上三五蝌蚪嬉戏，一青蛙鸣声阵阵；有的表现青梅竹马、两小无猜，如男童女童相依做伴；还有利用热胀冷缩原理，表现小狗鼻子中吐泡泡、老牛口中喷水。田园风趣的茶宠更是得人青睐，形态极其逼真的西瓜、柠檬、葡萄、花生等能让人感受到大自然的气息。

第四节　紫砂花盆

根据产量而论，紫砂盆是紫砂器中仅次于茶壶的大宗产品，一般分为花盆和景盆两种。尽管紫砂花盆比紫砂壶出现的更早，但较早的紫砂典籍中没有关于紫砂花盆的记载。

现在可以看到一些粗泥（不是纯紫砂泥）制的明代马槽方盆。北京故宫博物院收藏有一批紫砂花盆，为长方形、四方形、三角形、圆形、椭圆形和梅花式、海棠式、树木根式的花盆和“水底”，有紫、紫红、米色等，制作工艺讲究，盆体上多有印花、雕花、陶刻、彩绘等装饰。

18 世纪中叶，紫砂花盆传到日本，受到日本盆栽界的欢迎，成为“古渡盆”。

紫砂花盆的物理性能良好，排水透气性非常适合树桩、花卉生长，其色泽古穆沉静，制作精良，造型大方，形式多样，与盆栽花木构图合宜，可选择度高，陈设效果理想，最适宜盆景鉴赏。其特点是平面形体变化大，又以几何形居多，如圆形、椭圆形、方形、长方形、多边形、三角形、异形腰圆、尖头腰方、方头腰园、上圆下方、方中带圆、菱花形、梅花形、菊花形、竹节形、扇形、海棠形等，又有高矮、大小之分。花盆的底有平底、双层底、双层图案底、竹节底等；口有漂口、缩口、喇叭口、薄包口、翻口、宽口等；足有高足、滴水足、如意足、云纹足、竹根足、回纹足、平底足、象鼻足、竹节足、镂空花色足、树桩足等。花盆的泥色同样丰富，有紫、紫红、黑、朱色、墨绿、青灰等，偶有一盆同时用双色、三色的。

紫砂花盆的外表平整、圆润，有较大的可装饰面，适宜于陶刻装饰，可与所栽花卉、树桩相得益彰。

紫砂盆根据其型号大小分别有它们不同的“俗称”，最小的盆约有直径不到 5 厘米，称“迷你微型盆”、“掌上盆”、“豆盆”；较大一点的直径在5—10厘米，称为“小花盆”；中间大小的直径在10—20厘米之间，叫“案头盆”；直径20—40厘米的叫“三尺盆”、“七尺盆”、“兰盆”、“千筒”、“水底”等；直径40厘米以上的就统称“大型盆”。

迷你微型盆色泽缤纷、器型多姿，陶刻装饰也精当可人，实际上成了把玩的艺术品，是案头、窗台、室内博古架及茶几上的高档陈设品。其工艺要求是款式新颖、做工考究。而大型花盆，一般采用粗泥或调砂泥制作，粗犷大方。

目前，宜兴专门生产紫砂花盆的大小企业有200余家，从业人员万余人。但这些企业中的技工有很多是外来工，已经采用工业化生产花盆，用大型模具粘贴泥片生产，器形极大，泥料配方做了改变，形体比较粗糙，所刻图案只是附加的陶刻记号，较少艺术性。

2006年4月，宜兴市为振兴和发展包括紫砂在内的花盆生产，由江苏省陶瓷行业协会、宜兴陶瓷行业协会、宜兴市陶协花盆分会牵头，举办了全国陶瓷花盆创新作品大赛；2007年4月，又举办了第二届全国陶瓷花盆创新作品大赛。这些推动了花盆的生产规模，提高了产品质量，出现了一大批在花盆造型、制作方面颇为优秀的好作品。

第五节　紫砂花瓶

紫砂花瓶的造型与花盆一样多姿多彩。长期以来，它的诸多器型借鉴瓷器和远古陶器等器皿造型，可谓博采众长。它敦厚、沉稳、大方，又不乏精雕细刻，给人以别开生面的感觉。紫砂花瓶的制作一如茶壶，圆器为打身筒，一节一节组合起来；方形、多角形器为打成泥片裁形后，以虚坨助型，镶接成型。

紫砂花瓶是高雅陈设品，瓶身上常有陶刻装饰，除器型的制作精湛外，装饰的高下是其关键条件。

民国时期的“大回纹瓶”，瓶身携满回纹，用三道圆箍圈身，凝重之中打破沉闷之感。“墨绿六方瓶”和“百寿瓶”是瓶型制作和陶刻装饰相得益彰的珍品。其中：“墨绿六方瓶”装饰意境深远，陶刻见神韵，轻刀秀笔曼挥，重刀酣墨淋漓。其铭文：“瓶花落砚香归字，院竹敲窗韵入琴”，书法系钟鼎文，古拙、秀雅，豪放中蕴含灵气。“百寿瓶”瓶体端庄润朴，线条流畅清新，钮铃动静结合，用陶刻手法进行装饰，一面携画“松鹤延年”，一面携刻一百个不同写法的寿字，嵌以石绿色，清新悦目，富有浓郁的东方特色，曾获1984年德国莱比锡国际博览会金奖。“六方鱼尾瓶”采用本山绿泥为底胎，表面呈米黄色，利用瓶身六面，将石鼓文、草书、板桥书、花鸟、山水陶刻装饰与瓶体融会贯通，颇具文人书画气息，是案头高档陈设品。

20世纪四五十年代的陶福生专门做瓶类，瓶高一般在50厘米左右，常有创新造型。由于当时环境条件的关系，其花瓶烧成率不高。紫砂合作社成立初期，制作花瓶的有钱盘根、钱应生、萧坤生。新中国初期，徐祖纯、吴祥大曾做过一批25厘米高的鱼尾瓶、悬胆瓶、秦古瓶，由任淦庭、诸葛勋等镌刻。其后，陈复渊及其弟子顾绍培、周尊严也以制方瓶著名，所制瓶类形体美观、工艺精湛、稳重厚实，常由任淦庭陶刻，后由徐秀堂、谭泉海、鲍志强、咸仲英、毛国强、沈汉生等镌刻。江苏画院著名画家卢星堂先生曾经在紫砂厂刻过一批小白元瓶、大白元瓶及一些花盆，属精刻山水，非常有收藏价值。

第六节　紫砂文房雅玩

文房雅玩指文人书房中的书画用品和陈设用品，有笔架、笔筒、镇纸、砚台、印盒、水注、帽筒、书筒及仿青铜器器皿等。其历史几乎与紫砂壶同步，明清大家们皆有涉猎。故宫博物院藏有陈鸣远的“仿商爵”即为一例。

紫砂文玩中的砚台别具风味。从材质上说，紫砂砚与澄泥砚相类似，历代艺人多有制作，然传世之作鲜见。近代虽有喜好而为之者，但均未有突出成绩。紫砂砚有光货砚台，不作雕饰，以线条圆润、挺括见长，砚面平整如砥，发墨效果好，有紫砂造壶施艺特点。有些紫砂砚并不发墨，供赏不供用。现在也有在紫砂泥中添加研磨材料，使其砚台既有紫砂材质，又具端砚发墨、润笔、不吸水的优点。

文房雅玩中的笔筒、书画筒，也是紫砂艺人常见的作品。笔筒多以装饰见长，如：“贴栀子花树段笔筒”，以贴花技艺见长，花形正背如生，叶干生机盎然；“松干浮雕笔筒”，浮雕技艺浑然天成，不见斧凿之痕；“泥绘雪江待渡图笔海”，杨季初作（南京博物院藏），装饰手法精湛，笔海的茶墨色大面积空白，营造出寒水与天际一色的艺术效果，与文人书房摆玩的趣味协调。

清代朱石棋有“竹节印盒”存世，紫砂印泥盒较瓷质印泥盒多了几分凝重和装饰意味。

当代紫砂大师汪寅仙、徐汉棠、徐秀棠均有成套文具作品，制作之精湛，不逊古人。

紫砂壁挂、壁饰，亦是文房雅玩中的一种悬挂件，是在不同的紫砂器形上，以陶刻手段来装饰的艺术品。成品供墙壁悬挂装饰，或案头陈设欣赏之用，品种有屏风、挂屏、挂盘、陶联、陶碟等。

紫砂挂盘和紫砂字屏是通过铭刻体现不同的书法韵味。画碟、画盘、画板是以装饰画面为主的另一种艺术形式，完全是作观赏和陈设之用。画面多为山水，如“四大名山”、“黄山风云”等。陶刻以线条为主，因为刻线后再填以石绿等色能显出艺术效果，若刻泼墨写意，则不易显出层次。这类线刻山水风光，因粗细、疏密及画面布局的不同要求，常会出现国画技法，如斧劈、披麻等皴法效果。这类画盘、画碟的形制一般也不大。

紫砂屏风是木框内镶嵌紫砂陶板，分扇组合而成，紫砂陶板上用陶刻方法镌刻人物或山水，供室内美化间隔之用。挂屏则是将镌刻好书画的紫砂陶版镶嵌包装后，悬挂起来作欣赏之用。还有将陶刻或书画好的画（字）碟、画（字）盘用支架安放在案头或橱窗，亦有赏心悦目之用。

紫砂陶联是以紫砂分块陶板当纸，上镌书法对联的陈设艺术品，它以凝重的色彩和庞大的气势给人以艺术震撼。

第七节 紫砂雕塑

紫砂雕塑是继紫砂茶壶之后，又一艺术奇葩。它的发展与茶壶有着内在的紧密联系，密不可分。特别是成型制作、审美标准，以及使用工具等诸多方面，雕塑与茶壶可以说是一脉相承，具有诸多共性。在紫砂雕塑没有独立存在之前，处在萌芽状态的雕塑很大一部分是作为附件，附着茶壶造型而存在的，例如一些茶壶的嘴、把等处均以浮雕造型出现。一些仿自然形态的茶壶，本身就是一件雕塑制品，只不过是具备了茶壶的实用功能。后来，很多制壶高手，如时大彬、陈鸣远、徐友泉、陈仲美等，把雕塑作为茶壶的附着完全分离开来，创造出了可供欣赏的独立陈设制品，这对雕塑的发展起到关键性的推动作用。从某种程度来说：茶壶与雕塑二者是一个不可分割的整体，并不是先完成了一部分再转到另一部分，也不是各自为政，而是相互联系、相互渗透、相互作用、相互完善的。

代表紫砂雕塑艺术水准的是以写实风格表现的、文化内涵较为丰富复杂的塑像作品，如“始陶异僧”、“饮中八仙”等。它们多有曲折动人的故事情节，人物性格特征也较明显，通过典型环境的构思、营造和典型性格的“点睛”处理，就产生了瓷雕、泥塑等其他陶塑无法比拟的立体感和语言张力。

不少种类的雕塑如石雕、木雕等似乎只能用“减法”，而紫砂雕塑“加减法”可任意，除了用工具切削、挖镂、堆贴等外，还可采用制茶壶打泥条、泥片的格式进行围筑、构圆，这也是紫砂雕塑长于其他雕塑的一个极好的手法。

随着紫砂雕塑的工艺日趋成熟，作品的广度和深度得到进一步提高，户外广场大型雕塑相继问世，大的高达好几米。大型浮雕壁画、各类与建筑物相配套的工程艺术类项目也陆续出现，并在不断发展、不断完善。

紫砂雕塑除了人物外，还有动物、瓜果、菜蔬陈设玩器。清初陈鸣远是开辟这一题材的大家，他制作的花生、玉米等像生果品惟妙惟肖，显示了紫砂材质活泼、生动的题材表现情趣。现代徐秀堂的“不朽的生命”、“十二生肖”，蒋蓉、史小明的“冬瓜枕”，蒋才源的“南瓜松鼠”、“辣椒”等作品，也表现了艺人对生活的热爱和观察，以及描摹能力。

第八节 紫砂餐饮器皿

把紫砂做成餐饮器皿应始于晚清，也有说在嘉庆、道光年间便已出现。

天津市博物馆藏有“汤天如”款的紫砂调砂大碗，圆口、底足，碗外壁中间部位装饰一圈三列方胜纹、云头纹和垂帘纹，材质和装饰和谐、大方，极富美感。

北京故宫博物院藏有“行有恒堂”款紫砂餐饮器皿。行有恒堂主人是清朝第五代亲王载铨，历任礼部、工部尚书，晚年掌管宗人府。标有“行有恒堂”款的紫砂餐饮器皿有菊瓣式梅花环、菊瓣式梅花盆、梅花勺、梅花盖碗，器皿身上雕刻有折枝梅花，内挂白釉，开细小纹片，朴素大方。梅花盖碗盖钮旁有“彭年”二篆字小印章款，说明杨彭年曾为亲王载铨制作过紫砂挂釉餐具。北京故宫博物院另藏有“陈觐侯”款紫砂莲瓣碗、“邵任远”款紫砂莲瓣碗。

中国国家博物馆藏有一件“行有恒堂”款的紫砂火锅。

1917 年，宜兴紫砂陶瓷工厂成立，向上赠送的礼品是满汉全席餐具（每套 108 件），外红泥，内施白釉，皆为王寅春做坯，任淦庭陶刻。

1940 年宜兴出口紫砂咖啡器具。

紫砂餐饮器皿中还有气锅。紫砂气锅是按照云南建水的气锅复制的，上面陶刻的装饰文句也相同，不同的是云南气锅是刻后以白泥填平，紫砂气锅则是刀刻凹进去的。

第九节　紫砂现代陶艺

改革开放后，社会的巨大变化和科学技术的迅猛发展，加速了人们审美观念的更新。现代艺术的各种思潮、观念和表现手法也极大地影响了紫砂从业者，许多人将在艺术院校学习所获得的知识付诸创作实践，求新、求变、求异，用现代设计理念来经营紫砂，自由地表达自己的个性，充分发挥自己的想象力和创造力，在创作的观念上、空间上探索新的可能性。这些具有当代文化内涵的作品，既有形式美感，又有现代艺术表现力，使紫砂陶艺出现了新的气象。

这种气象主要表现在两个方面：一是茶壶的设计制作，二是纯粹的紫砂陶艺作品。

在茶壶设计制作上，不囿于原先的师授徒承的造型观念，突出强调点、线、面在形体中的地位，个性突出，原创精神强烈，时代气息浓厚，如“曲壶”、“皮革壶”、“礼帽壶”、“庄子·子非鱼系列”、“竹林寻贤系列”、“五间兄弟壶”等。现代陶瓷艺术意识在紫砂壶上也得到了重大体现，艺术家打破了传统的形体结构和功能结构，使紫砂壶只具有观赏性而不具有实用性，如“五色土系列壶”、“小天山壶”等。

紫砂陶艺作品与传统作品的区别主要在于创作理念的不同。后者创作受主题“归属”的制约，前者则完全是在自由表达个人的创意，因而产生出不同的成型工艺，在材质的运用上也尽可能地张扬了紫砂五色土的特性、材质和肌理，凸显个人对社会、自然、人生的思考，如“逢春”、“莲蓬和翠鸟”、“延续”、“大语系列”等。

第十二章

紫砂器成型工艺

第一节　紫砂器制作工具

一件紫砂器的出现，要经过十到几十道复杂的成型工序。要完成这些工序，一是要靠艺人们的制作技艺，二是要靠繁多的制作工具，两者缺一不可。古人说得好："工欲善其事，必先利其器。"这里的"器"，就是指制作工具。紫砂成型工具，经过历代艺人的不断探索、改革、创新，现已形成了一整套独特的、经济的、自成体系的工具，数量大小有几百种，质地有铜、铁、木、竹、牛角、皮革、塑料等。

紫砂成型工具种类繁多，但前提是实用。这些工具大部分靠匠人自己制作，即使一些买来的工具也要经过加工、修整后方可使用。这就要求制作者对整个成型工艺有系统的、全面的了解，要弄懂各种工具的不同用途和规格，要考虑在使用上方便、触觉上舒服。因此，紫砂成型工具的制作也很有学问，既要考虑外观的造型，也要符合实际使用功能，主要工具有：

搭子

搭子是成型的主要工具之一，主要用于打泥条和片子、捶嘴、把泥片等等。搭子的主要用材是榉木、檀木、枣木、柏木等，取材要干。搭子使用后要用湿布擦净放在干燥处，不能在太阳下晒，不能用来打铁器等硬物。

木拍子

拍子主要用于打身筒、拍片子、拍口，材料以红木为最佳。拍子总长为28cm，身宽为10cm。其厚度是根据材质而定，枣木前厚3mm、中厚4mm、后厚4mm，柏木要厚些，红木要更薄一些。拍子用过后也不能泡在水里，应放在干燥处，要避免单面受潮，并要防止开裂。

尖刀

尖刀的种类较多，分铁尖刀、竹尖刀、通嘴尖刀、弯尖刀等。尖刀是用于琢嘴和把、琢钮、转足、割小平面的一种常用工具，也是一种简单的雕塑工具。其材料用铜、不锈钢、老竹子等。其形状是中间宽、一头尖、一头稍狭圆，两面线条对称，中间厚，边上薄，成弧形。尖刀要根据不同的用途选用，厚薄、宽窄不一。

刀

刀是成型中使用最广的工具，在制作过程中，用刀进行切、削、钎、挑、挟、挖、刮等，从开始到结束都要使用。做刀最常用的材料是普通钢，刀锋要经常磨快。刀柄与刀身的比例大约是6∶1。

矩车

矩车的正名为“规车”，它是专门用于划圆片子、开口用的。矩车分车柄、车钉、站人和销钉四部分。矩车车柄是用不易变形的竹子做的，站人要用厚1.5cm以上的竹子头做，车钉是铁的，销钉是竹子做的。矩车使用时是根据站人与车钉的高度来调节的，一般矩车站人比车钉高2mm。另外还有几种特殊的矩车——弯泥条矩车（在车柄上装两个站人）、复线车（不装车钉）和打线车（装竹钉）。

线梗

线梗是用于勒光各种装饰线条的工具，线梗有牛角的、铁的、塑料的和竹子的。线梗是根据不同的装饰线条来磨制，并要根据各人使用的习惯来确定线梗的不同角度。它是制作成型工具中最难掌握的一种。

明针

明针就是牛角片，是用于作品表面精加工的工具。制作明针时头要刮平，要从上到下慢慢地薄下去。明针使用时浸在清水里，不用时要捞起擦干。

矩底、泥扦尺

这两种工具都是用竹子做的，矩底又叫底据、垫底，是垫在矩车站人下面划片子用的，中间开一个圆眼。泥扦尺是用来起泥条和大片子用的，它用节距较长的竹片做成，从柄到头要逐渐薄下去，并且慢慢狭窄，背面要平正，口要齐，一面成刀口状，握柄处一般正好有一个竹节。

勒只、篦只、复只

勒只是用来光口颈、底、足与身筒交接处的工具，材料有牛角、竹子、黄杨木等。它根据不同的角度，弧底磨成所要求的形状。篦只用作整形，可篦去身筒上的小疙瘩、小隙丝，主要用竹片、木板制成。复只是用来复子泥的，一般用 2—3mm 的竹片或明针做成。

竹拍子

竹拍子有大、中、小及尖头拍子等几种。大、中拍子是抽身筒，做方货用的。小拍子是用于推身筒接头、掠子泥、推墙刮底、做嘴和把等。尖头拍子可挟大面、做嘴等。

挖嘴刀、铜管

挖嘴刀是用来挖嘴洞的，用 2—3mm 粗的钢丝加柄制成。铜管是钻各种大小洞眼的，用铅皮或铜皮卷成半圆筒，长度 10—12cm，两面开刃。

独个

独个是竹子做的，用作圆眼、圆嘴的工具，在做花货、树桩时可作雕塑工具。其具有爽泥、耐磨等优点，且取材容易，削制方便。它一般有两种：一种是平头的，用作独盖眼的；另一种是两头尖的（一头粗，一头细），用作独嘴洞及其他洞眼。

水笔帚

水笔帚是用布扎成的用于带水的传统小工具。打身筒、琢嘴和把、琢钮等都离不开它。其优点是存水多，带水方便，特别是做粗货或坯体太燥时可直接沾水带在坯体上。

紫砂成型工具除了上面介绍的以外，还有很多，这里不一一列举了。紫砂成型工具是在实践中产生和不断完善的，是千百年来无数紫砂艺人的智慧结晶，它与传统的紫砂工艺相辅相成而不可分离。

第二节　紫砂器成型技法

自明代正德年以来发展到现在，紫砂器的成型方法积累了很多，大致有手工成型、注浆成型、拉坯成型、机制成型和印坯成型等。其中以手工成型最传统、最普遍、最能体现出紫砂壶的品质，许多紫砂精品都是采用此项成型方式。其原因在于紫砂泥经过反复拍打、精细刮平等工序，泥中的分子排列有序，坯体表面缜密细腻、更富韧性，更能充分发挥出紫砂泥的肌理效果与特点。

1. 手工成型法

手工成型是传统的制作方法，但这种最古老又最现代的成型法曾历经了许多变化。最早，金沙寺僧的方法是："捏筑为胎，规而圆之，刳使中空，踵傅口柄盖的……"稍后，供春的制壶方法也大同小异：用建造之法筑成基本器形，如果是成型圆器，则使用木头做的虚坨，然后将两个半圆用手捏接、成圆，再用小匙来修理壶身内壁，这时茶壶的内壁腹部往往会出现"节腠"特征。二者的成型方法基本上都是沿袭当时的日用陶制法，限制了茶壶器形的变化和发展。

到时大彬时，茶壶已是"千奇万状信手出"，达到了"前后诸名家并不能及"的高峰。这个突飞猛进的变化是工艺革新带来的结果。新工艺舍弃了瓷器业沿用已久的辘轳拉坯法，因为用这种办法生产不出"方非一式，圆不一相"的茶壶来。新的成型工序是："土色五，腻密不招客土，招则火知之，时（大彬）乃故入以砂，炼土克谐。审其燥湿展之，名曰土毡（将泥辗成毡状）。割而登（切割土毡用来成型）诸月，有序，先腹，两端相见（先将陶泥片首尾两端相接，像接合马口铁罐口情况一样，将壶身做起来），粘用媒土（接合处用媒土），土湿曰媒。次面与足，足面先后，以制之丰约定，足约则先面，足丰则先足。初浑然虚含，先壶先天，次开颈，次盖、次耳、次嘴。嘴后著，戒也。"即用泥条镶接拍打法而凭空成型，俗谓"打身筒"，和泥片镶接成型的"镶身筒"。

时大彬的"始悟其法"，完全舍弃了粗陶中使用内模、两截成型的方法，全凭双手拍打时的协调以及对于转盘转动惯性的驾驭来塑造预想中的圆球体。这就使紫砂从日用陶的简陋、局限中脱离出来，在造型的发挥上有了更广阔的空间。

“打身筒”成型法适用于圆形制品，其操作方法是：加工之初，先将泥料打成薄厚均匀的泥片和泥条，然后根据所需泥料尺寸用规车划出并切割下来，在转盘上把泥片圈接成泥筒，将手垫入泥片筒，用木拍子轻轻转着打击身筒，根据造型设计拍打成所需的圆形，然后装上壶把、壶嘴、盖口等。在紫砂壶基本成型后稍凉一下，待干湿适度可进一步加工时，用明针反复地刮压修整坯体，使造型完全与设计吻合。

“镶身筒”成型法大多用于四方形茶壶、瓶、罐或六方形、八方形式样的造型。其操作方法是：先将泥料切成一个个方形泥块，把方形泥块打成泥片，按产品设计要求的尺寸配制样板，依样板在泥片上裁切，把裁切好的泥片按器皿形制规格要求用脂泥粘贴镶接，直至完整地拼镶成一件方型或多边形的身筒后，再配制和粘接其他附件。

“镶身筒”法更加体现了紫砂成型的特点以及泥料的优越性，反映出紫砂材料对造型的表现力。方器造型角多、直线多、平面多，因此要求造型的结构合理、简洁，只有这样才能表现出方器造型的力度。然而，方器造型在技术上的要求也要高一些。因为在表现平面、直线和直角的时候，微小的工艺制作缺点，在烧成后都会留下永久的遗憾，一点瑕疵在平面上都是非常明显的。因此，这些工艺制作上的要求和制约形成了方形器物制作技术上的高标准。方壶的壶身和壶嘴都是用泥片镶接成型的。在备制泥片时，做壶身的泥片要求薄厚均匀一致，而做壶嘴的泥片就有所不同，要求壶嘴出水处薄一些，壶嘴根部厚一点。在泥片打好后，非常精确地计算并按设计要求将泥片裁好，泥片与泥片衔接的口部切成斜面，敷以泥浆粘接成型。壶身做好后，壶盖和底则用堆砌的方法制作，即用几层泥片相合制成。基本形制完成后，后期加工的技术要求也很高。虽然紫砂泥有一定的强度，但泥料潮湿时仍很容易变形，例如下塌、错位等，这些问题的解决就要求制作者具有一定的技巧和经验，要把握适当的时机完成造型的整理。

2. 石膏模成型法

石膏模工艺是1958年以后应用于紫砂壶制作的，此法解决了原手工制作中不易达到的造型问题，并极大地丰富了紫砂的造型。使用此法可以简化以往复杂、异形、多变和具有一定销量的中低档茶壶的复杂工序，对雕塑的制作生产起了决定作用。其做法是把拍打好的泥片或身筒放入模型内整型，然后取出再做加工。其优点是便于统一产品规格和批量生产，缩短徒工的学习周期。一般情况下，徒工学会打泥片后，无须学会打身筒、镶泥片的基本技艺，仅凭石膏模便可以做茶壶。这种方式已成为目前紫砂成型的最常用工艺。

无论是全手工成型，还是借助于石膏模成型，其工艺的关键都在于泥坯表面的精加工，即用拍子、蓖只、明针、刀具等专用工具，对已经加上颈、脚、嘴、把的壶身整体和壶盖的表面进行精细的括平修整。对此，周容曾在《宜兴瓷壶记》中有专门的阐述："体成，于是侵者薙之，骄者抑之，顺者抚之，限者趁之，避者剔之，暗者推之，肥者割之，内外等。"

3. 注浆成型法

在紫砂器制作中，注浆成型法是近代才被采用的成型方法，具体做法是：利用石膏模型的吸水性，将泥浆注入模中，待吸附到一定厚度后，再将多余的泥浆倒掉，稍作干燥后将石膏模脱开，便可得到一件中空的泥坯。如果是一件紫砂壶，则粘上采用同样方法制成的嘴、把，干燥后便可入窑烧成。

这种成型方法的初衷是为了提高生产效率，但是事与愿违。由于紫砂泥浆注浆出来的坯件表面有一层浮泥，很难加工修整，无法提高生产效率，更无法运用到高档艺术品的生产中。后来改进配方，用长石、石英、川埠泥等，基本上去掉了紫砂泥，加注水玻璃，增加流动性，烧成后成色虽像紫砂，但实际上大相径庭，断面有玻璃相，不透气，失去了紫砂壶储香透气的优良特征。即便运用到雕塑产品上，也因为收缩率太大，导致模型接缝太明显，废品率高，得不偿失。因此，紫砂泥注浆成型应该说是不成功的，现已基本不用。

补充说明一点，继 20 世纪 50 年代大跃进时期注浆成型攻关失败后，20 世纪 60 年代初紫砂工艺厂研究室曾经把注浆成型作为技术革新的项目再次进行攻关，顾景舟、徐汉堂、徐秀堂、吕尧臣、汪寅仙、鲍仲梅、赵洪山多人一度专心参与。这种注浆泥是以紫砂泥熟粉与其他几种泥通过球磨机加工而成的。此时有部分注浆茶壶和雕塑是吕尧臣、鲍仲梅修理的，因为他们的参与，这些作品现在也很受收藏界的青睐。

20世纪70年代的早中期，注浆法应用于雕塑产品中，也有部分成功的小件作品，如“西游记”、“雪舟学画”等，署以“长乐”款，为极少数人所收藏。

4. 辘轳车刀成型法

这种工艺出现于1958年，与注浆法同为紫砂工艺厂的革新项目，外用石膏模成型，里用车碗法。当时还想出了以偏心距辘轳车刀解决身大口小的技术问题，但因泥料不适宜拉坯而同样失败。最近几年，景德镇拉坯师傅去宜兴，不用模型，以辘轳车手工拉坯成型，再用刀片等工具从外加工，形成薄胎壶身，并采用紫砂传统手工艺法接装嘴、把，进而适当整形加工，获得成功。但这种成型方法只适用于圆器的生产，且紫砂泥中也混合了其他适于拉坯的泥料，秘法不能公开，其成分如何还有待于作进一步的科学论证，目前已批量生产。其外观基本类同紫砂，敲击有“叮”声，属于炻器。它保有了紫砂的许多工艺特点，具有一定的手工性，如果是名人高手拉坯制作或创作，那也应该有别于批量拉坯的产品，但它的材质应与纯紫砂有所区别。

第三节　紫砂壶的制作方法

1. 圆器制作方法

过程：

（1）用木搭子将泥段拍打成厚薄均匀的泥片和泥条。

（2）用矩车划出壶体各部位圆形泥片。

（3）用泥条围成壶身。

（4）打身筒。先打底部，上好底部，上好底片翻身，将多余的泥浆刮净。然后再打壶口部，与口的尺寸配合好。

（5）脂泥是紫砂壶制作中的粘接料，水分以制壶需要而定，拌时要匀和，直接关系到成品壶的质量。

(6) 口部满片，保持壶体中空及湿度，不使壶变形。

(7) 用竹篦只规范壶身（壶腹、壶肩、壶底）的弧度。

(8) 依壶的结构，用脂泥接口部、颈部及底部。

(9) 粘接结束，用复只、竹尖刀将其细部整理光洁。

(10) 用刮底石加工壶底，使之均整。

(11) 用脂泥粘接壶盖弧形的虚片，修整成预定的盖形。

(12) 壶盖翻身，用勒只整理光洁。

(13) 用通嘴尖刀插入毛坯嘴中心，并来回滚动形成壶嘴内壁，然后用手将毛坯弯曲成嘴形。

(14) 将紫砂泥搓成泥段，弯曲成壶把。

(15) 钻嘴眼，并用脂泥粘接壶嘴。

(16) 校正口、嘴、把，成三点一线，最高点保持三平。

(17) 用独个等工具修整嘴孔。用明针刮光壶肩、壶嘴、壶把等部位。

(18) 用矩车划开壶口，用鳑鲏刀修整壶口，并与壶盖相吻合。

(19) 用竹拍子刮光、刮清壶体内部泥迹使其干净光整。

(20) 壶体基本完成后，可在壶底、壶盖、壶把钤上艺术家印章，壶底用顶柱支撑，印章对准位置，并用木榔头敲击，使印文清晰。

全壶制作结束，让其自然干燥，即可入窑烧成。

2. 方器制作方法

过程：

(1) 用木搭子将泥段拍打成厚薄均匀的泥片和泥条。

(2) 用样板裁制好壶底、壶盖、壶口、壶墙，并规整泥片，裁制时必须注意倾角标准。

(3) 镶接身筒，边沿处以脂泥粘接成壶体。

(4) 用竹制工具刮压壶身接口，并用竹拍子轻轻拍打四边，使其规整挺括。

(5) 粘接壶口，维持壶体中空及温度，不使壶体变形。

(6) 用脂泥复合和润，并用勒只清理加工。

(7) 用样板裁制壶嘴，并用脂泥镶接成方形壶嘴。

(8) 用样板裁制壶把。

(9) 壶身钻嘴孔，并粘接上壶嘴、壶把。

(10) 用刀开出壶口，使其尺寸与壶盖相吻合。

(11) 用样板裁制壶盖，粘接盖板和盖子口，并用竹勒只加工清理，使之规整。

(12) 用脂泥粘接壶钮，并收拾光洁。

(13) 用尖刀加工细部。

(14) 用鳑鲏刀柄加工、修整线面，使其光、挺、匀。

(15) 用明针（牛角片）刮光各部位平面。

(16) 全器加工、收拾完毕，钤上壶艺家印章。

制作结束，让其自然干燥，即可入窑烧成。

3. 筋纹器制作方法

过程：

(1) 用木搭子打成厚薄均匀的各部位泥片和泥条。

(2) 用样板及凿子切割壶口、壶盖，校正口、盖置换通转平整。

(3) 确定壶的尺度，打好圆形的身筒。

(4) 将打好的身筒置于石膏模具中，并用工具挡规整。

(5) 挡好壶身后，须口部满片，保持壶体中空及湿度，以防后期加工、清理时变形。

(6) 用各种规格的线梗、尖刀规范清理筋纹和口、底部。

(7) 用手工搓制壶嘴、壶把。

(8) 用模具制作壶盖，并用专制工具和明针理清盖内、外的筋纹。

(9) 用脂泥粘接壶嘴、壶把，并用尖刀、明针加工清理。

(10) 用样板校正，并用凿子开启口部，使筋纹整齐划一，尺度准确。

(11) 装上壶嘴、壶把，并校正位置。

(12) 将制好壶钮用脂泥粘接上壶盖，并清理整修，使每条筋纹规整如一。

(13) 全器加工、整理完毕，钤上壶艺家印章。

制作结束后，让其稍干，再反复整理口盖，直至配合平整严密，即可入窑烧成。

4. 梅花器制作方法

过程：

（1）用木搭子将泥段拍打成厚薄均匀的泥片和泥条。

（2）用梅桩形样板进行裁制壶底、壶口。

（3）用泥片围成筒形树段状，用脂泥粘接牢固。

（4）用脂泥粘接底片、口片等，并用泥琢塑树节、树疤，直至效果满意为止。

（5）将壶口泥片开启，以作盖片。同时用竹刀将壶底部、口部整理光洁。

（6）用石膏模印制壶嘴、壶把、壶钮，雏形成后再细加工修饰。

（7）用手工将紫砂泥搓成小树枝及印制梅花朵，按构图要求用脂泥贴饰壶身各部位。

（8）完成壶身后，钻流孔，用脂泥粘接壶嘴与壶把。

（9）校正壶嘴、壶把、壶口，三点一线，最高点保持三平。

（10）将壶口开出的泥片作盖板，粘接上壶口，成盖后钤上壶艺家印章。

（11）用模具印制壶盖梅花及搓制梅枝干，并用脂泥粘贴于壶盖。

（12）用鳑鲏刀开壶口，并进行修整。

（13）全器基本完成后，用明针修光壶身、壶嘴及壶把。

（14）用顶柱支撑，印章对正壶把位置，并用木榔头轻轻敲击，直至清晰。

（15）盖上壶盖，最后作精细修饰，要求口盖平正、细部修饰精致、形态逼真、壶内干净光洁。

修饰完成后，让其自然干燥，即可入窑烧成。

第四节　紫砂壶造型的技术要求

在紫砂壶的制作过程中，制作者要保证紫砂壶的造型不仅好看，还要实用、耐用，这就要求壶艺家在成型时遵守一定的技术要领，这样才能确保产品质量和性能的稳定性。

1. 注意重心和稳定性

紫砂壶的造型基本上要符合“稳”的要求，稳除指使用时的稳定外，也要求视觉上的安定感。紫砂壶为求使用及创作上的便利，多做成圆形或对称的形体，这种造型都以形体的中心线为轴，重心落在中轴上，从造型重心下垂的中轴线落在壶底的中心点。所以，壶底的大小在视觉上就影响壶的稳定性。此外，壶体的肩、腹部位的变化，也影响着整体造型的重心和稳定性。比如壶体较矮、底部较大，造型重心就下降，视觉上就会增加造型的安稳或压重感。又如壶体较高、底部较小，造型的重心就沿中轴上升而产生轻巧和生动感。以一件简单的牛盖洋桶壶为例，它的形体比较高，为求造型稳重大方，所以壶底就要做得较大，使其外观均称。又如小型竹节壶，它的肩腹重心位置靠上，而足根上部内敛，所以造型就显得轻巧。至于石瓢壶，它的侧立面近于正立的三角形，重心全靠在壶体底部，但壶底以三乳钉状支脚架空，使造型稳而不重。

2. 嘴和把的均衡

紫砂壶的嘴和把对主体的结构均衡有着很大的影响。如壶体上的嘴或把的一方过重，或是壶把向外回转得过大，都会使造型重心偏离中轴。若嘴和把在壶体两侧的位置和空间安排不当，也会影响造型的均衡。

一般壶嘴和壶把的装配形式有：壶的嘴和把在壶体两侧以对称形式展开，这种形式具有端庄、安定的效果。壶体两侧的嘴和把都朝一方向倾斜，壶把的曲度与壶嘴的伸展方向相同，这种处理在取得造型均衡的同时产生动感。要取得嘴、把的均衡，我们要因壶嘴的造型来处理。如果壶嘴是属“三弯”形，我们要用“三平”手法来装置嘴和把。“三平”就是嘴和把的最高点要与壶口取平。此外，壶嘴所占的长方形空间要与壶把相当。有时因壶把的回转位所占的空间比嘴部大，我们便要把壶嘴安装得比壶把稍微外倾一点，并把嘴根下部稍微提高，使它高于把的底部，以求取得整体视觉的平衡。

除三平法外，嘴和把也可依一个三角形的结构来装置。首先以壶底中心为点，以壶口为顶线，画出一个倒立的等腰三角形，以决定嘴和把的位置。这种处理方法多用在安装“一弯”嘴上。这种做法不求嘴和把在体量上相等，而是使嘴上部和把上部的曲度相呼应，并让壶口两侧至嘴、把部分相等的空间来取得整体的均衡。以这种手法处理的“一弯”嘴壶有掇球壶、汉扁壶和线云壶等，它们的造型都予人以生动活泼之感。

3. 视觉对比与调和

紫砂壶造形设计上的对比与调和是利用壶身各部的异同来表现的。壶体量的大小、造型的方圆、线条的曲直、坯质的粗细、色彩的冷暖等，都是构成不同视觉效果的元素。紫砂壶艺中对比与调和经常是交错使用在同一件作品上的。如一把壶的钮部和壶身，设计者往往用以小对大的手法，同时把壶钮造成壶身的形状，使两者的设计在对比中取得调和。再以四方抽角竹顶壶为例，在形体和轮廓上，它的体面方圆结合，线条曲直并蓄，但是作者又在明确的对比中运用线、面、体等平线的过度和衔接来取得整体造型的统一协调。

4. 恰当的虚实对比

实体与虚空间是指形体本身与形体外形相对形成的空间。恰当的虚实对比有利于加强造型的特点和装饰性，是取得造型整体感的一个重要因素。如壶把在壶体上回转构成的空间，若可呼应主体形状或其线条的特点，便能达到加强整体感的作用。又如在壶底加上支脚，将壶体架空，加强造型下部的虚空间；或是在肩上架起提梁，增加壶体上部的虚空间；或是以简单的桥形壶钮形成壶顶的透空位……这些手法都是以虚实对比的原理以增强造型的气势。以著名的大彬提梁壶为例：壶的重心在壶体下部，造型稳健庄重；但通过提梁的回转，构成壶体上部的虚空间，使得壶整体舒展大方，增加了整个造型气势；提梁所形成的完整空间，亦增加了造型的装饰感。

5. 整体与局部有机结合

壶的口、颈、肩、腹、足、底、盖、钮、嘴、把、流等相对于整体而言都是局部。这些细部都要统一在整体设计中。它们要服从整体，并要做到与整体有机的结合。

壶的口沿、底边、圈足都是造型的局部，也是造型变化的细部。这些口沿、底边与圈足的转接线条要交待明确，干净利落，致使造型能与人明快精确的感觉。

从壶口与壶盖结合上看，因紫砂壶无釉、手工精细，所以嵌、截、压盖兼有。嵌盖和压盖形式变化丰富，而截盖则使壶体与盖面连接一体，加强造型的整体性。但是，无论是用哪种结构的壶盖，在整体造型上都要做到“贯气”，即使有肩有颈的壶体也要注意盖面与壶体或肩部的贯通。

壶钮的造型为取得与主体的协调，设计者往往将其外形做壶体正立或倒立的缩小型，或是主体和盖面外轮廓的延伸。钮部造型虽简单，但细节的处理仍要做到一丝不苟，防止呆板粗糙。钮部与盖面的衔接，应注意过度自然，与壶盖浑然一体，防止生硬。此外，紫砂壶也有用贯接线接合嘴和把，就如汉方壶的嘴和把就是用明接法处理。这种结构，外形明确，线条干净利落，增强了方壶造型的鲜明特点。

第十三章

紫砂器装饰工艺

第一节　紫砂器装饰工艺特点

紫砂装饰是一门有着悠久历史和丰富内涵的艺术，是一门精巧又博大精深的学问。

紫砂艺术就是运用形象思维，驾驭一定的材料，采用种种技巧和手段，包括绘画、雕刻等，对装饰对象进行符合本质或外在特征的艺术处理。一如“素面朝天”的美人也需要略施粉黛一样，紫砂陶也因艺人侧重的壶艺不同、美学追求不同，而形成不同的装饰风格，使素面紫砂呈现出千姿百态。

紫砂装饰的原则主要是：充分利用紫砂泥料所固有的肌理质感、造型和泥色的变化特点，来表现其装饰效果，并在成型过程中完成装饰工艺。

紫砂装饰艺术大体分为两种类型：一种是艺人在制壶过程中自觉和不自觉地将工艺进行一竿到底的自体装饰；另一种是艺人在制壶过程中或结束后根据茗壶造型，切壶、切题、切意、切名进行的重新设计和装饰。其装饰手法包括：镶嵌装饰（包银装饰、包锡装饰）、满釉装饰、粉彩装饰、绞泥装饰、泥绘装饰、印板装饰和最为普遍使用的陶刻装饰等等。这两种装饰类型并存，相互辉映，使壶艺装饰技艺的创新和发展提高到与日俱进的境地。

第二节 紫砂器自体装饰工艺

在器物造型上体现自我美化功能，或者说装饰部分是器物本身不可缺少的部分，能起到美化壶体的功能的，被称为自体装饰。

紫砂自体装饰主要分为塑雕和线条两种。

1. 塑雕装饰

塑雕是指一种象形物雕塑或浮雕、半圆雕装饰的统称。即那些取材自然界的瓜果花木、虫鸟鱼兽，或是在方、圆等几何形体上进行堆雕装饰之器物。这种装饰手法在历史中已逐步发展成紫砂花货的主要制作手段，融入到紫砂花货造型之中，并涉及到紫砂花货陶艺的所有品种。因此，这种自体装饰已经成为紫砂塑器的必要和必须的工艺技法。

2. 线条装饰

紫砂器制作中线条的运用同紫砂塑雕一样，不但起到装饰作用，也起到增强形体功能的作用。紫砂装饰线条变化丰富、表现力强，主要是在圆器、方器、筋纹器之间产生各种变异。如恰当运用各种线条，可使各部位造型达到协调、突出形体的功能。紫砂各部件断面或圆或方、或方中寓圆、或圆中寓方。变形时，在实体三维空间的各平面中随时会出现凹凸、起伏等微妙变化，从而丰富紫砂造型空间的层次感、体积感和造型美。具有代表性的紫砂装饰线有灯草线、子母线、云肩线、凹凸线、皮带线、凹肩线、筋纹线、抽角线、折角线等等。对造型结构同时起加固作用的称“结构线”，单纯起装饰作用的称“装饰线”。

第三节 紫砂器混体装饰工艺

宜兴紫砂器的混体装饰共有十九种。

1. 陶刻

陶刻是以刀代笔，以刻代绘，融诗、书、画、刻诸艺术于一体。这一技艺最早起源于元朝，元末蔡司霑所著《霁园丛语》里记载说：“余于白下获一紫砂罐”，有“且吃茶，清隐”草书五字，是见于著录最早的紫砂陶刻文字。明代时大彬等人“镌壶款时，初请能书者落墨，以竹刀画之，或以印记。后竟运刀成字，书法闲雅，在《黄庭》《乐毅》贴间，人不能仿，赏鉴家用以为别”。陈鸣远是将陶刻从底铭移到壶铭的大家之一。他的“南瓜壶”一侧镌铭行楷“仿得东陵式，盛来雪乳香”，书法古雅，有晋唐风格，为后人所称道。但成就最辉煌的应为陈鸿寿（曼生），其成品集造型、诗词、书法、绘画、金石于一体，风格独特。

曼生后，紫砂陶刻装饰发展成壶体的主要装饰，历史上有众多篆刻、书画名家参与，如郑板桥、瞿子冶、朱石梅、梅调鼎、吴昌硕等等。

清代以后，陶刻装饰又有进一步的发展。山水、花鸟、人物、博古图案等均是入画素材，书法更是必不可少的装饰内容。正、草、隶、篆、钟鼎、石鼓文等各种不同书体，使造型和装饰有机结合，相得益彰。

陶刻不但能表现画面层次，还讲究构图、形象、刀法的气韵。其刀法为“双入正刀法”、“单刀侧入法”、“冲刀法”、“复刀法”、“切刀法”、“舞刀法”、“刺刀法”、“伏刀法”、“埋刀法”、“轻刀法”、“涩刀法”、“挫刀法”、“飞刀法”、“反刀法”、“游刀法”、“迟刀法”、“平刀法”、“辅刀法”等等。其基本表现手法为：“清刻”、“砂地刻”、“着色刻”、“阳刻”、“空刻”等等。

2. 泥绘

泥绘是用泥浆堆绘的一种特殊装饰手法，流行于十七世纪晚期。其工艺方法是在制作完工的壶坯上（须有一定湿度），用本色泥（制壶泥）或其他色泥制成细泥浆，堆绘花鸟、山水或图案纹样。用泥浆堆画须有一定的厚度，能产生薄意雕的浮雕透视效果。

泥绘以笔为具，以泥为“墨”，以绘代工，以绘代笔，或绘山水花鸟，或绘人物博古，或绘书法诗词，或绘人生格言。美国西雅图博物馆所藏陈鸣远的传世作品“梅桩壶”，弗尔艺术馆所藏清初名师陈汉文的“泥绘六角砂壶”，北京首都博物馆所藏“御制诗方壶”、“高灯贡壶”，清初泥绘高手杨季初所作的、藏于苏州博物馆的“泥绘山水紫砂笔筒”，都是泥绘精品。

早期以本色泥堆画、雕琢，尔后以白泥居多。以泥装饰，作者须有书法、绘画、贴塑的艺术功底，才能取得良好的艺术效果。如邵春来制的“泥绘束腰方壶”，壶上就绘有紫黑色的梅花秀竹，层次分明。再如曼生“却月壶”，红棕泥壶上堆绘黑泥，山峦叠起，远山飞舟，景色宜人，与壶匹配贴切。

最值得称道的是杨履乾、杨季初、陈汉文所做的泥绘作品，用笔娴熟，用色贴切，层次分明，意境深邃，整个装饰面如一幅国画，有浓重的书卷气。

但令人遗憾的是，泥绘装饰在历史上只是昙花一现，在清代后期近于消逝。究其原因，主要有以下几种：一是不耐用，壶体装饰画面易剥落残缺；二是不耐玩，其款式千篇一律，毫无艺趣可言；三是泥绘茗壶费工费时，效益差，不合算。

3. 珐琅彩

珐琅彩是紫砂传统装饰技法之一，原称“瓷胎画珐琅”，国外称“蔷薇彩”。它使用外来原料，色种多，色彩控制准确，画面有立体感，工巧精细，富丽堂皇，是一种釉上彩。

紫砂珐琅彩装饰是从景德镇瓷胎装饰上引用而来。它在烧成的紫砂器胎上作画、作书，再入炉烘烤而成。主要成分是硼酸盐和硅酸盐的混合物，在不透明的白色珐琅料中加入适量的金属氧化物，形成具有色泽的珐琅彩。

紫砂珐琅彩装饰始于清康熙时期，亦盛于清康熙、雍正、乾隆时期，制器专供“内庭秘玩”。康熙时，一般以黄、蓝、红、豆绿、绛紫等色作地，用双勾法仿铜胎珐琅形式描绘花纹。雍正时，和五彩技法结合，多在胎器上彩绘。乾隆时，仿西洋油画作画，画面人物题材增多。

现存于台北故宫博物院的珐琅彩“牡丹方壶”，造型为方壶，外表画珐琅牡丹花卉纹，底铭“康熙御制”款，制作极为考究，既富丽华贵，又古朴、庄重。

清康熙制珐琅彩“四季花卉纹壶”，以菱花式壶体造型面世，壶身用黄、绿、白、粉红等色绘有牡丹、锦葵、萱草、野菊等，笔画细腻，线面清晰，红白相间，黄绿对称，辅色自然，简洁丰满，制作精雅，为清康熙宫廷用壶之精品杰作。

清康熙款珐琅彩“花卉纹提梁壶”，器身鼓腹，提梁凌空圆架，壶身饰珐琅彩黄色牡丹折枝花，壶嘴饰宝相花纹，壶钮为黄色异兽一尊，色彩与纹饰模仿铜胎画，属早期初创时期之作。

对于珐琅彩紫砂装饰，历来有两种根本对立的观点：一种认为其“富丽堂皇，光彩照人”，另一种认为其“光彩照人，却失去本来面目”。

4. 模印贴花

模印贴花是以花面、回纹等图案作饰于壶体、壶盖或附饰件上，与壶体造型风格统一，协调匀称。它与花货塑雕所采用的手捏浮雕技法完全不同，需要借助于印模、木模、陶模或石膏模，在印模模具中采用压印、戳印、模印、贴花、印堆等多种技法，印制材质各有不同，装饰效果亦不一样。

在陶都宜兴，早在新石器时代，先民就已采用压印、拍击和刻划的方法来装饰陶器了。传世品几何印纹陶罐上所呈现的规则与不规则的纹印就是压印所留下的装饰。模印贴花传世茗壶，最早可见于宋代羊角山紫砂古遗址出土的遗物复原件上，那是陶器压印手法遗传到紫砂装饰工艺上的证明。它以最原始的装饰方法逐步扎根于紫砂装饰，并不断发展、提炼和精致。如明代的“吴径提梁壶”，其壶嘴与壶身衔接处就是贴柿形饰片来装饰的。清朝时，模印贴花装饰工艺已经很成熟。有一件清乾隆时期传世的“菊花提梁壶”，壶体四面及底部均采用模印贴花装饰，花纹清晰可辨，处理干净利索、严谨精细、均匀协调，为紫砂模印贴花器经典佳作。

5. 粉彩

粉彩亦称“软彩”，始于清代康熙年间，由五彩发展而来，以雍正时期制作最精，故又有“雍正粉彩”之称。其盛行后即取代了康熙五彩的地位，成为釉上彩的主流。

它的做法是在胎器上以玻璃白粉打底，彩料晕染作画，再经炉火烘烤而成。

紫砂粉彩装饰多为花卉类图饰，色泽丰富，柔和淡雅，改变了五彩单线平整的彩绘方法。其颜料种类多，色调比五彩大为丰富，所绘图像表现力强，浓淡相间，阴阳衬托，

清初华凤翔的“汉方壶”为紫砂粉彩装饰的佳作之一。其四角雕饰如意云纹，气势摄人，雄浑肃穆；壶身以粉绿冰纹为主色调，间绘皮球花纹，如意云纹中填梅花纹；肩部饰如意唐草纹，浅蓝釉作分割线，加强壶颈的气质。此壶全身布满彩饰，繁密富丽，精雅而不失古意。

粉彩流行之时，许多王亲贵族纷纷定制紫砂粉彩茗壶，以致出现了许多斋、堂、轩号，如谵然斋、片玉斋、翼斋、春水堂、清和堂、盛和堂、清德堂、得月轩等等。

6. 宜均

宜均是指宜兴均山（丁山古称）一带生产的带釉陶器。它始于北宋宣和年间。明万历年间，宜兴烧造宜均最为成功者为欧子明，世称“欧窑”。他所制陶器釉色以天青、天蓝、云豆居多，间有葡萄紫，也有淡青、甜白二色，而以“灰中有蓝晕，艳若蝴蝶飞”的灰蓝釉色最为珍贵。

清雍正、乾隆年间，宜兴葛明祥、葛源祥两兄弟烧造的宜均陶器蜚声中外，时称“葛窑”。其釉彩丰富，均釉独绝，蓝晕色泽比欧窑有进步（《江苏省志·陶瓷工业志》）。

宜兴紫砂宜均装饰，采用宜兴当地紫砂和宜均两种名陶工艺，双挂釉。由于施釉、洒釉色彩丰富，以铅白釉与铜、钴发色，花纹流淌变化丰富，秀丽淡雅。其先以高温烧成紫砂素胎，施釉后再用低温进行第二次烧成。施满釉的紫砂宜均器皿，由于胎骨和釉面膨胀系数有较小差异，产品烧成后会微显网状裂纹，古色古香，别具一格。

清华凤翔制紫砂宜均装饰“汉方壶”，为这一时期传统经典代表之作。该器色泽晶莹剔透，蓝晕如玉，纹式变化万千，如片片鹅毛，似飘飘雪花，流淌处旋转迥异，静止面斑斑雪痕、花片如飞如洒，精致飘逸，潇洒脱俗。另传世品“乾隆八方壶”、“执壶”、“圆壶”，在紫砂胎

上满施宜均釉，浅蓝、灰蓝，似蝴蝶、如雪花，斑驳陆离，流淌均匀，均为传世紫砂宜均釉装饰精致佳作。

对紫砂宜均装饰历来评价甚高，为藏家所重。

7. 素镶

素镶是以镶为主、嵌为辅的技法。它采用的材质有瓷珠、瓷花、玛瑙、白玉、红木、金属、黄杨、象牙等。清中期的传世茗壶上，有朱坚、杨彭年合作的“井栏壶”。一把壶上，壶身用瓷珠、瓷花镶嵌，壶嘴用黄杨镶接，壶把用白玉镶接，端庄富贵，饶有情趣。现代艺人继承传统，大多采用两种形式：一种是嵌于壶身、壶盖等处，作为装饰的组成部分；另一种是镶于壶嘴、壶把、壶钮和提梁等处，作为壶的附件。

8. 金银丝镶嵌

金银丝镶嵌是借鉴红木镶嵌技法，俗称紫砂金银错工艺。它是在紫砂胎体上先布局图案，再将需要镶金嵌银的图案刻绘成槽线，在紫砂坯体经高温锻炼后，才进行镶嵌。

一般紫砂茶壶胎薄，对刻线要求很高，粗细要与金银丝粗细一致，所镶嵌的金银丝都较细薄柔软，并富有延展性，可拉细延伸。

一般操作者需边嵌丝边用小铁锤敲打，轻则嵌不妥帖，重则将壶击坏，故要求艺人心灵手巧、胆大心细、技艺过硬、全神贯注，才能使嵌入的金银丝严密合缝。在嵌丝过程中，需按线、点、面逐一将金银丝挤入槽内，锤打服帖。嵌入后，器物表面略显不平，金银丝高出壶面、凸在壶体，槽线亦有满与欠之分，须进行打磨，使金银丝图案平整光滑，无扎手感。艺人先将凸起部分用铁锉锉平，然后用细砂逐一磨整，磨整时不能损伤壶体表面，至表面呈现自然平滑状，达到严丝合缝的境地。金银丝图饰一般镶嵌于壶体、壶盖及壶钮部分，突出主题创意，图案简洁明朗。

清代中叶，紫砂传世品中就出现署款为“延年”、“彭年”与曼生刻铭的金银丝镶嵌图案茗壶，只是数量很少。当代艺人鲍仲梅的“太平韵气壶”、“擎天云柱壶”等，将云纹图案四周用金银丝镶嵌贯穿，流光溢彩。金丝银片造化成杰作，体现了工与艺、壶与装饰的连带关系，亦体现了素雅与富贵的升华，从轮廓、质感、色调构成整体效果，浑然天成，开创了端庄华贵之新风。

9. 嵌泥

嵌泥即用区别于壶体本色的其他色泥填嵌在壶身的工艺。它先是在壶坯上用刻刀或钢针刻绘出图案，然后在图案的凹槽内填嵌进其他泥色（要求其泥料与壶坯泥料烧成温度相同、收缩比例相近、泥性相融），然后用成型工具修整加工，使之服贴、吻合。其常见纹式有：冰裂纹、开片纹、花瓣纹等。其图案有：山水、花鸟、人物等。其常见的题材有："水浒"、"四大美女"、"十二生肖"、"百福百寿"、"富贵吉祥"、"戏剧人生"等。一般见到的紫砂嵌泥装饰，或采用紫泥为本色胎土，红、黄、蓝、绿、黑为嵌泥泥色；或采用红泥为本色胎土，紫、蓝、青、黄、绿为嵌泥泥色。图案创意、茗壶造型、嵌泥装饰要相辅相成。紫砂嵌泥装饰手段多样、形式多样，现已与其他镶嵌工艺结合使用，以嵌泥为主体图案，用金丝银丝勾勒图案边框，用金属、白玉、象牙、红木、珍贝、玛瑙、瓷花、钻石、釉珠等做附饰。

10. 描金

描金原是漆器中最常见的装饰方法，一般是在髹漆表面用金色描绘，以增加装饰效果。紫砂描金借鉴了这种方法，直接在茗壶胎体上用金彩在事先设计好的图案上进行粉饰，诗、书、画、铭相配，显得庄重典雅。清乾隆时期的传世品"三足描金篆书壶"（藏北京故宫博物院），"描金山水八卦壶"（藏天津艺术博物馆）等均是紫砂描金装饰的传世珍品。其器不光造型别致，装饰富丽华贵，而且景致清晰，署款纹饰精妙，乃经典之作。现代艺人用于紫砂描金的，已大多使用化工色素拼配金釉、金水、金彩、金粉，效果大不如前。

11. 绞泥

紫砂绞泥亦称"绞胎"，是用两种或两种以上不同色泽的泥料相绞和，形成艺人所要求的肌理效果，然后打泥片、拍身筒或镶身筒成型。

绞泥技法在唐代已有相当水准，很可能是从"犀毗"技法上移植过来的。陕西出土的传世品：唐代绞泥武士骑马陶俑，用白褐两色绞泥制成，十分精美，为唐代绞泥陶器代表作。紫砂绞泥，约出现在明代晚期，南京博物院现存一具紫砂绞泥传世品。

现代紫砂绞泥已发展成一种独特的装饰技法。它由艺人按设计要求将不同泥色的泥块打成泥片，然后采用铺垫、隔层、层叠、揉合、镶嵌、镶接、按压、层叠盘筑等法，在壶身或局部做装饰。由于坯泥绞和手法相异，形成的花纹有：木理纹、水波纹、流云纹、毛羽纹、礼花纹和雨花石纹等等。

当代艺人吕尧臣的“天际茶壶”，以抽象写意的绞泥装饰，给人以联想，赋予作品更深的内涵，具有浓烈的文化气息。当代艺人吴培林所创的“眼底天地壶”，采用了绞泥镶嵌法，饰日月图案于正反壶面，日月浮沉于云霞之中，演绎人类生存空间，给人以宇宙天地深沉博大之感。

12. 镂雕

镂雕俗称镂空，有双层与单层之别。它是在双层或单层的坯体上先设计好图案，再用专门的工具雕出镂空的纹样或书体，使之凸显出来。其特点是层次丰富、有立体感。

紫砂镂雕始于明末清初，流行于清康熙、雍正、乾隆时期。传世品“玲珑八竹壶”是清初时期的紫砂镂雕精品。其外形为八节竹段均衡分布，镂雕装饰主要在八节竹段的凸起部分，装饰内容为层层密布的竹枝竹叶，层次清楚，竹枝竹节形姿不同，立体感强。壶盖为一粗竹，亦镂雕竹枝竹叶，与壶身对应。另双层的紫砂镂雕壶内壁存茶，外壁镂空，新颖独特，技艺精巧，为紫砂中的佳品。

13. 漆雕

雕漆亦称“剔红”、“红雕漆”、“雕红漆”，流行于明末清初。其主要是以紫砂为胎，用朱漆一层层堆上，少则八九十层，多则达一二百层，待半干时描上画稿，再用刀剔刻。传世品有明朝时大彬的紫砂胎朱红雕漆执壶，这把壶壶身方形，圆口，环把，曲流，壶体、嘴、把、钮、口、盖均用朱红漆雕饰，唯底部为髹黑漆。其朱红漆层约三毫米，四面开光，内剔刻人物、山水、树木、花草多层纹样，漆质优异，刻纹细密，运刀刚挺有力，光洁润细，刻工精致，自然细腻，既展现出明代宫廷雕漆工艺富丽华贵的特点，也显示出紫砂雕漆装饰工艺的顺畅优雅风格。壶底部漆层下刻有“时大彬制”四字楷书款。紫砂雕漆传器非常罕见，因其费工费时，现已不生产。

14. 髹漆

紫砂壶髹漆彩绘装饰流行于明末清初，主要是在素胎紫砂器上髹以朱漆或黑漆，然后再加以彩绘。吴梅鼎的《阳羡茗壶赋》中记载：“或青坚在骨，涂髹汁兮生光。”髹漆传世品有清代“瓜形壶”，其以瓜形为壶，壶流、钮、把以瓜蒂、瓜筋、瓜枝梗分别饰之。壶体至流、钮、把髹朱红漆，上绘褐、紫、金色牡丹卷草纹，整体线条流畅，光彩夺目，为紫砂髹漆彩绘装饰器经典佳作。

紫砂髹漆彩绘器历史上罕有遗留，因其费工费时，现已不生产。

15. 螺钿

螺钿俗称“螺填”、“螺甸”、“甸嵌”、“陷蚌”，流行于明末清初，是在紫砂胎上髹以黑漆，然后在黑漆上和白色螺钿拼粘，嵌填螺钿。

白色螺钿是用蚌壳磨成的细片，按图案花纹锯成各种形体，嵌粘填进壶漆胎，与黑漆形成鲜明对照，黑白分明，朴实而清丽。清人蔡寒琼在《牟轩边琐》中曰：“以砂壶制胎，外嵌螺钿，稀世之珍也。姬人月色少时，曾在陈昭常简持宠姬处见一方壶，内紫砂胎，底钤‘鸣远印’，篆书阳文。外黑漆嵌螺钿，流与把两面作折枝花，分布螺钿，深碧浅红之色，作花叶，备极巧思。左右两面嵌人物，似是《玉簪记·偷诗·茶宴》两故事。几案屏帷，文房珍玩，亦分选螺色配成。壶盖作汉方镜花纹，尤为古雅。把上刻‘妙慧庵’小篆三字，娟秀可爱，底钤‘江千里造’小楷瘦金书印。当为千里构思定制，请陈鸣远作壶。”江千里为明末清初镶嵌螺钿之名工。由陈鸣远制壶，江千里螺钿，当是紫砂螺钿壶器中的珍品之作。江千里用的应是“点螺”技法，原料用夜光螺，螺片薄如蝉翼，而且软，故又称“薄螺钿”或“软螺钿”，呈天然五彩闪光，巧夺天工。

16. 点砂

点砂是在壶胎上以紫砂壶胎本色泥砂颗粒或他色泥砂颗粒点缀于壶体或壶体局部。点砂装饰一般服从于主题立意的需要，或呈满天星状、雪花状、桂花状、纹式状，或在艺人所构图设计的纹饰中点砂成“海浪”、“大浪淘砂”、“一线星空”等图案。

这种技法始于明代，是根据“铺砂法”、“调砂法”、“掺砂法”等发展演变而来。从初期用缸砂、生砂、熟砂逐渐转变为纯紫泥砂颗粒。方法上亦从泥片中和砂、掺砂、层层隔砂、里外满砂、表面铺砂到紫砂壶表点砂，加强和深化了创作主题。

点砂是在壶体基本成型后才开始进行的，比在壶体还没成型即在泥片中调砂、掺砂或泥片表面铺砂工艺要求高，工艺复杂、细腻。它既要注意泥色的融配，又要注意泥质颗粒的粗细，还要在壶坯表面一颗颗镶嵌、修整，使泥砂和壶表胎土完全平整一致。

17. 包金属

紫砂壶有包锡、包金、包银、包铜装饰。其中包锡俗称“砂胎包锡”。清中期朱坚（石梅）精于此术。包锡的常见形式有壶体全包，或壶身包锡而嘴把镶金、镶玉、镶红木等。包金、包银、包铜工艺略晚于包锡，是在包锡工艺衰落以后才兴起的。人们认为包锡工艺虽然精致，但器皿较笨重，并有损紫砂独有的材质，故在清光绪年间逐渐弃而不用，替代的则是包金、包银、包铜。包金、包银、包铜经历过一段从繁琐走向简洁的过程：最初是全包、镂空包，后来为局部包（包嘴、包把、包口线、包底线、包口沿边线部位）。

目前，紫砂包金属装饰的传世品很多。

18. 粉色

粉色始于清代，是用与壶体本色胎土不同的化妆土在壶表面加以粉饰。它原是在壶胎表面粉上一层层色泥做装饰，然后镌刻有层次的图案；粉得越厚，陶刻图案书法越呈立体感。后来，随着工艺的成熟和艺人们的创新，粉色装饰呈现出多元化和多变化。一种是用蜡纸镂空成各种图案贴在坯体上，然后粉上各种色泥，亦可套色；待干后，用明针修整光洁，取下镂刻蜡纸，坯体上即留下清晰的图案。另一种是用蜡纸镂空成各种图案贴在坯体上，然后用泥浆工具喷色，喷色有浓有淡，有浅有深，泥色变化更丰富，比粉饰更有变化，图案亦更夺目显眼。现代艺人根据主题创意的需要，粉色与喷色相结合使用，亦结合其他如泥绘、塑雕等手法，使紫砂粉色效果更佳。

19. 彩釉

彩釉装饰是先用釉料在烧成的紫砂素胎上堆绘纹样的底层，再用彩色勾画，后用低温烧烤。一般情况下主要有两种：一种是彩釉堆绘，内容有花鸟、山水、人物和图案书法纹饰等，俗称“双皮釉”；一种是器物周身浇釉，以釉作皮，润泽如膏，光可鉴人，俗称“单皮釉”。双皮釉一般用于中小高档壶，单皮釉一般用于大壶、低档壶。现藏南京博物馆的“绿釉瓜楞壶”为“双皮釉”紫砂彩釉装饰，又称满彩釉，全器外施湖绿釉，并以深绿色地做纹饰彩绘，别有一种审美情趣。

第十四章

紫砂器烧制工艺

第一节　紫砂器烧制工艺特点

紫砂器的最早烧制不是单独进行的，而是混合在其他日用陶器中进行的，因此不免会沾缸坛釉泪，自明代李茂林（名养心）始，“壶乃另作瓦缶，囊闭入陶穴”。

紫砂壶的烧炼也是一门颇深的学问，所以有人把这一操作工艺誉为“火的艺术”。烧窑的陶工需要有非常熟练的经验，否则无法把握这项艺术。

每种泥料都有一定的烧成温度，若与自身最佳温度有高低 10℃之差，就会出现“太老”、“太嫩”的缺陷。《阳羡茗壶系》在谈及紫砂器的烧炼时指出：“过火则老，老，不美观；欠火则稚，稚，沙土气。若窑有变相，匪夷所思，倾汤贮茶，云霞绮闪，直是神之所为，亿千或一见耳。”可见烧制是何等的关键，而成功的窑变之器只能是可遇不可求。紫砂泥的烧成温度一般在 1100℃至 1180℃之间，采用氧化气氛或中性气氛烧成。红泥温度稍低些，约在 1100℃左右。

第二节　紫砂器的调砂工艺

所谓调砂就是在练生泥时加入一定比例或粗或细的、熟或半熟的砂粒（注：熟砂粒指烧过的紫砂泥，不含化工原料）。很多刚开始接触紫砂壶的人会有这样的疑问：“紫砂壶为什么要调砂呢？纯的不好吗？调了砂它还是不是真正的紫砂？”其实调砂是项非常古老的工艺，几千年前，我们的祖先就学会了在烧制陶器时掺入一定比例的砂，因为砂在烧制的过程中不会收缩，这样可以大大提高成品率。同样，紫砂各泥料的收缩率高低不齐，为了便于成型，减小收缩率，在紫砂泥料中势必添入一定量的粗砂或细砂。当然泥料和所调之砂必须均匀得当，烧成后壶面才能饱满均匀，壶表质感也会表现强烈。

调砂的好处有很多。

第一，调砂可以增强泥料的可塑性，制壶过程中泥料如太粗则制作费劲，如太细制作时则易黏手。调入合适的砂还方便制壶。烧成成品由于里面含砂，增强了透气性，更利于泡茶。

第二，调砂还能提高成品滋润感，有利于调控色泽。纯粹的底皂青（紫砂原矿）其中间夹杂着共生的青色“硅砂”俗称“鸡眼”。这些青色的硅砂在烧成以后是呈白色或金黄色。所以我们在真正的紫砂器中间可以看到“金砂显现”，不管烧成以后颜色的深浅，里面都可以看见白色或黄色的小颗粒。现代窑炉基本上都是氧化焰，因此在大多底皂青为原矿料在氧化气氛中，只有烧成温度约为1240度的高温紫砂才能烧透（烧结），颜色呈紫红色或综合色，只要温度略低烧成温度，颜色就会呈土红色偏黄。一位有经验的配泥师父会在保证紫砂质感不变的前提下在原矿料中添加一些其他泥料来改变烧成温度和颜色。例如：底皂青中加入石黄，窑温只需要1120—1160度之间。这样不但可以降低烧成温度，而且可以提高紫砂的质感与滋润度。因此我们看见的紫砂制品，同样是底皂青颜色深浅差别很大。

第三节　紫砂窑

1. 窑的历史演变

烧成紫砂器的窑炉，经历了圆形升焰窑、龙窑、倒焰窑、隧道窑、推板窑等的演变。

最原始的窑是利用现成的山洞或挖个洞穴，然后用石头堆砌而成的，在里面烧“缶”一类的陶器。

早在西周时期，宜兴就出现了圆形升焰窑，唐代中叶起窑形向龙窑演变。

龙窑使用时间很长（宜兴羊角山早期紫砂窑址就是一条宽一米左右、长十余米的龙窑），直到1957年才被倒焰窑代替。1973年，推板窑、隧道窑取代了倒焰窑。

龙窑所用的燃料是茅草、松柴。倒焰窑、推板窑用的燃料是烟煤。隧道窑则以重油为燃料。

总的来说，紫砂的烧成和温度、气氛、稳定性都有关系，不同的窑有不同的特点，只要是温度均匀、气氛好的窑都可以烧成紫砂器。现在一般采用的是煤气窑和推板窑，煤气窑温度高、稳定性好，而推板窑则是现在最基本的窑了。

2. 各种窑的特点

不同的窑有不同的特点。

（1）龙窑

宜兴龙窑是依山势倾斜用砖砌筑成直焰式筒形的穹状隧道，一般长为30—70米，顶端高度约12米，倾斜角为8—20度之间，分窑头、窑床、窑尾三部分。在穹状脊的两旁，每距1.3米开一个加燃料的小洞（俗称鳞眼洞）。窑内部用土砖砌成，成拱形。除在窑头设有单独的火膛外，其余均在烧成室的通道内。龙窑的尾端一段不放烟囱，仅设出烟坑、挡火墙和烟火弄。其燃料主要为松柴，热量高、火焰长、灰粉质少。一般生产周期为4天左右。

龙窑的操作全凭烧窑工人的熟练技巧，他们会目测火焰温度与坯体变化的情况。

龙窑的优点是利用自然山坡建造，符合火焰自然上升原理，造价低，能充分利用余热；缺点是劳动强度大。

烧窑时，当预热阶段结束后，工人要把窑顶第一对燃烧孔的泥垛掘开，两个烧窑工人对站在窑背两墙上，投入燃料。一般先烧坯体上部，等坯体由桃红色转变成鲜红色时，再开第二对燃烧孔，仍烧坯体的上部，而这时第一对燃烧孔则烧坯体的下部了，以此类推，逐渐向上烧去。

由于烧龙窑只凭经验看火色，所以两边的工人要经常交换对火的意见，使窑温均匀，两边产品要同时烧成，做到同时烧好一孔的要求。已烧好的燃烧孔仍用泥垛封好，并用粘土涂抹封闭，如此操作一直到全窑烧成为止，待冷却后即可出窑。

（2）倒焰窑

早在1932年，紫砂艺人张兰舟、张良金兄弟俩就在川埠潜洛建成了第一座倒焰窑。

倒焰窑是一种间歇式的窑炉。其名称是由火焰流动情况而获得的。倒焰窑燃烧所产生的火焰都从燃烧室的喷火口上行至窑顶，由于窑顶是密封的，火焰不能继续上行，因此被烟囱的抽力拉向下行，经过匣钵柱的间隙，自窑底吸火孔进支烟道、主烟道，最后由烟囱排出。

由于热气质量轻，总是浮在上面，所以人们习惯把火焰从下到上称为“顺”。而把由上向下流动的火焰称为“倒”，这就是“倒焰窑”称呼的由来。

倒焰窑的优点：一是加热比较充分、均匀。火焰从喷火口出来再上行至窑顶的过程中，通过对流、辐射把热量传给烧制品，当火焰到达顶部时，又对顶部制品进行加热，然后折向下行，在下行时又通过对流、辐射对制品进行一次全面的加热，使窑内营造成一个四面八方温度都很均匀的氛围。二是适应性很强，因为是间歇式的，可以根据制品的不同来调节烧成温度，为其他窑所不具备。

倒焰窑的缺点：一是装窑、出窑均在窑内操作，劳动强度大。二是热量损耗大，火焰自窑顶下行后，即经烟道、烟囱排出，排出温度很高，不然下部产品烧不熟；由于是间歇式的，余热利用困难，造成能源浪费、成本上升。这也是其逐步被隧道窑所代替的原因。

（3）隧道窑

隧道窑是现代化的连续烧成陶瓷制品的热工设备，除陶瓷工业外，在其他如耐火材料、磨料、磨具、砖瓦等的生产中也在广泛使用。

隧道窑始于1765年，当时只能烧陶瓷的釉上彩，到了1810年才可以用来烧砖或陶器，但是效果都不够理想。1906年起逐步成熟，当时最著名的隧道窑是福基伦式。1910年后又有了许多改进，其中苏联列宁格勒设计的最新式隧道窑较为先进。

隧道窑一般是一条直线形的隧道，两侧及顶部有固定的墙壁及拱顶，底部铺设轨道以运行窑车。隧道窑的燃烧设备设在窑中部两侧，构成了一个固定的高温烧成带，燃烧产生的高温烟气在隧道窑前端烟囱或引风机的作用下，沿着隧道向窑头方向流动，逐步预热进入窑内的制品，这一段构成了隧道窑的预热带。为冷却窑内后一段的制品，在窑的尾部鼓入冷风，冷风流经制品而被加热后，再抽出送入干燥器作为干燥生坯的热源，这一段便构成了隧道窑的冷却带。

在台车上放置装入紫砂制品的匣钵，连续地由预热带的入口慢慢地推入（常用机械推入），而载有烧成品的台车，就由冷却带的出口渐次被推出来（约1小时左右推出一车）。

隧道窑与倒焰窑相比，优点是：一、生产连续化，周期短，产量大，质量高；二、利用逆流原理工作，热利用率高，经济，比倒焰窑节省燃料50%—60%左右；三、烧成时间短，普通大窑由装窑到出窑需要3—5天，而其只要20小时左右就行；四、烧火时操作简便，装窑和出窑操作都在窑外进行，改善了操作人员的劳动条件，减轻了劳动强度；五、预热带、烧成带、冷却带三部分的温度常常保持在一定的范围，容易掌握其烧成规律，质量好，破损率少；六、窑体不受急冷急热的影响，使用寿命长，一般5—7年才修理一次。缺点是：隧道窑建造所需材料和设备较多，前期一次性投资较大。因是连续烧成窑，所以烧成制度不宜随意变动，一般只适用大批量的生产和对烧成制度要求基本相同的制品，灵活性较差。

（4）推板窑

推板窑是目前国内外较为先进的窑炉之一。它能适应快速烧成、连续生产，其结构类似隧道窑，但长度大大缩短。它使用耐高温材料板代替隧道窑窑车，燃料可用煤、油、液化气，在节能方面优越性突出，生产周期也大大缩短，往往只需要十几、二十几个小时即可出窑。

（5）梭式窑

梭式窑是20世纪90年代中期以来盛行的一种自动控制式窑炉。它的外形像个箱子，因操作时像纺车梭子一样一进一出，故而得名。其容量从1立方米到10立方米不等，密封保温性能好，燃料为天然气或液化石油气，一窑烧成时间为10小时左右。但因容量不大，仅适用于规模小的企业，也可作为大企业的特定产品和试制品的烧成之用。

第四节　匣钵

1. 匣钵的概念

匣钵是重要的窑具之一。在烧制紫砂器过程中，为了照顾到烧窑时能较多地装烧坯体，重叠烧成，同时为了防止气体及有害物质对坯体、釉面的破坏及污损，将紫砂器坯体放在耐火材料制成的容器中焙烧，这种容器叫匣钵，亦称匣子。使用匣钵烧制紫砂器，不仅可提高装烧量、制品不致黏结、提高成品率，而且匣钵还具有一定的导热性和热稳定性，可保证紫砂器质量。匣钵的形状依器物形状而异。

我国龙山文化时期烧制的蛋壳黑陶已经使用专门的匣钵。在山东省诸城呈子遗址曾采集过两件烧制龙山文化蛋壳陶的匣钵，这是目前所知最早的匣钵。后世发现的匣钵，以盛装瓷器紫砂器为主，隋代湘窑已有发现。

2. 匣钵的使用过程

匣钵在使用时，必须具备下列条件：有相当的强度；能耐相当的高温；在高温中没有收缩性，或收缩性极少；在高温中没有荷重软化性，或荷重软化性极小；能抵抗温度的急变；导热性大。

装坯时（即把坯件装入匣钵），先在匣钵底上撒一层薄薄的稻谷灰，或高铝质粘土、石英粉以防止坯与匣钵熔结。同时还要在坯下安置渣饼，特别是流动性较大的颜色釉坯胎还要“粘把子”，以免烧成时釉流入匣钵内粘紧成品。上了釉的大型坯体装钵时，必须利用支架或支钉。坯体装钵必须平稳，否则会发生变形。有些花瓶、台灯及人物雕等陈设紫砂器，如果重心不十分平稳，在装坯时还要在坯件四周插进一些木刨花皮等加以固定，以防倒塌。

3. 匣钵的使用要领

匣钵使用中的装窑是烧窑前的一道准备工序。如装窑不平衡，将影响烧窑操作的正常进行，甚至造成倒窑等严重生产事故。具体的装窑方法必须视各种不同制品的规格和性能而定，虽不相同，但是也存在共同的规律。以倒焰窑为例，大致可以归纳成以下几条：

一是匣钵不能直接着落窑底，应用耐火砖或特制的垫座垫起来，以利火焰流通，但必须注意不要将吸火孔盖上。

二是耐火垫砖与窑底之间、耐火垫砖与匣钵之间、耐火垫砖与耐火垫砖之间均应撒一层石英砂，以防止在高温时相互黏结。

三是匣钵柱必须垂直平稳，匣钵柱之间要用耐火卡子相互撑持，防止在高温时歪倒。在外圈的匣钵柱不得向窑墙倾斜，可稍微向窑中心倾斜。

四是同一制品要装在相同火位处，不同的制品应按其烧成温度的高低分别装在不同的火位处。

五是匣钵柱在矩形窑内大都是平行排列，在圆窑内可平行排和圆周排。平行排列可以增加装窑量，并便于装窑操作。

六是匣钵柱之间的距离及匣钵柱和窑墙的距离视匣钵的大小而定，要利用匣钵柱排列情况来调整窑内火路的分布。一般是匣钵柱距离窑墙100mm左右，匣钵柱之间距离约为15—50mm左右。

七是匣钵柱的高度应根据窑炉结构和窑内各部位温度上升情况而定。大致上，近喷火口的匣钵柱应较低，以减少火焰上升的阻力；中间的匣钵柱可以较高，但也要与窑顶之间留出足够的空间，使上升的火焰在这里汇合，然后重新分配到各吸火孔火道里去。

八是装满窑后封窑门。窑门最好用耐火砖砌里外两层，里层应与窑墙的内壁齐平，外层应与窑墙外壁齐平，每层都要涂抹耐火泥。在砌窑门外时，要留出观火孔，每次装窑的观火孔位置要固定，避免忽高忽低、忽大忽小，影响正确测温。

但是，随着科技的发展，现在也有无匣钵烧成的紫砂器。

第五节　温度的控制

1. 根据泥料决定温度

紫砂器烧制时的温度首先要以泥料为出发点，因为不同的泥料烧结温度不一样。

（1）拼紫泥

拼紫泥是用不同泥调配而成，也称调和泥，为较常用的紫砂泥料，烧成后呈棕色。

矿区：江苏宜兴丁山黄龙山。

泥性：结构紧密，成型容易，稳定性特佳，容易掌控。

窑温：约1150—1200度。

收缩比：约11%。

（2）清水泥

清水泥为原矿紫砂，含赤铁矿、云母多，俗称“红紫砂”。其成色温和、高雅，为玩家倍赏。

矿区：江苏宜兴丁山黄龙山。

泥性：稳定性高，成型容易，泡茶好喝。

窑温：约1150度。

收缩比：约11%。

（3）紫皂青

紫皂青为原矿紫砂，成色娇艳，呈紫红色。

矿区：江苏宜兴丁山黄龙山系四号井。

泥性：产于紫砂最底层，质地纯正、细腻，为稀有泥料。

窑温：约1170度。

收缩比：约11%。

（4）黄龙山石黄

黄龙山石黄是嫩泥矿，主要用来做朱泥壶。

矿区：江苏宜兴丁山黄龙山。

泥性：含砂量重。

窑温：约1100度。

收缩比：约18%。

（5）底糟青

底糟青为原矿紫砂，产自紫砂最底层，呈棕色。

矿区：江苏宜兴丁山黄龙山系四号井。

泥性：质地纯正、细腻、成色稳重。

窑温：约1160度。

收缩比：约11%。

(6) 甲子年紫砂

甲子年紫砂为紫砂原矿提练而成。

矿区：江苏宜兴丁山黄龙山。

泥性：泥料颗粒较大，矿物含量丰富，结构疏松。烧成后，器身明显成双气孔结构，传热快、保温强，直接影响泡茶的色香味。但由于铁质成分非常高，所生产的茶壶会产生火疵、小熔点。

窑温：约 1150 度。

收缩比：约 11%。

(7) 铁星紫砂

铁星紫砂为挑选提炼出来的特殊紫砂泥矿，深紫茄色、色泽温润，矿中极品，非常难得稀有。

矿区：江苏宜兴丁山黄龙山系 4 号井。

泥性：黏性佳，含石英、云母、赤铁矿特别多，所生产的茶壶会产生非常密集的小熔点，器身明显成双气孔结构，胎骨坚润，传热快、保温强，直接影响泡茶的色香味。

窑温：约 1150—1200 度。

收缩比：约 13%。

(8) 细黑星

细黑星是提炼出来的特殊紫砂泥矿，浅棕色，含细黑色颗粒，色泽温润，矿中极品，非常难得稀有。

矿区：江苏宜兴丁山黄龙山系 4 号井。

泥性：黏性佳，石英、云母、赤铁矿的含量特别多，所生产的茶壶会产生非常密集的小熔点，器身明显成双气孔结构，传热快、保温强，直接影响泡茶的色香味。

窑温：约 1150 度。

收缩比：约 11%。

(9) 兰山特红朱泥

兰山特红朱泥是夹层嫩泥，在炼泥过程精选的嫩泥极品，非常稀有珍贵。

矿区：江苏宜兴任途村与红卫村兰山矿区。

泥性：细腻度高，壶体成高结晶、高密度、特殊双重气孔结构，传热快、保温强，直接影响泡茶的色香味。由于其含氧化铁极高，经过窑烧会变成大红色（绝不添加任何化工原料或铁红粉增色），经过泡养后，色泽更加艳红。

窑温：约 1090 度。

收缩比：约 30%—40%。

（10）红润朱泥

红润朱泥是夹层嫩泥，在炼泥过程精选的嫩泥极品，非常稀少珍贵。

矿区：江苏宜兴洑东乡西面的红卫村矿区。

泥性：泥质细腻度高，壶体成高结晶、高密度、特殊双重气孔结构，传热快、保温强，直接影响泡茶的色香味。由于其含氧化铁极高，经过窑烧会变成大红色（绝不添加任何化工原料或铁红粉增色），经过泡养后，色泽更加艳红。

窑温：约 1080 度。

收缩比：约 20%—25%。

还有一些不常见的朱泥系列，烧结温度和朱泥差不多，在这里不再一一叙述。

2. 判断窑温

判断窑温最常使用的方法就是聆听紫砂壶的音频高低，我们可以用壶盖轻轻敲击壶身（注意，切忌用盖沿、墙去敲，除非您已决定买下它），用耳朵去判断它的窑温是否足够：如果声音比较沉闷，代表窑烧不足；如果声音接近金属声，代表温度过高，接近瓷化；如果声音清脆而且带有适度的回音，大致可以判断它的温度是标准的。

值得一提的是，用聆听法来判断窑烧温度不能一概而论，因为紫砂壶的音频会随着年代与材质而有所差异，例如朱泥壶的音频就较普通紫砂壶为高；而民初紫砂壶及上白釉者的音频一般较低。

特别要说明的是，由于一般玩壶者特别追求音频好听，所以有些制壶者就会在紫砂土里面添加一些例如玻璃砂或石英的原料，借以增加气孔的密度，提高音频。如果就听觉的角度来说，这的确可以让紫砂壶听起来清脆悦耳，可是就紫砂土的纯度来看，或许是得不偿失的。因为玻璃砂的比例越高，胎身的气孔就越小、越密，器表就会呈现玻璃结晶化，虽然未养先亮，却也只能这么亮了，这就是古人说的“和尚光”，反而失去了紫砂纯土那种光茫内蕴、蔼蔼动人的养壶之美。

如何判断窑烧得好坏？其方法尚有：

察颜法：将器身装水，看壶身外表是否会有湿润感，甚至是变色、渗水。如果出现这种情况，代表烧成温度严重不足。

观色法：有经验的老手可以单从器表呈色即判断出烧成好坏，因为紫砂器烧成的最佳临界温度很窄，往往差三五度就呈现出不同的胎色。

实用法：俗话说实践出真知，窑烧得好不好，在使用过程中一试就知。如果壶经久用后，开始出现黑斑、面疱（所谓的“吐黑”）现象，就代表烧结温度不足。“吐黑”现象就是由于坯体烧结温度不足（欠火），造成壶身气孔密度过松、过大，致使茶叶叶绿素中的铁离子跑进了气孔，形成了与胎身不同的色调。这种现象普遍出现在各色紫砂茶具中，但因段泥、白泥等的色调较浅，所以较为明显，并不是其他紫砂泥就不会吐黑。

3. 回窑

所谓回窑，即把已烧成的壶经过色彩与皮壳处理后，再回到高温炉窑内烧制。这样一来，后上的色彩、皮壳坚实牢固，不易清除。

一般说来，由于科技水平的发展，目前各种机器设备和技术水平都有大幅的提高，比较讲究烧结温度，很少需要回窑。因此，紫砂壶的回窑通常只见于古壶和老壶，这是因为当年紫砂壶都采用龙窑烧制，每次烧成数量少则数千件，多则万把件，很难去准确控制每一件作品的窑温。

需要回窑的老壶大致有下列四种情况：一是吐黑，通常见于段泥或白泥这类浅色的茶壶。二是想获得比较高的音频、较饱和的坯色，以增加紫砂壶的价值（无论是欣赏价值或商业价值）。三是不少商人对紫砂壶进行“外刻”之后（后刻款、书画），想借回窑的做法在切割面上形成结晶相。但是由于这种工程较大，容易露出马脚，所以并不常见。四是当紫砂老壶或老罐附着了不容易清洗干净的东西或气味，例如猪油、皮鞋油、胶着物或是其他东西，用传统的方法不容易清除时，用回窑可以轻易将这些附着物去除。特别要说明的是，前三种回窑温度通常都要在一千度以上，而第四种只要烧个几百度就可以了。

第六节　窑变

1. 窑变的概念

所谓窑变，就是指紫砂器在烧成过程中，原料中某些化学物质经一定量的一氧化碳渗入而发生材质结构上的转换，从而产生的一系列变化（主要体现在色调和层次两个方面），烧制出丰富而特殊的状态与效果。明代人吴梅鼎在《阳羡茗壶赋》里写道："若夫泥色之变，乍阴乍阳；忽葡萄而绀紫，倏橘柚而苍黄；摇嫩绿于新桐，晓滴琅轩之翠；积流黄于葵露，暗飘金粟之香；或黄白堆沙，结哀梨兮可啖；或青坚在骨，涂髹汁兮生光。彼瑰琦之窑变，匪一色之可名。如铁如石，胡玉有金。备五文于一器，具百美于三停。远而望之，黝若钟鼎陈明庭。迫而察之，灿若琬琰浮精英。岂隋珠之与赵璧可比，异称珍者哉。"上好的窑变紫砂壶，就如大自然中的奇石一般，色彩过渡自然，颜色丰富多彩，并与造型恰到好处。那种把生坯烧熟或几种物质融化流淌的现象并不叫窑变。

2. 窑变的原因

紫砂壶入窑烧炼后耐火度较高，不易变型但容易变色。起初，紫砂壶烧成后的颜色呈紫色，这是一种古雅幽静的色调。此后，紫砂泥料经过历代名匠的调合配制，出现了许多颜色，如海棠红、朱砂紫、葵黄、墨绿、白砂、淡墨、沉香、水碧、葡萄紫、榴皮、梨皮、豆青、橘柚黄、新桐绿等，正所谓"种种变异，妙出心裁"。其中，最好的是紫色壶入窑烧炼呈古雅的青黑色，俗称乌灰。

人们发现紫砂壶能烧成各种颜色，可能和仿制钧瓷有关。众所周知，钧瓷的色调是因釉色而呈现出来的，紫砂壶则是在泥坯胎身上烧出的各种颜色。紫砂壶的特点是：不施釉，淡墨或黝紫的壶身上布满着银砂、朱粒，隐约发光，所谓"黝若钟鼎，灿如琬琰"，在古雅静穆的色调中，显现出各种颜色的星星光点。

明万历年间，宜兴人欧子明创建了欧窑（又称宜钧），他在继承宋代南北各名窑成就的基础上，烧成了形如宋代哥窑的片纹、官窑的青色和钧窑的紫彩。要达到如此烧造境界，只有通晓各种陶土、釉色的变化原理，纯熟地掌握烧造技术和火候之后才能做到。欧窑大都用紫砂做胎（故胎为黑紫色），釉彩则红若胭脂、青若葱翠、紫若墨黑，间有葡萄紫色，其中又以灰蓝色最为珍贵。

其实，窑变并不希罕，希罕的是要变出动人心魄的效果，以及掌握定向窑变的技艺。真正意义上的窑变必须符合作为旷世珍品的诸多条件，要让人有百看不厌、浮想联翩。

3. 如何挑选窑变好壶

紫砂窑变色彩稀有是决定壶的价值的一个重要方面，由于窑变工艺受烧制技术的影响极大，故而稀有、美丽的窑变色彩是不容易出现的。如红泥在变化中出现闪耀的光泽变化；恰到好处的红与黑；红泥变成草绿色；墨黑中间闪耀着红色的碎星；蓝色或金属色；烧成漆黑色，黑中泛红，闪着火的耀眼光泽；烧成黄色或表面漂浮着均匀的浮雕颗粒；烧成紫红色，犹如鸡血残痕；本山绿泥烧成绿色、七彩星、棕色、翠绿色、军绿色、翠色中泛出黄色彩星、各种梨色等等，有时甚至出现上釉一样的艺术效果。

窑变的色彩在变化中得以升华，形成合理布局，或多或少，或深或浅，阴阳相补，充分体现出美感。同时，烧制出的色彩随着时间的推移、泡茶的次数增多还会起着变化，有可能黄中发绿，绿中泛黄、泛红，紫中泛青，黄得更橙，绿得更翠，红得更沉，或者泛出各种自然的颗粒色彩，妙不可言。

选择一把上好窑变紫砂壶，就如选择大自然中的奇石一般，可以从以下几个方面观察：一是色彩的自然过渡程度；二是色彩的丰富程度；三是色彩的稀有程度；四是颜色与造型的配合；五是火焰的痕迹；六是窑变的趣味等。

第十五章

紫砂器的款识

第一节　紫砂器款识概述

1. 款识的概念

紫砂款识是指用钤印或用刀镌刻在紫砂器的底部、盖内、把下等处的制作者或定制者、监制者的印记。

明代正德年间，制壶大师供春所作的“树瘿壶”是现存唯一的供春传器。有“供春”二字作铁线篆镌于把内壶身，这就是目前所见最早的紫砂款识。

紫砂款识与古印陶是一脉相承的，它是古印陶的延续。

印陶是古代人们用玺印在陶器未烧成前盖压后留下的印样，借以表明器主姓氏或作器者姓名，也有表达地名、官职以及纪年的。可以说印陶是玺印的副产品。用于盖压陶器的玺印往往是专门性的，不与其他玺印完全相同。

我们今天能见到的紫砂款识与古印陶有不少相似之处，与古封泥也有异曲同工之妙。紫砂款识先是镌刻，再发展到钤印、钤盖，主要是因为：镌刻麻烦，玺印方便，一钤即可；镌刻字样不能一致，玺印钤盖不易仿冒；玺印钤盖留下的印记也是一种“商标”。

2. 款识的特点

紫砂款识与古印陶相比有它独有的特点：一是刻款多为楷书、小篆和缪篆，具晋唐遗意。用玺印钤压的款识，风貌与汉印、明清流派印很多是近似的。有的款识直接借用名家印作，如顾景舟一印“足吾所好玩而老焉”为清代篆刻家吴熙载作品的仿制。紫砂款识所用印章的章法大多显得规正、严实，有一些工匠自制的印比较粗劣，从书法角度欣赏，远不及古印陶的丰富、清新。二是款识所表达的内容，除制作者、定制者、监制者、纪年等以外，还有斋、馆、室名，以及商标款。古印陶的内容就简单的多。三是有了款识，就有了名人名作，便于鉴赏识别。款识与作品连成一体，一壶千金，不足为奇。

款识是紫砂壶装饰手法中不可或缺的一部分。假如一件紫砂壶没有款识，就会使人感到不完整、价值平平。一把款识不好的壶也会使人感到艺术内涵不够。历来制壶高手、名家，对用印钤款都是十分讲究的。

3. 好款识的要点

一个好的款识要具备以下要点：

一是印章大小要相宜。款识应视作品的大小及所钤部位的情况，大小对称，适当选用印章。如大壶（包括钤印处大面积）钤小印，显得不够丰满、气派，而在小壶（包括钤印处小面积）钤大印，则有喧宾夺主撑得太满之嫌。

二是钤印位置要适当。一般茶壶用印在底部、盖内、鋬下中的一处。现今一些壶艺家常在一壶底部、盖内、鋬下三处同时用印。也有在壶盖子口处用印的，如传为时大彬制的提梁壶即是一例。在壶身处用印，一般是随在铭文刻款后。如陈鸣远的“四足方壶”壶身铭：“且饮且读，不过满腹。为禹同道兄，远。”印“陈鸣远”。紫砂人物雕塑的款识，一般在雕塑背面，如传为时大彬所塑的“观音持经像”，背面刻有“万历己丑秋月大士日，时大彬虔塑”字样。也有用在正面的，起到活跃振兴之意，如雕塑“供春”，在前面的石栏杆上镌刻一段说明供春制壶的长文后，钤盖印款，与人物雕塑所要表达的内容相切相合，增添了人物的故事内涵。

三是风格要协调。紫砂壶的器形多种多样，印款风格也要随类而变，切忌千篇一律、四平八稳、粗细深浅一致、用死硬呆板之章。一般说来，工细精微的作品，宜用娟巧秀美的印章；朴实奔放的作品，宜用粗犷老辣的印章；端庄稳重的作品，宜用方正平稳的印章。

四是钤印轻重要适宜。钤印时受力要均匀，或有轻有重，要体现出印纹深浅的金石风格。

五是闲章要用得适当。闲章是作者情意的寄寓，在书画作品中常用，而在紫砂器上并不广泛，加之空间有限，更要注意谋篇布局及钤盖对象。如“施艺拙，神韵生”之闲章，就应盖在粗犷的陶艺作品上；“才胆力识”之闲章，盖在纤小的物件上，就有负荷过重的不当之嫌；“我之为我，自有我在”之体现作者个性的闲章，就不能盖在临摹的作品上。

第二节　紫砂器款识的表现手法

一是刻款。刻款是以刀当笔，用竹制或金属制刀具在紫砂壶上镌刻款识。所镌刻的款识必须体现出书法的意趣，难度较大，自己不能刻的往往要请人代笔或代刻。据明末周高起所著《阳羡铭壶系》中记载：宜兴紫砂壶款识是从著名艺人时大彬开始的，书中说：“镌壶款识，即时大彬初请能书者落墨，用竹刀画之，或以印记，后竟运刀成字，书法闲雅，在黄庭乐毅贴间……”时大彬以后，明末擅长刻款的著名艺人有李仲芳、徐友良、陈用卿、陈辰等。清初则有惠孟辰、陈鸣远等人。

二是印记。印记是借用印章篆刻艺术来表现的款识，也包括代表款识的某些图记、图案。印记与“封泥”相同。印章是阴文，印出来的则是阳文；反之，印章是阳文，印出来的则是阴文。这与在书画上盖章是不同的。

三是刻款位置。刻款一般都限于壶底、盖内和把下等隐蔽处，很少出格。若制壶艺人同时善书画陶刻装饰，则款识也有随陶刻内容出现在壶腹、盖面等显著部位的。如延安出土的“椭圆形提梁大彬壶”上即在壶腹刻“吟余养浩然，大彬”草书七字。前“吟余养浩然”五字是供品味观赏而作的诗句韵语类文字，一般称为“铭文”，后“大彬”二字才是款识，为此壶、此铭作者之题名。

第三节 紫砂器款识的内容

1. 艺人姓名款

不管是刻款还是印记，最常见、最规范的款识是艺人的姓名、字号款。如古人的“大彬”、“陈鸣远”，近现代的“冰心道人”（程寿珍号）、“顾景舟”等。凡在姓名、字号后加“制”、“造”、“制壶”、“制陶”等字样的也属这一类。也常见在姓名、字号前出现艺人籍贯的，因制壶人大多是宜兴人，所以常见的均是“荆溪”、“阳羡”、“蜀山”等宜兴、丁山的古称、别称。

2. 时间款

如山西晋城清初墓葬所出大彬壶，壶底刻款为“丁未夏日时大彬制”。又《茗壶图录》载：陈鸣远曾作一壶，上刻“丁未杏月鸣远仿古”款。

3. 产地款

这一款识在20世纪六七十年代很普遍，即壶底钤“中国宜兴”印，盖内钤艺人款识印。

4. 商号商标款

这种款识在民国年间很流行，著名的“铁画轩”、“豫丰”、“陈鼎和”、“金鼎商标”等均是，这些款识突出监制者，艺人款识或有或无。如“邓奎符生监造”、“仁昌监制”款等。

5. 定制款

这类款识一般都为斋堂室名，其主人往往系文人雅士，或为财力雄厚之富商大贾。如“阿曼陀室”、“桑连理馆”均为陈鸿寿定制款。“愙斋”为吴大澂定制款。制壶艺人也多为名家、高手，如杨彭年为陈鸿寿作壶，黄玉麟为吴大澂作壶等。

6. 铭文款

这种款不单是题名，还有诗文韵语类或叙事、纪念类铭文。如清初的惠孟臣传有“清风拂面来孟臣”、“水浸一天星孟臣”、“叶硬经霜绿孟臣”等壶底刻款。惠逸公有“烟水云山逸公”六字戳印款。近人程寿珍有“八十二老人作此茗壶巴拿马和国货物品展览会曾得优奖”印章一枚，常用此做壶底款。这种铭文款其实是“铭”、“款”的结合体。如出现在盖、腹等明显部位，则可能是陶刻者所为，而非制壶者自作。紫砂此类款识中还有一些非常冷僻的例子，难以归类，这里就不涉及了。

7. 帝王纪年款

瓷都景德镇自明代起就有专门为皇家烧造瓷器的官窑，但史籍记载和考古发掘却没有关于宜兴官窑紫砂的文字和实物，这很令人奇怪。因为事实上故宫藏有数量不少的紫砂器，并具有特定的工艺特色，这说明宜兴有专供宫廷需要的紫砂器生产。据考证，明人林古度曾在《陶宝肖像歌为冯本卿金吾作》中说：“荆溪陶正司陶复，泥砂贵重如珩璜。”而“陶正”正是掌管制陶之事的官员，这证明宜兴在明代就有为皇家选用贡品的官员，只不过是未设官窑罢了。这些专供皇家使用的紫砂器，有的有帝王纪年款，有的有“贡局”款，有的却无款。帝王纪年款和贡局款的特征不一样，有行书款、楷书款和印章款等等。

《阳羡砂壶图考》列举的帝王纪年款和贡局款茶壶有：

朱泥小圆壶，底镌“康熙贡局”四字行书。

披云楼藏大朱泥软耳提梁壶，底镌“雍正贡局”四字行书。

披云楼藏小朱泥软耳提梁壶，底刻“雍正贡局”四字楷书。

披云楼藏大圆珠式水壶，软耳提梁，底镌“万历”二字楷书。

碧山壶馆藏朱泥大壶，底镌“万历”二字端楷。

披云楼藏宜均釉茶壶，底有“乾隆年制”篆书阳文方印。

碧山壶馆藏猪肝色大壶，底有“大清乾隆年制”六字篆文方印。

披云楼藏猪肝色大壶，底有“嘉庆丙辰”四字篆文方印。

现馆藏紫砂器中有帝王纪年款的是：紫砂胎珐琅彩四季花卉葵花式茶壶，黄彩海棠形框边“康熙御制”四字楷书款；紫砂胎珐琅彩花卉纹盖杯，圈足内钤双方框黄彩宋体楷书“康熙御制”四字款；紫砂胎褐釉地四季花卉钟式盖碗，圈足内的釉地上黄色双方框宋体楷书“康熙御制”四字款；紫砂胎绿地珐琅彩描金菊瓣壶上“大清乾隆年制”六字篆书描金印章款等等。

第四节　历代紫砂器款识的特点

1. 明代流行刀刻

周高起在《阳羡茗壶系》中说：“镌壶款识，即时大彬初倩能书者落墨，用竹刀画之，或以印记，后竟运刀成字，书法闲雅，在黄庭乐毅帖间，人不能仿，鉴赏家用以为别。”意思是说，时大彬请人用毛笔预先题写在紫砂胚体上，在紫砂壶将干未干时，自己用竹刀在胚体上依毛笔的提顿转折逐笔刻划。其后熟练，竟自行以刀代笔，不再请人落墨，赋予款识以个人风格，以致别人无法仿效，并因而成为历代鉴赏家鉴定“时壶”的重要依据。从传世紫砂器上观察，明代紫砂艺人中除时大彬外，尚有李仲芳、徐友泉、陈信卿、沈子澈、项圣思等一批壶艺名家刻划署款。以刀刻署款必须有一定的书法基础和较高的悟性，而一般工匠很难达到，当时宜兴紫砂艺人中有一部分人自己写不了字，只得请人落墨镌款，于是就有“工镌壶款”的专门人才，如明代的陈辰就是其中著名的一位，请他镌壶款的人很多。因此许多作品虽出自不同艺人之手，但所镌壶款均由一人为之，给历代鉴赏家们带来了不少困扰。明代紫砂壶刻款字体流行楷书，多为竹刀所刻。竹刀与金属刀刻款不同，易于鉴别。竹刀刻款泥会溢向两边，高出平面，留有痕迹；金属刀刻款是在泥平面以下。

2. 清代多种款识并用

明末清初开始逐渐流行印章款，据考，许晋候的《六角水仙花壶》壶底有“许晋候制”篆文圆印，乃是我们所见由刻款改用印章的较早实物，此壶现藏旧金山亚洲美术博物馆。不过这个时期的紫砂艺人是刻款和印章并用的，如惠孟臣、陈鸣远制的壶。“孟臣壶”一般是在诗词或吉祥语章之下镌刻“惠孟臣”三字。陈鸣远可能是最早把书法篆刻艺术施展于壶上的第一人。他的印款浑朴苍劲，行书款识“鸣远”二字时人赞其有晋唐风格。“鸣壶”一般是刻款与钤印并用，且大多是放在一起。这一特征反映出由刻款向钤印过渡时期的特点。陈曼生承袭了陈鸣远的路子，在紫砂壶史上他首次把篆刻作为一种装饰手段施于壶上，使“曼生壶”因壶铭和篆刻而名扬四海。“曼生壶”的底印最常见的是“阿曼陀室”方形印，仅少数作品用“桑连理馆”印。所以，“阿曼陀室”印已成为曼生壶的专用印号。

3. 民国流行商号印

紫砂壶用印多为两方。一为底印，盖在壶底，多为四方形姓名章；一为盖印，用于盖内，多为体型小的名号印。有些茗壶，在壶的把脚下也用印，称为“脚印”。清代有不少作品有年号印，如“大清乾隆年制”一类印。有用商号监制印的，如“吉德昌制”、“陈鼎和”等，此类印鉴民国时期颇多，款识多集中镌于盖上、盖内、壶底，用于壶盖上的印章款大多是这种商号款。在壶盖上镌款的茗壶一般都是普通茗壶，极少有精品佳作。

4. 现当代艺人青睐阴刻

现在，紫砂壶的印章款多数为阴刻，钤在壶上变成阳文。但阴刻的图章敲打在半干的泥坯上，如果用力过小，字的顶端刀痕往往难以显露，只有用点力才可以将印章的全部刀痕打印出来。所以即使是同一印章，打印力度不同的印痕，字根相同，字尖却是不尽相同的，这样也常给鉴定紫砂壶印鉴款识真伪带来困惑。

紫砂壶款识作伪有两种方法：一种是真款假壶。大多为名家应酬或市场供不应求时，由学徒或他人代制、盖上自己印章的壶。还有的是前代名家印章流传下来，后人仿制冒真。另一种是假壶假款。此类作伪手法颇多，主要是仿制假印章、镌刻假款识，如采用照相制版技术，用铜锌版制出印章等。也有一些仿制者任意凭空臆造的。紫砂壶在烧成后再补款的现象目前尚未发现。

中国紫砂鉴赏与收藏

第十六章

紫砂器的鉴赏

第一节 紫砂文化热潮

1. 当代紫砂文化热

宜兴紫砂是中华民族文化的奇葩，这一特殊的工艺美术产品，正越来越受到社会各界的重视和关注。特别是近年来，国内掀起了一轮又一轮的紫砂赏玩热潮，主要表现在以下三个方面。

第一，文化热。

近年来，社会各界对紫砂的关注和研究与时俱进。首先是新闻出版界的关注。关于紫砂研究的专著很多，有有关古代紫砂壶的专著，也有现代紫砂壶的作品专集，比较权威的有《中国陶瓷·宜兴紫砂》卷等。

其次，国内外关于宜兴紫砂的报道很多。国内报道通常是介绍新作品，介绍紫砂大师和艺术新人。此外，像美国纽约、底特律等地的华文报纸及有些国际陶艺刊物也在陆续刊载关于宜兴紫砂的文章。欧美陶艺家还组团到宜兴来亲自观看、制作紫砂，他们称之为陶艺的“寻根之旅”。

再次，紫砂题材的影视作品也越来越多。其中影响比较大的，如中央电视台《华夏文明》栏目组拍摄的六集紫砂专题片。有关省市的电视台也经常有关于宜兴紫砂的专题介绍片播出。

这些既是紫砂文化的魅力，又极大地丰富了紫砂文化。

第二，市场热。

紫砂市场进一步扩大，市场分类分工逐步明朗化。

现在，爱喝茶的人越来越多，而使用紫砂茶器饮茶对健康更有益，也更风雅，遂深得人们喜爱，购买紫砂茶具的人也大量增多，因此很多紫砂产品处于热销之中。过去，紫砂壶是随着海上“丝绸之路”和茶叶一起销往国外的。现在的紫砂市场是遍布各地，直到海外。产茶叶的地方有紫砂市场，如广东、云南、福建等地；不产茶叶的地方也有紫砂市场，如东北等地。不论是在大都市的工艺品商店，还是在边疆地区的旅游景区，都可以看到宜兴紫砂的身影。在海外，华人聚居地，或某些商店里也都可以买到宜兴紫砂。

宜兴丁蜀镇作为宜兴紫砂的唯一的产地，市场分工逐步明确。做高档壶的和做一般商品壶的常常是不同的商家。这样做壶的人多了，分工明确了，又会形成良性循环，进一步促进市场健康发展和扩大。

此外，国内大型茶叶和紫砂推介会的召开，也促进了紫砂展销市场的扩大。

第三，收藏热。

据多家媒体报道，宜兴的一把紫砂壶曾拍到60万元的成交价，这是以前紫砂藏家想都不敢想的。可见，巨大的经济利益是激发越来越多的人买紫砂、玩紫砂、收藏紫砂的主要动因之一。现在人们懂得紫砂就像字画古玩一样，具有很大的投资价值。

总之，宜兴紫砂业已呈现出前所未有的繁荣。紫砂从业人员大量增多，紫砂作坊、工作室大量涌现，新品新作层出不穷。

2. 紫砂受喜爱的深层原因

形成“紫砂热”的因素有很多，我们认为主要有以下几个方面：

（1）紫砂艺术本身的魅力

紫砂器既是日用品，又是艺术品，它对人有一种天然的亲近感，使人们逐渐对紫砂艺术有了更深刻的认识。紫砂艺术品既可以陈列于殿堂馆舍，又可以把玩摩挲，它与中国茶文化有着根深蒂固的关系，具有鲜明的传统文化特色，能够非常容易地被人们所接受。

（2）经济购买力的提高

随着社会的进步，国内人民生活水平不断提高，人们的审美情趣和文化品位相应地提高和发展。人们这种在艺术和审美方面的大量需求，正好为紫砂艺术的繁荣增添了助力。

（3）紫砂的实用性

紫砂壶之所以广受欢迎，不仅因为它的艺术美学内涵，还因为它的实用性，用它泡茶具有其他茶具没有的好处。

第一是茶香浓郁持久。紫砂壶嘴小、盖严，壶的内壁较粗糙，能有效地防止香气过早散失。长久使用的紫砂壶，内壁会挂上一层棕红色茶锈。使用时间越长，茶锈积的越多，冲泡茶叶后的茶汤便越加醇郁芳馨；这样的茶壶即使不放茶，只倒入开水，仍会茶香诱人，这是一般茶具所做不到的。

第二是茶水不馊。紫砂壶里外都不施釉，保持微小的气孔，透气性能好，但又不透水，并具有较强的吸附力，这是一般茶壶所不能比拟的。它能使茶叶中芳香油遇热挥发而形成馨香，提高茶汤的晚期酸度，起到收敛和杀菌作用。故能稍微延缓茶水的霉败变馊，所谓“盛暑越宿不馊”，道理就在这里。

第三是保温时间长。紫砂壶泡茶，保温时间长。由于壶壁内部存在着许多小气泡，气泡里又充满着不流动的空气，空气是热的不良导体，故紫砂壶有较好的保温性能。

第四是安全不烫手。用紫砂壶泡茶，提、携、抚、握均不易烫手。紫砂壶线膨胀系数比瓷壶略高，而且没有釉，就不存在坯釉应力的问题。烧成以后的紫砂壶，有足以克服冷热温度差所产生的急变能力，故具有缓慢的传热性。而且紫砂壶适应冷热急变的能力极佳，即使在上百度的高温中蒸煮后，迅速投到零下的冰雪中，也不会爆裂。因此，用紫砂壶泡茶，既不必担心烫手，也不必担心裂开。

（4）紫砂从业人员素质的提高及他们的敬业精神

紫砂工艺是一门专业性非常强的手工工艺。几百年来，它一直保持手工制作的传统，进行着作坊（工作室）或家庭式工场的生产模式，这也是紫砂的价值之所在。由于近年来市场竞争的压力，这些手工艺人都开动脑筋，尽量生产出满足各种不同需求的产品。

在这些从业人员中，不仅本乡本土有文化的年轻的艺人大量增加，外地人员包括美术院校的毕业生也有不少到宜兴以紫砂为生。这提高了紫砂从业人员的文化素质，逐步改变了从业人员的知识结构。他们热爱紫砂艺术，敬业精神不断强化。

第二节　“紫砂”背后的学问

关于“紫砂”二字，其说法本身就饱含着一定的学问，值得我们玩味。

1. “宜陶”不等于宜兴紫砂

一些茶艺学者、紫砂玩家和从业者曾将“宜兴紫砂”称为“宜陶”，咋看似乎也没有什么不可以的，实际上并不科学。“宜陶”是宜兴陶品的简称，“宜兴紫砂”即是宜兴陶品中最著名的品种。但严格讲来，两者还是有区别的。

宜兴是我国著名的“陶都”，早在新石器时代就有陶品生产活动，三国两晋时期是我国南方青瓷生产的主要窑场之一，明清两代即成为著名的陶乡，最负盛名的产品就是“紫砂陶”。近年来宜兴市丁蜀镇人口已达十二万，其中大部分从事陶瓷生产以及与此有关的工作，生产的陶瓷品种有被誉为“陶都五朵金花”的紫砂、青瓷、精陶、均陶及美术陶，还有各种日用的缸坛盆罐、卫生洁具、建筑园林陶瓷，以及耐酸耐碱工业陶瓷、电子陶瓷器件等，因此“宜陶”应该是泛指宜兴所有的陶器，“宜兴紫砂”的概念因此变得较为明确，单指宜兴紫砂工艺陶。而且用“宜兴紫砂陶”来称呼紫砂茶具及紫砂文房雅玩也有利于研究和交流。

2. 紫砂名称的由来

全世界皆有产陶土的地方，但是紫砂只有在宜兴才有。为什么称这里的陶土为“紫砂”呢？那是因为紫砂陶土制成的紫砂器，无论是黄、红、棕、黑、绿的本色，在其表面皆隐含着若有似无的紫光，使其具有质朴高雅的质感，故称为“紫砂”。

3. 紫砂中“砂”的内涵

紫砂之所以称为“砂”，是因为紫砂的成品具有特殊的粒子感。根据其调配方法及烧成温度气氛的变化，制品分别呈多种颜色。但即使它的土质炼得很细，在细腻的外表下，仍然看得见漂亮立体的粒子。

第三节 紫砂壶的类别鉴赏

关于紫砂壶的类别，根据不同的标准有不同的分法。

1. 新老壶之分

从年代看，紫砂壶有新老之分。老壶的涵义很广，上到明清古壶、民国近代壶，下到所谓的合作社壶、“文革”壶，有时那些壶龄 10 年左右的也叫老壶了。当然，不同身份的人对新老壶的界定是不同的，壶友说买回家还没用的就是新的，壶商说上货归来刚摆上架的才是新壶。

2. 文野之分

从流派看，紫砂壶有文野之分。其实，在工艺美术分类中，紫砂一直被定位为“民间工艺”。追寻历史足迹，紫砂壶艺也一直并行文野两路。受主流文化影响，文人紫砂演化为如今的名家紫砂，而无名艺人所制乡胚壶、民间壶处于乡野状态，长期被忽视。

3. 真伪之分

从材质看，紫砂壶有真伪之分。紫砂是宜兴特有的粉砂质沉积岩，含有少量的云母和金属化合物，烧成后才有“双气孔”结构。有些人用杂砂甚至陶土加入凝石剂调制浆泥，没法用紫砂壶特有的拍身筒与镶身筒成型，只能灌浆或手拉而成，已不属于紫砂壶的范畴了。

4. 粗、精、特之分

从市场看，紫砂壶有粗货、细货和特种工艺品之分。“粗货”是指销向平民百姓、茶馆的大路货产品，制作简单，价格低廉，造型多求简练大方，多半只钤商号、作坊款，甚至不钤款识。虽然粗货的价值有限，但若能反应出历史上的工艺特征或特定时间，也同样有收藏、研究价值。

“细货”是指工艺水平较讲究，用泥也较精者。作者多为技艺娴熟的个中老手，造型仍以传统形制为主，当年虽有一定批量的制作品，但仍具有相当的工艺水平。这类壶多半落有作者款识，收藏价值显然高于前述的“粗货”。其未必见载于史册，但能具体反映出当时的制作水平、形制标准与泥料特色，加上其赝品数量较历史名人名作要少，也是不错的收藏品。

“特种工艺品”是指名艺人的作品，所谓“特种工艺品”是今日的说法，对照昔日，是指名人名作。所谓名人，泛指明清时期以及民国紫砂史籍如《阳羡茗壶系》、《阳羡名陶录》、《阳羡砂壶图考》或当代图录上的著名陶人；所谓名作，是指泥料、做工和形制的独到，例如邵大亨的鱼化龙壶、顾景舟的提壁壶等。相较前两者，名人名作的工艺水平最高，早在明清时期便有“珍重比流黄”的评价，价格亦不菲。但问题是，这类紫砂市场上的赝品很多，让人难以区别。

5. 名分之分

随着职称制度化的确立和完善，陶艺家们公开、公平、公正地入册晋级。自上而下为国家级大师、省级大师、紫砂名人、高工、工艺师、助工、工艺员、新秀。市场上的紫砂壶也大多按名气和职称来定价，名气大的、职称高的，往往所做壶价格也高。客观地讲，这总体上也是合理的。但也不尽然，许多大师往往请人代工，一些壶艺好、制壶水平高的艺人往往因为学历不高（因年少时经济条件差，上不起学）而晋不了职称的情况也有很多，非常惋惜。

第四节　紫砂壶的造型鉴赏

紫砂壶的造型有很多，每一种造型都蕴含着不同的美感。

1. 圆器

宜兴紫砂壶中以圆器造型最为丰富，古有“圆不一相”之说。其主要以球体、半球体、圆柱体为基本形，运用各种圆曲线、抛物线和曲线等组成，造型要求达到：圆，要求富变化，肩、腹、足等过渡要见骨见肉、骨肉停匀，整体达到“珠圆玉润”的艺术效果；稳，指稳定，除指整体平衡比例外，还要求壶体与盖、肩、腹、底、嘴、把、足以及各部过渡处比例匀称、浑然一体；正，指制作严谨、规范、挺拔、端正。圆形壶中以“掇球壶”为典范佳作。扁圆壶中以“虚扁壶”为典范佳作，壶身极扁，但扁而气昂，口、盖、嘴无不协调和谐，似天然生成于壶体。半圆壶中以“半瓦当壶”为典范佳作，造型别致，别具一格。宜兴紫砂圆壶类，多数素身，仅用几根线作装饰。凡做装饰的，一般以陶刻为主，少数以塑作装饰，通常都塑于流、足、盖和钮等部位，其中以钮上塑饰最为常见。

2. 方器

紫砂方壶变化很多，古有“方非一式”之说。它主要以方形为基本形，运用各种长短直线组成，如四方、六方、八方、长方，造型明快、工整、有力、具阳刚之气。紫砂壶方器讲求“以方为主，方中寓曲，曲直相济”，要求轮廓明确，运线平直，口盖严密，气势贯通，力度透彻。其口、盖要求十分严格，无论任何方形，随意调动壶盖方向，均须与壶口严密吻合，处处贴切，丝丝合缝。传统的“四方壶”、“六方壶”、“八方壶”和“僧帽壶”等，都为方器造型的典型作品。

3. 仿真器

紫砂仿真器亦称“花色器”、“塑器”，行话称“花货”，考古学界称“像生器”。它取材于植物、动物、器物和人物，其中以植物、动物较多，其次是器物，人物较罕见。植物中有松、竹、梅、荷花、牡丹、菊花、石榴、海棠、桃子、葫芦、南瓜、西瓜、芒果、佛手、葡萄等。动物中有龙、凤、鸟、松鼠、狮、虎、象、鸡、鸭、鱼等。器物有秦钟、汉钟、宫灯、箬帽、石磨、井栏、舟船以及包袱等。人物有老翁、僧家等。紫砂仿真器中一部分为全部仿真，经艺术加工处理，运用捏塑、雕刻等技法，将壶体、嘴、盖、把等都制成仿真形，生动优美，具浓郁生活情趣，如“梅椿壶”、“松段壶”、“竹段壶”、“荷花壶”、“南瓜壶”、“宫灯壶”、“石磨壶”、“牡丹壶”等。紫砂部分仿真器指在壶体或嘴、把、盖、钮部位仿真，如“包袱壶”、“箬笠壶”、“龙柄风流壶”等。仿真器在造型上注重象征法的运用，不但“肖形状物”，更重“寄情寓意”。如以松为题，主要表达松的高洁、坚毅挺拔、高风亮节的君子风范。历史上圣思、陈鸣远和朱可心等都是制作仿真器的名师，传统的“树瘿壶”、“松椿壶”、“南瓜壶”等都是仿真器中的代表作。

4. 筋纹器

紫砂筋纹器主要是仿照植物瓜果、花瓣的筋囊和纹理，经提炼加工而成的，如瓜棱、条竹、菊花、玉兰和水仙等。其由规则的纹理组成，一般在壶体上做若干等分直线，构成如瓜样的筋纹，故名。其造型要求齐整、秀美、明快，具有强烈的节奏感和韵律美。紫砂筋纹器在明、清时已很精美，历史上的时大彬、李仲芳、陈鸣远、邵大亨等都是制作筋纹器的高手，传统的“圆条壶”、“合菱壶”、“半菊壶”等都是筋纹器类的上乘之作。

5. 提梁器

提梁为紫砂壶传统式样，分素式和花式两种，素式提梁通常用于光器，花式提梁常见用于仿真器（花器）。提梁之形状，相传是从瓦炊、青铜壶提梁等造型借鉴而来。提梁壶一般分硬提、软提两类。硬提中又可细分为单式提梁、三式提梁和绞式提梁三种。其中以硬提最为常见，而软提较少。硬提梁简称为“硬提”或“硬梁”，在制坯时，壶体和提梁要一次制作完成，焙烧后提梁位置、角度固定，不能做任何改动。硬提中的单式提，指仅为一根单提梁，多数为圆弧形，少数为方形。三式提梁，一般都是二式在前，一式在后。三式提梁壶亦称“东坡提梁壶”，民间传说这壶式为北宋大文豪苏东坡所创，故名。其实这种壶式至清代才有，至前未见有三式茗壶。绞式提梁壶一般仿两竹相绞或两树枝相绞构成，亦见有只绞两头、中间不绞，或仅绞中间、两头不绞，表现多样。软提梁亦名“活经络提梁”，简称“软提”、“软梁”。软提梁在制坯时，只须在壶肩部制作一对系钮，其上有个小圆洞，焙烧后通常用金属（铜丝、银丝、不锈钢）作提梁，亦有用细籐条或细竹根等作提梁的，作成半圆环状，穿装于系钮洞内。提取时，将提梁扶直；不用时，提梁横卧于壶之肩部。一般情况，用金属丝作提梁的多为双梁，用籐条或竹根作提梁的多为单梁。提梁壶由于壶体与提梁虚实对比分明、造型优美，别具情趣。历代艺人创制有很多提梁款式，变化十分丰富。

6. 其他器

除以上介绍的紫砂壶款式外，还有组合茶具、双连式壶、温套壶、暖座壶、熏壶和外销壶等各种款式。组合茶具是壶与杯组合为一体，常见一壶四杯组合、一壶两杯组合、一壶一杯组合，构思奇特，组合巧妙。双连式壶以两壶体相连构成，中空。这种连体式器皿在我国新石器时代已有，以后历代均有生产。温套壶为一种保暖壶，壶外设一套，壶坐其中，具保温作用，故名。暖座壶、熏壶是壶下置有碳火，可使加温。外销壶为适应外销国风俗习惯而生产的，造型和装饰与传统款式不同，具有异国情调。

第五节　紫砂壶的工艺鉴赏

1. 全手工和半手工的区别

全手工是指使用工具而不使用模具来制作一把壶。由于全手工制作没有用到模具，所以难度相对较大，花费的时间和精力较多。也由于每一个块面或部位都是用脂泥相粘接的，所以就算艺人在连接时将痕迹刮得再干净，经过几次泡茶后也可以看出，毕竟脂泥的颜色和壶身的颜色会略有差别。

半手工壶同样含有手工的成分在里面，一般有三种方式：一种是壶嘴、壶把、壶盖等用手工制作，身筒用模具制作；二种是身筒用手工来完成，其他用模具制作；三种是整把壶都借助模具成型。因此半手工壶也可称为模具壶。

2. 科学看待全手工和半手工

很多壶友担心半手工壶可以利用模具进行无限量的复制，其实是不对的。半手工壶同样含有作者的思想，并且也存在不可复制性。如顾景舟的许多壶都借助了模具，但用得好、用得巧。当代的工艺师甚至是高级工艺师使用顾老的模具来制作同样的壶都无法达到他的效果。还有些壶，特别是花货不靠模具是无法制作的。

面对一把壶是全手工还是半手工，其一是不需要在模具、工具上打转，归根结底，模具也是一种工具，古时制作筋囊器型时就是依靠模子进行塑形的；其二是要看什么壶型，有的壶型半手工做出来比全手工更有气韵；其三是全手工壶远远比大家想象的难做，不到火候的艺师做出来的全手工壶远没有半手工做出来的强，而且在型制规整方面也不到位。

如果某一半手工壶由作者加入了独有的思想，创别人所未能，且壶型优美和谐、寓意美好吉祥，不仅壶有收藏价值，而且连其模具也有收藏价值。如邵大亨的“鱼化龙壶”是公认的经典之作，同样也使用了模具，并且这个模具留存至今，但却没有任何一个人能再用此模具做出如此经典的“鱼化龙壶”。“鱼化龙壶”不用到模具根本无法做出，那么当你面对心仪的“鱼化龙壶”时，若还要计较半手工和全手工，那就失掉自己的真心了。

一把壶的价值在于这把壶的精气神韵是否充足饱满、壶型是否规整、比例是否和谐、泥料是否好、做工是否细致……只要这些要求都达到了，半手工和全手工也就显得不那么重要了。

第六节　紫砂壶的品质鉴别

1. 紫砂壶内涵三要素

一件好的紫砂壶必须具备三个主要因素：完善的形象结构，精湛的制作技巧和优良的使用功能。所谓形象结构，是指壶的嘴、扳、盖、钮、脚应与壶身整体比例协调。制作技巧是评审壶艺优劣的准则。使用功能上要使容积和重量比例恰当，如壶扳便于执握，壶周圆和缝，壶嘴出水流畅等。同时要考虑色地和图案的脱俗新颖。

如果抽象地讲紫砂壶艺的审美，可以总结为形、神、气、态这四个方面。形，即形式的美，是指作品的外轮廓；神，即神韵，一种能令人体验出精神美的韵味；气，即气质，壶艺所内涵的本质美；态，即形态，作品的高、低、肥、瘦、刚、柔、方、圆等各种姿态。从这几个方面贯通一气，才是一件真正完美的好作品。

但这里又要区分“理”和“趣”。若壶艺爱好者偏于“理”，斤斤计较于壶的容积大小、嘴曲直、盖昂平、身段高矮，那就只是知理而无趣了。一种艺术的欣赏应该在理亦在趣。一件作品不管它的外形如何，只要能与它产生情感，怡养了心灵（趣），就能更好地体验它的美。

当然，作为一件实用的工艺美术品，它的适用性也非常重要，使用上的舒服感可以愉悦身心，引起和谐的兴致。因此，依据饮茶的习惯、风俗，有选择地考虑壶的容量、出水的流畅、端拿的舒适等，也是必要的。

2. 紫砂壶品质鉴定五要点

宜兴紫砂壶的品质标准归纳起来为：“泥、形、工、款、功”。前四个字属艺术标准，后一字为功用标准。

（1）“泥”。紫砂壶得名于世，虽然与它的制作分不开，但其根本原因是泥的优越性。近代许多陶瓷专著分析紫砂原材料时均说是因为其含有氧化铁的原故。其实含有氧化铁的泥全国各地不知有多少，但别的地方就产生不了紫砂，只能是紫泥，这说明问题的关键不在于含有氧化铁，而在紫砂的“砂”。根据现代科学的分析，紫砂泥的分子结构确有与其他泥不同的地方，就是同样的紫砂泥，其结构也不尽相同，有着细微的差别。这样，由于原材料不同，带来的功能效用及给人的官能感受也就不相同。功能效用好的则质优，不然则质差；官能感受好的则质优，反之则质差。所以评价一把紫砂壶的优劣，首先是泥的优劣。泥色的变化只给人带来视觉观感的不同，与功用、手感无关。一个熟悉紫砂的人，闭着眼睛也能区别紫砂与非紫砂，紫砂物件细而不腻，十分舒服。近年来时兴的铺砂壶，正是强调这种质表手感的产物。

（2）“形”。紫砂壶之形，是存世各类器皿中最丰富的了，素有“方非一式，圆不一相”之赞誉。如何评价这些造型，也是“仁者见仁，智者见智”，大度的爱大度，清秀的爱清秀，古拙的爱古拙，喜玩的爱趣味，人各有爱，不能强求。

从一般紫砂壶爱好者的角度出发，认为古拙为最佳，大度其次，清秀再次，趣味又次。道理何在？因为紫砂壶属整个茶文化的组成部分，它追求的意境应是茶道所追求的意境：“淡泊和平，超世脱俗”。而古拙正与这种气氛最为融洽，所以古拙为最佳。

历史上遗留下来许多传统造型的紫砂壶，乃是经过年代的冲刷遗留下的优秀作品。

（3）“工”。点、线、面是构成紫砂壶形体的基本元素，在紫砂壶成型过程中必须交待得清清楚楚，犹如工笔绘画一样，起笔落笔、转弯曲折、抑扬顿挫，都必须清晰。面，须光则光、须毛则毛；线，须直则直、须曲则曲；点，须方则方、须圆则圆，都不能有半点含糊。否则，就不能算是一把好壶。按照紫砂壶成型工艺的特殊要求来说：壶嘴与壶把要绝对在一直线上，并且分量要均衡；壶口与壶盖结合要严紧。

（4）“款”，即壶的款识。鉴赏紫砂壶款的意思有两层：一是鉴别壶的作者是谁，或题诗镌铭的作者是谁；二是欣赏题词的内容、镌刻的书画、印款（金石篆刻）的型制。紫砂壶的装饰艺术是中国传统艺术的一部分，具有“诗、书、画、印”四位一体的显著特点。所以，一把紫砂壶除泥色、造型、制作工夫以外，还有文学、书法、绘画、金石等诸方面，给人以更多的享受。

（5）“功”，是指壶的功能美。紫砂壶与别的艺术品最大的区别，就在于它是实用性很强的艺术品，它的“艺”全在“用”中品，如果失去“用”的意义，“艺”亦不复存在。所以，千万不能忽视紫砂壶的容量适度、高矮得当、盖严紧、出水流畅等。

按目前我国南方人（包括港澳台地区）的饮茶习惯，一般二至五人饮茶，宜采用容量三百五十毫升的为最佳。其容量刚好四杯左右，手摸手提，都只需一手之劳，所以称“一手壶”。

紫砂壶的高矮也各有用处。高壶小，宜泡红茶；矮壶大，宜泡绿茶。但又必须适度，过高则茶失味，过矮则茶易溢出。此外，壶的盖要严紧，能使冲壶水落于茶海而不致落入壶内。

第七节 紫砂壶的年代鉴别

从紫砂壶面市以来，侍童供春向金沙寺老僧学习壶艺开始，多是子承父业，师徒传承，从选砂、打泥片、装身筒、造型设计全凭个人的艺术爱好而定。民国初年，几乎所有的紫砂高手都被聘请到上海，对历代名家的作品进行精心仿制。这些仿品均源于名家旧器实物，水平极高，遗存至今，给专家们的鉴定工作带来很大的困难。近几年来，经国内外众多专家学者的不懈努力，同时结合近年来地下出土物的印证，对紫砂器制作年代的鉴定大有进步。老紫砂器的鉴定主要是从以下几个方面来进行的。

1. 造型与时代精神

造型是最能体现紫砂壶时代精神的鉴定要素之一。明代至今，有一个从简单到复杂，从粗犷到精细的发展过程，不同的时代有不同的审美标准、生活习惯以及技术条件，因此生产的砂壶主品就有不同的造型特点及艺术风格。对紫砂壶的鉴定，首先要明了各个时期紫砂壶造型的基本特征，以及演变发展的一般规律。例如，明代的紫砂壶造型多以方形、圆形、筋囊式为主，线条简约，壶体偏大，平实质朴，给人一种雅拙的感觉。清代初期的紫砂壶造型与磁器一样，出现了专供宫廷皇家使用的精工细琢的宫廷壶，多以自然形与几何形为主。另有一些民间实用型壶类，壶形小、流短、小耳柄，形制小巧玲珑。清末及民国初期的砂壶造型款式增多，附加装饰也增多，以仿古代名家为主，在形制上没有多少创新。

2. 胎质与时代背景

紫砂器的胎质具体地说就是砂料。不同时期的砂料有着不同的砂质，而不同的砂质呈色肌理都是不同的。

明代紫砂与清代紫砂在砂料上的区别如同当时的瓷器一样，明代紫砂砂料含颗粒状粗砂，给人的感觉是粗糙的，这是当时炼砂淘洗技术相对落后之故。据有关资料表明，明代紫砂泥料的目数为20—30目，清中期为55—60目，近现代为100—120目。目数低、颗粒粗、孔隙度大，用手指弹击时声音沙哑、发闷。

明代的紫砂壶表面均无光泽度，由于多是墓葬出土物，胎体吸收了地下的水湿气，表面失光。吴经墓中出土的壶，是我国目前有纪年可考的最早紫砂壶，此壶的砂料与1976年羊角山遗址所出的残器相同，砂料很粗，接近缸胎，有生烧和火疵现象。由于是与缸瓮一起入窑，所以壶身局部沾有少量釉泪。此外，明代制壶的砂料只是将最初用来制作大缸大瓮的砂料略加澄炼而已，杂质较多，所以器表很粗糙。

清代的砂料澄炼工艺总体提高，出现了紫砂细砂，这种状况与工艺史的发展进程是相吻合的。清代砂料是细腻润泽的，也显示出古朴的意趣。这样的壶经常把玩磨擦，会有一层光亮面，俗称“包浆”，如同古代硬木家具年代久远自然产生光亮一样。有些自然形的制品，如仿生花果、动物昆虫等，器表也会有一层微弱的光泽。对于泥料的辨认，在紫砂壶的断代认识上是十分重要的环节。

3. 工艺与时代烙印

创制紫砂壶的成型工艺，各个阶段都有不同同时像烧窑的方法、烧成气氛、窑炉结构、燃料等诸多外在因素都会在成品上或多或少地留下时代的痕迹，因而也就成为我们今天断代上的凭据之一。

明代创始期的壶是以手捏制为主，壶内胎往往有掏空时捏按的指纹。明晚期时大彬创制了木模制壶方法，壶内壁不见指纹，而略留用竹刀刮削的痕迹，在柄与壶身、流与壶身相接处往往比较粗糙，有时为美化接痕而贴上柿蒂形泥片作为最早的附加装饰。盖与钮的相接处有时也会这样处理。由于明代不单独烧壶，仅将壶放在同窑中套烧，常有缸瓮飞洒的釉泪沾在壶体表面，有的紫砂壶还因受火的原因凸起气泡，使表面凸凹不平、壶内壁薄厚不一。很多情况下由于温度不够，紫砂壶不能完全烧结，故此胎质较为疏松。清代的紫砂壶一般是打泥片，再拷泥片镶接而成，所以壶胎厚薄均匀，制作精细。也有制壶大家仍然坚持以手捏制为主，如陈鸣远、杨彭年等人，炉火纯青，一般匠人不能望其项背。近现代采用注浆成型，壶身略加修饰就极为光润，壶质细如膏泥，干脆而不润泽，里外极规整，手感极轻。注浆成型的紫砂壶需用较多的粘性土掺和砂泥，实际上紫砂的比例已经很小了，从严格的意义上讲，它不具有任何艺术性，因为它不是紫砂，充其量是粘土与砂泥的混合物。

4. 款刻与时代特点

这是指刻、印、划在紫砂壶表面起装饰作用的文字，用以表明它产生的年代、制作者、使用者等很多因素，这同样是断代认识上应当借鉴的依据之一。不同的时代，刻款铭字的部位和方法均不相同。在书体上，明代都为楷书，清代早期楷、篆并用，后期以篆书为主。

5. 风格品味与年代判定

紫砂器的年代并不算太久远，考古发掘出土物极少，各大博物馆的旧藏品也很有限，绝大多数作品是由民间一代一代传下来的。紫砂艺人制作壶的最后一道工序，就是在壶底、壶盖或柄下端钤盖图章，也有用刀直接刻款的。由于印章材料坚固，名人印章一般可以沿用若干年，甚至终生都在使用，应该说印章款的鉴别是判断作者的直接依据。但也不尽然：其一是名工大师身后其家人乃至门徒仍继续使用遗存印章的大有人在；其二是仿制名人印章和仿制名家砂壶是同步而生的。对于这种高水平的仿品，稍有疏忽，就容易出现判断上的失误。印章的真伪固然是一个方面，但并不全面，还必须结合作品的风格品味综合地认识才不至于失之偏差。

一般考古学家的断代方法是以造型为主线，总结、排比各个不同时期的特征并找出规律性。由于紫砂器是纯个体的艺术创作，每个人都有自己的造型体系，都不可能脱离当时的社会背景，所以时尚的变化和个人生活环境都直接影响到陶艺家本人对作品的创作态度与灵感，他们会自然而然地在作品中流露出本人对艺术的独特理解与追求，逐渐形成自己的独特风格和品味。

紫砂壶的风格特色，与其他门类的工艺美术作品是共通的。书画、金石、玉器、织绣历来是分为多种层次的，最高层次当属于艺术层次，中低档次的属于普及层次。艺术层次的工艺作品缺少匠气。紫砂艺师根据可塑性极好的砂料随心所欲地捏塑出各种造型，匠心独运，形成各自不同的艺术风格。名家茗壶高矮的比例、线条转折都恰到好处，线条曲弧有时完全凭作者的感觉去控制。这种感觉来源于本人的艺术修养和长期的实践经验。鉴定传世的名家作品，特别是明、清两代流传下来的紫砂壶，首先要掌握的是当时的时代气息与烙印，综合考察作者一贯的制作风格品味。近现代的伪作多属技精而韵味不足，壶的神韵是艺术生命所在，这是只能感觉而难以言喻的境界。

在历史上，每个相同的时期的紫砂艺师所使用的紫砂料基本上是没有太大区别的，只是炼砂调制的配方各有不同，一般秘不示人。他们往往习惯使用自己配制的砂泥，呈现出砂质的粗细、颜色肌理的不同，严格地区分和观察，会发现他们各自的规律性。同一位名家制作出的三个造型不同的紫砂壶，即使从表面看完全不一样，但若仔细研究其弧线、柄的曲度，流与颈的角度，就会发现有惊人的相似之处。就同一位作者而言，他的壶艺会随着社会的发展而不断精深，不同时期也会有不同的变化，但成型的线条与细微之处的处理方法犹如一个人的笔迹一样，基本上已成为一种习惯。历代紫砂名工的特征与个性会融合到他的作品之中，形成鲜明强烈而一贯的个人风格。因此从造型、作品的风格品位去认识作者，这个方法应该说是切实可行的。

综上所述，历史上各个时期的紫砂器在造型、工艺手法、款识以及砂料、装饰方面都具有各自不同的风格和特点。我们在总结一般规律的同时也要考虑它们的特殊性，有些名家往往出人意料地显示出本人的全面性，例如陈鸣远，他的壶以自然仿生的花货为主，但也有光圆的几何形，风格多变。

第八节 紫砂壶的价值评定

1. 成型手法决定价值

紫砂壶按照成型方法来说分为注浆壶、半手工壶、全手工壶和手拉坯壶。不同成型手法有不同特点，所以价格也不一样。

（1）注浆壶的价格

用石膏模型灌浆成型的称为注浆壶。注浆壶拿来喝茶并不合适，现在的注浆壶也算不上正宗的紫砂了，如果做得真的好看倒不妨买来做装饰品也不错。一般几十元就可以了。

（2）半手工壶的价格

半手工壶在工艺上能够做出彩，有艺术价值体现的空间。所以，如果是好泥料加上好做工的话，几百至上千元也是可以接受的。

（3）全手工壶的价格

全手工壶对艺人技术要求比较高，而且成形的难度和风险也大，所以千元左右是其价格的大致浮动范围，其中的变化要根据泥料和做工来定。

2. 同一壶样的数量影响价格

同一种壶样，在价格上也不一样。一般情况下，同一款式的壶一辈子只做10把或10把以下，才有一定的价值，除非收藏家强烈要求得到这把壶才重复制作，但总量不能超过20把。

一个工艺美术师多很重视设计研究，然后再做精、做细、做难度，那数量上自然就做得少了。只有在做精、做细、做难度时才会找到更多美感和创意。如果某一人一直把几个品种翻来覆去制作的话，那么该人就已失去了创作能力，他的壶的价值提升潜力也就不大了。

但作为一件工艺品，一把紫砂壶的价格很大程度上是根据顾客对它的认可度来定的。泥壶有价意无价，那么大的市场找到把自己喜欢的壶还是不容易的。

3. 历代紫砂壶的价格参考

了解历史上的紫砂壶价格，对于今人收藏紫砂壶以及了解紫砂文化是有很大帮助的。

（1）明清时期紫砂壶的价格

早在明代，成熟期的紫砂茗壶就已经是贵重之物了。明代诗人林古度的《陶宝肖像歌为冯本卿金吾作》诗中写道："荆溪陶正司陶复，泥沙贵重如珩璜。世间茶具称为首，玩赏楷模在人手。"诗人已将明代紫砂壶说成如宝玉那样珍贵了。

名家作品价格更高。徐喈凤的《重修宜兴县志》写道："供春制茶壶，款式不一，虽属瓷器，海内珍之。用以盛茶，不失元味，故名公巨卿、文人墨士，恒不惜重金购之。继如时大彬，益加精巧，价愈腾。”

徐喈凤只说对供春壶“恒不惜重金购之”、时大彬壶“价愈腾”。那么到底值多少钱呢？周高起在崇祯年间著《阳羡茗壶系》时说：“至名手所作，一壶重不数两，价重每一二十金，能使土与黄金争价。”可见其时名家壶值黄金 10—20 两，比壶本身的重量大数倍。与此可以相映证的是周澍在《台阳百咏注》里说的，“台湾郡中，茗皆自煮，必先以手嗅其香，最重供春小壶。供春者，吴颐山婢名，制宜兴茶壶者。或作龚春者，误。一具用之数十年，则值金一笏。”笏，即朝笏，古代大臣朝见皇帝时手中所执的狭长板子，以象牙、玉等制成，用来记事。像一块朝笏这么大的黄金板片，重十至二十两应该也有了。

如果折成铜钱，又是多少呢？明代崇祯年间任宜兴教谕的熊飞，曾作《坐怀苏亭焚北铸炉以陈壶徐壶烹洞山界片歌》，其中有句：“景陵铜鼎半百沽，荆溪瓦注十千余。”按照熊飞的记载，当时徐友泉、陈用卿制的壶已值一万文铜钱了，是汉代景帝时铜鼎的二十倍。

到了清代，经过战乱，时大彬等明代紫砂名家壶所剩更少。以陈维崧所作《赠高侍读澹人以宜壶二器并系以诗》中诗句来说，就是“百余年来迭兵燹，万宝告竭珠犀贫。皇天劫运有波及，此物亦复遭荆榛”。所以，“清狂录事偶弃得，一具尚值三千缗”，偶然保藏有一把时大彬壶，价值三千缗。一缗为一千文，三千缗即三百万文。由此可知，此时时大彬壶的价格已较崇祯年间增值了三百倍！收藏名家紫砂器的增值潜力可见一斑。

当然，清代制壶家的作品在当时倒不是很贵。据成书于 1937 年的《阳羡砂壶图考》记载：“曼生壶铭多为幕客江听香、高爽泉、郭频迦、查梅史所作，亦有曼生自为之者。凡自刻铭，刀法道逸，每经僚幕奏刀或代书者，悉署双款，寻常贻人之品，每壶只二百四十文，加工者价三倍。”由此可知，其时普通的紫砂壶也就每把值二百四十文，而经过陈鸿寿或其幕僚书铭刻款的，则“价三倍”，也就是七百二十文一把，不足一缗。一把曼生壶的价格，当时只有时大彬壶的 0.024%。由此可见，经过历史检验的大名家壶，与当时制壶名家的作品，其价格差异是非常之大的。

(2) 民国时期紫砂壶的价格

民国时期，紫砂艺人制作的茗壶价格比清代有所提高。

据山谷的《壶中乾坤》记载："朱凯长（注：即朱可心）二十岁时，总算出师独立了。""就在这一年，江浙战争爆发了。"这是1924年的事。其后，"窑户老板们还是用标价评出高低：范臣（承）甫壶（注：指鱼化龙壶）每把银洋一圆贰角，朱凯长壶四把银洋伍圆"。

鲍建南的《千奇万状信手出——冯桂林艺传》中，亦有对壶价相近的记载。1924年冯桂林从传习所毕业。"几年之后，冯桂林的'合桃'更趋纯熟，壶价一升再升，甚至超过了范承甫。范承甫'合桃壶'价每把保持银洋一圆伍角左右，而冯桂林后来所制'合桃壶'价每把银洋一圆捌角。"冯于民国15年（1926年）经师叔范锦甫推荐，成为吴德盛陶器行的客师。上述"合桃壶"的价格即1924—1926年的价格。

依据诗人、学者、科学家陈明远先生在《文化人的经济生活》一书中对20世纪上半叶中国各地银圆购买力的研究，其时范承甫的"鱼化龙壶"值今人民币48元左右、"合桃壶"值60元左右，朱可心的"鱼化龙壶"值50元左右，冯桂林的"合桃壶"值72元左右，王寅春的"小水平壶"值40元左右。

抗日战争时期，紫砂产业一片萧条，同时物价飞涨，许多紫砂工匠包括一些已经成名的艺人，不得不适应潮流，量产制作，致使名人名作质量不能稳定。而顾景舟却不追求数量，"一年也只做10把到20把"。"由于顾景舟的壶坯质量上乘且少，因此他出手的价格比别的高手都贵，自定价是一担米（150斤）一把（时价十元银圆一担米）。"（引自徐秀棠、山谷的《紫砂泰斗顾景舟》）以1926年上海一银圆可以买16斤大米的购买力折算，此时顾景舟的壶价每把在今人民币400—800元左右。

1928年储南强先生收得供春款失盖"树瘿壶"。储先生请现代制壶名手裴石民配盖，并在壶盖口外缘刻了两行隶书铭文："作壶者供春，误为瓜者黄玉麟，五百年后黄宾虹识为瘿，英人以二万金易之而未能，重为制盖者石民，题记者稚君。"所谓"英人以二万金易之而未能"，是指当时英国一家博物馆派人来商量，希望储先生出让这把壶，价格是二万美金。

（3）20世纪80年代后紫砂壶的价格

20世纪80年代后紫砂壶的价格呈现高—低—高的格局。

改革开放大潮兴起后，紫砂器生产销售又迎来了新的春天。据有关统计资料：至1979年，紫砂产品出口平均单价由10美分增至50美分。

1979年10月29日，香港著名紫砂壶收藏家罗桂祥先生访问宜兴紫砂工艺厂，并定制了一批紫砂陶艺作品。由顾景舟、蒋蓉等老一辈艺术家，徐秀棠、汪寅仙等小一辈艺术家和吴群祥、刘建平等新秀分别制作，分成A、B、C三档价格。其中顾景舟的提璧茶具（一壶六杯）价格最高，为1300多元。这是当代紫砂史上具有重要意义的一件事。这说明不仅恢复了名家在紫砂陶制作中占有重要作用的优良传统，而且大大提升了名家壶的价值与价格。两年后，这批名家陶艺参加了香港举办的第六届亚洲艺术节展览，拉开了宜兴紫砂陶进军世界的帷幕。

20世纪80年代，中国香港、台湾地区以及韩国、新加坡等经济腾飞，特别是股市飙涨，造成了许多有钱新贵，他们开始注意到宜兴紫砂壶的魅力，并且将它当成一种投资标的，收藏、投资、炒作紫砂壶的潮流由此掀起。通过一系列成功的商业推介活动，港台地区的“紫砂热”日益升温，带动紫砂壶具的价格节节攀升。

随之而来的是大陆紫砂市场的逐步繁荣，精美的紫砂器价位亦开始上升。而且越是制作精良、文化含量高的紫砂器，其价值便越高，价格上升也越迅速。这包含两类器具：一是宫廷用器，如2005年太平洋拍卖的乾隆紫砂御题诗山水纹茶壶成交价12.1万元；二是文人参与创作的紫砂器，如2005年10月苏富比拍出一把清钱杜画梅题铭的石瓢壶，成交价折算为人民币22.896万元，而两年前另一把朱石梅铭梅花诗文石瓢壶成交价仅为4.4万元。

从2006年下半年开始，紫砂器拍卖价格进入高潮期，价格节节攀升。2007年，无论是清代、民国，还是当代作品，只要质量有保证的，价格都冲上了5位数，甚至更高。

第九节　紫砂壶的产地鉴定

从20世纪80年代以后，全国许多地区都生产紫砂产品，比如陕西延安、山东淄博、福建德化和云南建水等，但是泥质都不及江苏宜兴。

1. 广东潮州紫砂壶

广东省潮州是生产紫砂茗壶的第二大产地。广东潮州、汕头沿海和福建闽南一带虽然和台湾省属于不同的行政区划，但是就饮茶习俗来说，都属于工夫茶区的地域范围。

闽南式工夫茶区的紫砂壶，多见容量在60—100毫升左右的小壶。它们的共同特征是泥质以朱泥为多，壶盖和壶身的轮廓浑然一体，造型大致可以归纳为龙蛋（梃）壶、文旦壶、梨式壶三大类。龙蛋（梃）壶和文旦壶造型的共同特点是壶身筒和壶盖的造型轮廓基本上呈斜弧线，但是龙蛋（梃）壶的身筒高，文旦壶的身筒矮。梨式壶的造型特点是壶身筒和壶盖的轮廓呈曲线。宜兴紫砂茗壶和广东潮州紫砂茗壶的主要不同特点是：

宜兴紫砂茗壶从明代中晚期开始生产，在明万历时期形成第一个高潮，清乾隆晚期到道光时期形成第二次高潮。潮州紫砂茗壶的时代晚于宜兴茗壶，从清代开始，高潮期在晚清、民国。

宜兴紫砂茗壶烧成后的泥色以紫褐色为主，朱红色、米黄色兼而有之；产品明显地分成以陈曼生为代表的“文人壶”和一般商品壶两个层次。潮州紫砂茗壶的泥色以朱红色为多，紫褐色、栗红色兼而有之，有的胎体上刷有朱红色胎浆水，都是商品壶。

宜兴紫砂茗壶的造型千变万化。闽南式工夫茶区紫砂壶的造型主要有前述的三种壶，而且很多都是宜兴生产的。

宜兴紫砂茗壶的容量一般在250—350毫升，潮州茗壶的容量在60—100毫升。

宜兴紫砂茗壶的装饰大致有十余种，潮州紫砂茗壶绝大多数为素面。

宜兴紫砂茗壶款识的位置有盖内、盖子口、壶底、把下、腹部。潮州紫砂茗壶的款识，有的位于盖子口上，但是主要在壶底，以“孟臣”、“逸公”款和五言、七言诗文为多。据统计，传世的这一类明清紫砂茗壶中，有（惠）孟臣款的至少占了23%。在闽南人的意识中，孟臣壶即紫砂壶的别称，无论是时大彬款、陈鸣远款的壶，都一概以“孟臣壶”称之，几乎是淹没了前者和后来者的名字。

宜兴紫砂茗壶是倒入细白瓷杯中饮用，一般是每客一把壶，自斟自饮，方为得趣。潮州紫砂茗壶一般用小杯，多人共饮，即所谓工夫茶。

2. 广西钦州紫砂壶

广西钦州紫砂茗壶从晚清时期开始生产，它的泥料是含铁量比较高的褐红色泥，这种泥中所含的砂质相对于宜兴紫砂少一些。

钦州紫砂茗壶与宜兴紫砂茗壶的最大不同之处是：壶在烧成后，先用金刚砂打磨，再用蜡抛光，外观由此而显得坚实光亮，手感溜滑。钦州紫砂壶的外壁一般刻有兰、梅等花卉和诗句，以及陶艺师的属款，往往还刻有钦州古地名，比如“古安州”、“钦城”、“宁越”等等。

3. 浙江宁波紫砂壶

浙江宁波玉成窑自晚清开始生产紫砂茗壶，其泥料采自当地黄褐色陶土。

第十节　紫砂壶鉴赏术语

1. 壶钮

壶钮亦称“的子”，为揭取壶盖而设置。钮虽小，但有“画龙点睛”的作用，变化丰富，是茗壶设计的关键部位。

常见有球形钮、桥形钮、瓜柄形钮、动物肖形钮、树桩形钮等。

（1）球形钮：圆壶中最常用的钮，呈珠形、扁笠、柱形，往往取壶身缩小或倒置造型，制作中采用“捻摘子”工序，搓、转、压挤而成，简洁快捷。

（2）桥形钮：形似拱桥，有圆柱状、方条状、筋纹如意状等。作环形设单环、双环，亦称“串盖”。而平缓的盖面上环孔硕大的为牛鼻盖。

（3）瓜柄形钮：花塑器常用的钮式，如南瓜柄、西瓜柄、葫芦旁附枝叶等，造形活泼。

（4）动物肖形钮：源于印钮，有狮、虎、龙、鱼等，有写实、抽象变形、仿古等手法，与主体统一协调即可。

（5）树桩形钮：取植物或果瓜的形态捏塑而成，如梅桩、竹根等。

（6）花式钮及其他：随着陶艺形式的发展，有一些壶钮打破了传统程式，以壶边大于口取代壶钮，还有盖与钮融为一体的。

2. 壶嘴

紫砂壶的嘴，被喻为“人的五官之一”，它与壶体连接，有明显界限的称“明接”而无明显界限、自然的称“暗接”。如汉扁壶把、嘴与身的肩线、侧线贯通，形成舒展流畅的造型特色。

壶嘴若想出水通畅而不涎水，注水七寸而不泛花，直泻杯底而无声响，是与壶嘴壁厚薄、光滑，壶体孔眼、壶嘴眼、壶盖孔眼有着密切关系的。依据传统模式可以分为：一弯嘴、二弯嘴、三弯嘴、直嘴和流形鸭嘴。

一弯嘴：形似鸟啄，俗称“一啄嘴”，一般为暗接处理。

二弯嘴：嘴根部较大，出水流畅，明接和暗接处理均可。

三弯嘴：源于铜锡壶造型，早期壶式使用较多，明接处理较常见。

直嘴：形制简洁，出水通畅，明接和暗接处理都有。

流形鸭嘴：源于奶杯造型，一般用于茶器、咖啡具的造型上。

上述一弯嘴、二弯嘴、三弯嘴式仅指其基本形，依附于壶体又可在壶嘴上分割筋纹，亦可加饰花塑器，与壶把相统一。

3. 壶把（柄）

壶把是为便于握持而设置的。源于瓷执壶条形壶把的称“柄”。壶把置于壶肩至壶腹下端，与壶嘴位置对称、均势，具体可分端把、横把、提梁三类。

（1）端把：亦称“圈把”，其使用方便，变化丰富。把、口、嘴三点呈水平、对称以垂直形式安置，具端庄、安定的效果。

（2）横把：源于砂锅之柄，以圆筒形壶居多。

（3）提梁：从铜器及其他器形吸取而来的形式，除提梁的大小与壶体协调外，其高度以手提时不碰到壶盖的钮为宜，有硬提梁、软提梁两种，光素器、花塑器都有，变化丰富。

4. 壶盖

紫砂壶以其里外都不施釉的特点，盖与壶体一起烧制，以达到成品壶盖直紧、通转、防尘、保温的要求和作用，主要形式有压盖、嵌盖、截盖三种。

（1）压盖：亦称“完盖”，壶盖覆压于壶口之上的样式，其边缘有方线和圆线两种，均与壶口相呼应。与口置平的泥片称“座片”，弯起泥片为“虚片”。壶口泥片称“坨子”，壶墙的泥圈为“子口”，几个部位及转折过渡用脂泥镶接，润合贴切、浑若天成。壶盖稍大于壶口外径的俗称“天压地”，以适应功能和视觉的要求。

（2）嵌盖：是壶盖嵌于壶口内的样式，与壶身融于一体，有平嵌盖与虚嵌盖之分，能达到“准缝如纸、发之隙”者属上品。平嵌盖口与壶口呈同一平面，制作时在同一泥片中切出，故收缩一致，有圆形、方形、异形、树桩形等。虚嵌盖与壶口呈弧形或其他形状，形制规整。口部以装饰线处理，有直口、瓢口、雌雄片口等结构，与平嵌盖手法相似，以严密、精缝、通转为上。

（3）截盖：是紫砂壶特有的一种壶盖样式，以壶整体截取一段作壶盖而故名。其特点是简洁、流畅、明快、整体感强。制成后盖与口不仅大小合适，而且外轮廓线互相吻接，丝严合缝，故技术要求较高。有截盖、克截盖、嵌截盖之分。

5. 壶底

壶底也是构成造型的一个主要部分，壶底的尺度和形式处理，直接影响造型视觉的美观。壶底大致可分为一捺底、加底（足圈）、钉足三种，粘接制作方式有明接、暗接两种。直方挺直造型的壶宜用明接，圆韵浑朴造型的壶宜用暗接处理。

（1）一捺底：紫砂茗壶因无釉，故无烧成粘钵之虑，制作省工省时，用一捺底处理圆器造型干净利索，简练灵巧。

（2）加底：在壶身成型时加一道足圈，并用脂泥复合嵌接，亦称“挖足”。加底、脚圈应视主体造型而设置，如方壶上的扁梯形托榫足等。

（3）钉足：它源于铜器鼎足，用钉足支架壶体，稳而不滞，透出灵气。型制大小，钉脚高、矮、粗、细宜视主体而统一协调，圆器一般用三支钉足，方器则为四支钉足。从实践使用来看，钉足不宜太高。

6. 结构线

结构线是紫砂的一种独创，它主要对造型结构起重要的加固作用，同时也起一定的装饰作用。如底线、口线、盖板线等。其要求线型匀挺规整，硬糯兼有，使器物坚实耐用，更显精神。

7. 装饰线

紫砂装饰线的运用，不单起装饰作用，同时也起功能作用。紫砂装饰线变化丰富，表现力强，具代表性的有子母线、凹凸线、筋囊线、折角线等。

8. 底线

它是紫砂装饰线型之一，指在器物底部的装饰线。底线对造型结构起重要的加固作用，故它又是“结构线”的一种。底线有方、圆、凹、凸等多种线型。

9. 腹线

它是紫砂装饰线型之一，指在器皿腹部所加的装饰线，有方线、圆线、凹凸线或子母线等。线有粗细、厚薄、宽窄之分；可用一线，亦可用双线，主要视器物造型大小、形式而定。

10. 口线

它是紫砂装饰线型之一，指在壶口部，加上一条或圆或方的线，亦名“加强圈”。口线的运用主要为增强牢度，使口部不易变形，同时亦起一定的装饰作用。

11. 盖板线

它是紫砂装饰线型之一，指盖与口吻合部位的盖底线。圆的线型，称“圆盖板线”；方的线型，称“方盖板线”。这种线型是用特制的“线杠”工具勾勒而成，它既是一种装饰线，同时又是一种结构线。

12. 凹线

它是紫砂传统装饰线型之一，是指凹入平面或圆弧面的一种线形，凹面通常都呈小圆弧状。

13. 阳线

它是紫砂装饰线型之一，是指高出平面或弧面的一种线形，高出之线通常呈圆形。

14. 堆迭线

它是紫砂装饰线型之一，通常有两种：一种是线上加线；另一种是多种线条组合在一起。

15. 剑脊棱线

剑脊棱线古称“剑脊线”，是紫砂装饰线型之一。它是指两面斜仄中间隆起的一种线形，因其状似剑背之棱脊，故名。《鲁班经》有“剑脊线”的记载。

16. 抽角线

它是紫砂装饰线型之一，主要用在方形器面与面的交接部位，使之藏锋匿角，形体更富变化。

17. 云水线

它是紫砂装饰线型之一，指按一定规律组成的曲线，因其形似行云流水，故名。如用如意云纹装饰壶盖、肩或腹足等某部分，“鱼化龙壶”壶身的云水纹等。云水线运用时，要求线型均匀、流畅、自然、生动、气势贯通。

18. 线香线

它是紫砂装饰线型之一，是凸线的一种。其线型圆润挺拔，曲率比一般阳线大，装饰效果较强。因其形似线香，故名。

19. 隐线

它是紫砂装饰线型之一，指紧靠粗线或宽线旁的辅助细线，因其隐于大线之下，故名。隐线在装饰上实为一种过渡线，为主线起着烘托的作用。

20. 折角线

它是紫砂装饰线型之一，这种线型主要应用于方形器的折角部位——面与面的交接处，可使藏锋不露，含蓄稳重。

21. 凹宿线

它是紫砂装饰线型之一，为一种双曲线型，一般都装饰于砂壶、花盆肩部，以增强形体造型的安定稳重感。

22. 芝麻梗线

它是紫砂装饰线型之一，指在平面或弧面上，由两洼线组合构成的一种线形，这两洼线通常为弧形。因其形似芝麻之干，故名。

23. 飞线

飞线即“活线”，是紫砂装饰线型之一。其指在器皿的口部或底部，加一层带有弧形的线，使器物增加活泼之感，故名。

24. 云肩线

它是紫砂装饰线型之一，经常通用于砂壶颈、肩部或花盆漂口下沿等转折部分。它的制作要求匀挺、干净、清晰，一般较薄，用以增加造型的节奏、韵律美。

25. 灯草线

它是紫砂装饰线型之一，因状似灯草（一种小圆线），故名。其用于砂壶、花盆口沿部，称“翻口线”；用于底足部，称底线。这种线可单一或成组用于壶、盆等肩腹部，以增强装饰效果；亦可作形体起止交待，并可增加器形口沿部应力，减少烧成时的变形等。

26. 剎凹线

它是紫砂装饰线型之一，一般运用于壶颈或壶底。其具体做法是：在粘贴泥片后，用“摘只”捻摘，做成一周圆弧形凹线，行话称“剎凹”。

27. 碗口线

它是紫砂装饰线型之一。它一般在器物口外沿部位，也称“碗口线”。其有圆口、折角等多种。

28. 凹凸线

它是紫砂装饰线型之一，因形状有凹有凸，故名。它通常应用于紫砂壶、花盆腹部，以增进形体的造型变化。在运用时，要巧用其线的宽窄、粗细和厚薄等，以期达到不同的艺术效果。

29. 鲫鱼背线

它是紫砂装饰线型之一，指在圆弧线顶端的背线，因其尖中带圆，形似鲫鱼之背，故名。

30. 弄堂线

弄堂线亦称“弄洞线”，紫砂装饰线型之一。它指两边隆起中间凹进的一种线形，因其形似弄堂，故名。

31. 侧角线

它是紫砂装饰线型之一，指在四方、六方、八方等多边形器物的角上，凹进一弧度。

32. 鳝肚线

它是紫砂装饰线型之一，是指高出平面的一种圆弧线。其弧度大于半圆、小于“竹状线”，因其形近鳝鱼之肚，故名“鳝肚线”。

33. 捏角线

它是紫砂装饰线型之一，指在平面四周角上，纵横线交接处向内凹入，由小圆弧过渡线相联接而成，亦称为“昵角线”。其常在方形、长方形平面作装饰线。

34. 偶角线

它是紫砂传统装饰线型之一，常装饰于方形、长方形花盆，是在四周角上的纵横线交接处向内凹入，呈 90 度凹角的线。

35. 子母线

它是紫砂装饰线型之一，为一粗一细双线组合，一般装饰于壶口盖或花盆口沿部分，要求上粗下细、上大下小，行话称“天压地”。子母线的运用可使器皿造型更显浑厚，具有安定感。

36. 筋纹线

它是紫砂装饰线型之一，亦称“筋囊线”。因其似瓜果之筋纹，故名。紫砂筋纹器皿，都是仿生活中瓜果、花瓣的筋囊和纹理，经提练加工组成的。它一般在形体上做若干等分直线，组成瓜样的筋纹。筋纹线须随器物造型盖、肩、腹、底等高低起伏变化而变化，要求宽窄、深浅，自然、匀净、明快、利落，具有节奏感，尤其在口、盖接合处，各纹线须绝对精确，使壶盖从任何角度盖上，都能和壶身准合。

第十七章

紫砂器的购买和使用

第一节　紫砂器的购买要领

1. 如何购买紫砂壶

第一步：目的性选壶。

你为什么买壶？是为了好玩？送人？投资？还是陈设？在选择紫砂壶之前，必须明确这一点。

（1）当礼品时怎么选

送礼就是要表达自己的目的，投其所好。送给老人最好是带吉祥图案或造型的作品，颜色也适宜明亮一点。送礼给上司则充满学问。送一把紫砂茶壶是最好不过的好礼品，既高雅实惠，又不失面子。怎样含蓄表达自己的意愿，是挑选茶壶的一个重要原则，茶壶的身价、题材、质地等都是你购买时必须考虑的因素。

（2）当陈设品时该怎么选

买陈设品相对简单，只要根据个人嗜好，协调好陈设环境就可以了。通常提梁类作品设计线形流畅自然，陈设效果较好。

（3）自用时怎么选

买来自用时对茶壶的挑选比前两者就要稍难些。首先是你喜欢喝绿茶还是红茶。红茶宜壶身稍高一点，茶壶质地细腻一些；而喝绿茶则宜壶身较矮，壶口较宽敞，泥料质地不可太过细腻，更不可完全烧结玻化，这样会影响茶壶透气，破坏汤色，从而降低茶的口感。

（4）投资时怎么选

买紫砂壶用来投资，需要眼光，更需要智慧，再就是经验。投资紫砂壶在国内尚未达到像股票、集邮等那样大众化，然而紫砂壶的平民特性却非常之适合大众投资，风险很小。眼光准的话，收益空间很大，二十年前一把顾景舟先生的作品才不足百元，可今天已过百万了。这种历史条件或许今天不存在了，但作为投资而言，还是有很大的增值空间。

在通常情况下，作品升值比较快的人有若干条件：出生紫砂世家；有名师指导；接受过高等系统教育；作品互比性较高；悟性很高，肯下苦功；活动能力强。

第二步：把握技术要点。

挑选紫砂壶时，有一些小细节常会被壶友们忽视，有的甚至连制壶高手也未必真正认识到，或不以为然。现列举部分小细节，与壶友们共同探讨。

（1）壶盖的子口（壶墙的泥圈）高度常见尺寸多在 10mm 左右，倒茶时会有落帽之忧。一般情况下以大于 15mm 为适宜，有些壶型口盖大者，子口高度增至 18—20mm 也无妨。较高的子口，在泡铁观音时，还兼有下压茶叶的功能。

（2）壶盖子口的泥圈厚度常见尺寸多在 1.5mm 左右。但有些制壶人却有意制作得更薄，甚至只有 0.7—0.8mm（薄胎壶除外），殊不知，太薄的子口强度不够，在壶盖频繁开合及使用过程中很容易被磕碰坏。

（3）壶盖（座片）的边缘和壶口（坨子）的内、外边缘要做倒角或圆角处理，使边缘线条钝化。因为较锐的边缘极易在磕碰后形成或大或小的缺口，影响壶的品相。

（4）壶盖的形状要选择不容易积垢、易于清洁的那种（花货和特殊壶型除外），有利于擦洗和泡养，壶面会清爽。

（5）壶盖上钮的大小和形状要便于拿捏稳当。若壶盖因此而落地，其性质等同于壶缘尽矣。有些壶型没有“的子”，更应注意壶盖的拿捏方式，要知道泡茶时壶盖是会非常烫手的。

（6）紫砂壶的胎体厚度，一般观点以厚实者为佳。一则，符合紫砂茗壶古朴雅拙的厚重质感；二则，壶体有足够的强度可抵御不可预计的外力伤害，以确保“长命百岁”。紫砂壶烧成后的胎体厚度以大于 3mm

为佳。

（7）流的根部位置在一定程度上会影响壶的出水。流的根部位置若接近壶底，则水压充足，出水有力，并可减少倒水时壶口盖部溢出茶水的机会；流的根部位置若接近壶口，水压会有所欠缺，倒水时，壶身的倾侧角度增大，口盖部溢水的可能性也随之增加。

（8）壶的嘴型也要稍加留意，尖、长、薄的壶嘴，容易受伤；粗、短、厚的壶嘴，比较“强壮”。

（9）壶的出水孔常见有三种：独孔、球孔、网孔。个人观点，网孔最为适宜；独孔倒茶水时拦不住茶叶；球孔有碍壶内的清洁工作，孔密壳薄，易碎会掉。

（10）壶内网孔的孔径不宜选取密而小的。因孔径过小，水流经过时会受到水张力的影响，阻力增加，流速下降，动能减少，出水不爽。一般情况下网孔的孔径以不小于 0.3mm 为宜。

最后，还要注意：壶内网孔区域内的小孔分布要均匀，且网孔区域的中心应与壶嘴的中心线对齐，彻底消除出水水流偏斜、泛花的潜在因素。壶盖上的气孔与壶嘴口径的比例关系要得当，以确保出水顺畅。壶底和内壁是否处理的干净平整，有无残留的泥点和泥块，即俗称的“推墙刮底”，此项处理工序是衡量一个制壶人“功力”的重要标准。

2. 如何区分紫砂壶和化工壶

真紫砂壶与化工壶的区别之一：质感不一样。

原矿真紫砂壶，精光内敛，温润似玉，如君子般色相沉稳。好的紫砂矿料使用起来，十几天便能看出效果。而不好的的化工泥壶，无论怎么养都很难有起色。通过人为的改变也能做出砂的效果（但并不是所有的矿料都能做出“绿豆砂”的效果，只有绿泥可以），但因为表面的玻璃相（加入刨花水的原故亦称石英水）太重，茶水吃不进，把玩的油脂也渗不进去，故这样的壶是养不出来的。现在有的地方已出产表面不带玻璃相的化工泥，这类泥被用来做高档的仿名家壶，非常能欺骗人，没有将原矿泥与化工泥对比熟悉的，很容易上当。

真紫砂壶与化工壶的区别之二：色泽不一样。

原矿真紫砂矿料的颜色大多不会太艳，一是由于早期的紫砂层多是浅表层的，本身就有了一定的原始风化，二是由于紫砂矿从地下被挖掘上来以后，要放置在露天场地日晒雨淋一年半载，天然疏松变成小颗料后，再碾磨成粉，最后再经由锤打陈腐才能使用。经风化陈腐的原矿泥中的金属物质会发生氧化作用，泥色就会发暗、发沉、发旧，不会有新鲜亮丽的感觉。有些泥料会陈腐存放几十年，甚至百年以上才使用，天然地带有古旧色。故现在还会有少量清代、民国时期留存下来的老泥，但已弥足贵重稀少了。而化工泥是由高岭土加石英砂、刨花水和致色金属氧化物调制的，现调现用，加上金属氧化物往往超标添加。所以，泥色鲜、泥色艳，做出来的壶鲜亮无比就不稀奇了。用这种超标色素的壶泡茶喝，对身体的影响可想而知。

真紫砂壶与化工壶的区别之三：工艺感觉不一样。

由于现代制作工艺规范、效率极高，所做出来的壶周周正正、乖巧精良，让很多初学者非常喜欢。而手工做的壶没有同一的模具，只凭艺人心灵手巧、经验和自己的喜好而制作。故统一形制、统一规格的壶都会在身筒的外形、壶口的直径以及壶嘴、壶把的安装位置，粗细高低不同，不会有完全相同外观、规格的壶。加之原矿紫砂本来就很少、很贵重，根本不可能，也没有那么多泥料大规模地机械化、模具化批量出产。所以，分辨传统工艺还是现代工艺，这也是判定泥料是否地道的一个标准。

3. 如何购买紫砂杯

喝茶当然要有好杯或好壶，也许在有些场合用壶不太合适，选择一个紫砂杯是个不错的主意。但是现在有不少用化工泥冒充紫砂泥的。这些材质的东西做成杯子，不仅不能泡出更好的茶香，而且还对身体有所伤害。

如何挑选一款真正的紫砂杯呢？专家提醒我们要特别注意以下几点：

第一，当心三大“劣迹”：一是杯体颜色偏红、异常鲜亮；二是敲击时发出的声音特别清脆响亮；三是杯身手感特别光滑细腻，而且泛着亮光。

观察一把紫砂杯具，首先从色泽上来看，颜色过于浓艳且十分鲜亮的杯子是因为不法制造商在制作过程中采用了劣质砂泥，而劣质砂泥在炼制过程中往往会表现出色泽不均，为了掩盖这种不均匀，他们就在劣质砂泥中添加各种化学制剂。这样，杯子在最终做出来后就显得颜色特别光艳、均匀。

其次是听声音，有的商贩在兜售假紫砂茶具时往往会用壶盖敲击壶身，发出清脆的声响，以证明紫砂壶的质量，这种听声鉴别的方法完全是无稽之谈，越是敲打时发出清脆响声的，“猫腻儿”就越大。

再次就是用手抚摸杯身时会发现假紫砂杯的手感非常细腻光滑，而且有时还会发出一种亮亮的光，这是因为这类杯往往在加工过程中经过了机械抛光，甚至有的不法商贩还会在壶身上涂抹食用油或皮鞋油来蒙骗消费者。

第二，把握正宗宜兴紫砂茶具的五大特征：一是紫砂器使用的时间越长，器身就越光亮，这是因为茶水本身在冲泡过程中也可以养壶；二是紫砂器的冷热急变性好，既可以放到火上烧，也可以在微波炉中使用而不会爆裂；三是传热慢而且保温，在使用时无烫手之感；四是坯体能吸收茶的香气，用常沏过茶的紫砂杯偶尔不放茶叶，其水也有股淡淡的茶香味；五是紫砂杯的泥色与经常冲泡的茶叶有关，泡红茶时茶杯会由红棕色变成红褐色，泡绿茶时杯子会由红棕色变成棕褐色。

第三，低价产品、地摊货不宜选。近几年，从街头地摊到普通超市再到高档商厦，宜兴紫砂茶具的身影几乎随处可见，但价格差别很大，从二三十元到数十万元以上价格的都有，令很多消费者感到无从下手。

对此，专家们指出：“目前标价在 80 多元以下的宜兴紫砂杯几乎没有正品。”这是因为近些年随着大量矿源的开采和消耗，优质砂泥的产量已经越来越少，目前宜兴砂泥每斤的售价已从三四块钱涨到一两百元，以这样的成本制作一个紫砂杯，再运到外地进行销售，它的售价绝不会是市面上经常看到的四五十元。

第四，掌握点鉴别小窍门。如有可能，可以将水浇在杯身上仔细观察，优质砂料制成的紫砂杯，因为具有良好的透气透水性，杯身上的水会慢慢挥发直至被壶自身吸收；而伪劣产品一经浇水，水会以珠状滚下，迅速荡然无存。干透的优质紫砂杯，一经注入开水，还会发出“淅淅”的细微响声。

4. 如何购买紫砂煲

紫砂是天然的矿产资源，富含多种人体所需的微量元素和矿物质。

科学实验证明，紫砂器在受热过程中，能活化水分子，并与紫砂释放的微量元素一起将水矿化，长期使用紫砂餐具烹饪有利人体弱碱性健康体质的形成。同时，紫砂所含的部分微量元素能够活跃分解脂肪的酶素，所以紫砂烹饪出的食物柔美而不油腻。紫砂的微孔结构还使紫砂炊具有保鲜食物的功能，令食物“盛暑越宿不馊”。

目前市场上以紫砂煲为主的紫砂餐具品牌众多，如何才能购买到对的紫砂产品呢？

紫砂煲的生产工艺要求非常高，所以消费者在选购时更要注意诀窍。首先是检查外壳是否变形、凹陷、刮花，衬胆、底盘是否接合。要用手轻压外壳，看是否材料太单薄而容易造成变形或凹陷。然后，取出紫砂内胆，检查衬胆内是否平滑，是否凹凸不平或有裂纹、沙眼，再看底部安装是否稳固。沙眼是指内胆中的白色小灰点。如果存在沙眼，可能会令内胆在使用一段时间后形成小孔造成漏水，容易出现事故。其次看锅盖与锅体是否吻合。锅盖面要有排气小孔，此孔是帮助陶锅在烧煮时排泻蒸汽的，避免烧煮过程中出现溢出现象。第三，轻敲紫砂内胆，听听敲声是否清脆，如声音洪厚，表示该内胆可能烧制时间不够，密度低。最后，检查陶锅的质量标准、合格证、电器参数的标识是否齐备，以免购进伪劣品；检查包装内的说明书、保修卡是否齐备，以保障以后使用操作的指导和售后服务的跟踪。

紫砂煲不仅选购时要细心挑选，在日常的使用过程中也是有讲究的。煮食过程中，煲盖和煲盖排气孔温度较高，请勿直接触摸，以免烫伤。内胆是陶制器皿，慎防与硬物碰撞或从高处跌落造成破碎。内胆切勿用明火烧煮，切忌忽冷忽热。清洗内胆须待冷却后，避免内胆因热胀冷缩而爆裂。如欲清除食物残存气味，请将开水倒进胆内浸泡几分钟（或煮开），然后倒掉开水；待内胆冷却后，再用冷水浸泡几分钟，即可清除煲内余味。使用紫砂煲时应放置于水平、干燥的地方，不要在耐热度较弱的物体上使用（如塑胶台布、棉毛地毯）。内胆中未盛物料时，切勿通电干烧，请将插头拔离电源。

5. 如何购买紫砂花盆

用紫砂盆养花不仅美观、增强居室的品味和情趣，而且对花木的生长也非常有利。现在生产紫砂盆的厂家非常多，产品鱼龙混杂，可从以下几个方面挑选：

（1）敲声音。先听有没有碎裂声。如声音沉闷，说明烧制火候不够；声音尖锐，说明烧过了头。没烧够会大量吸水、渗水；烧过了，又容易碎裂。

（2）将盆放在平面上，按下四角（或边），看看是否有晃动，是否平稳。

（3）看盆口线是否曲直有致，盆中是否光洁无杂粒。

（4）盆上的图案或题款铭刻是否高雅、美观。

（5）盆底有没有凹凸不平，漏水孔是否在最低处。

（6）泥色是否满意，大小、深浅是否合适。

第二节　可购买的经典紫砂壶型

作为一个合格的紫砂爱好者，在购买紫砂壶前，你要对紫砂壶的器型有个基本的了解。

1. 倒把西施壶

倒把西施壶原名“文旦壶”，文旦壶中的格调高雅者，原叫“西施乳”，言壶之形若美女西施之丰乳。而此壶确实像丰满的乳房，壶钮像乳头，流短而略粗，把为倒耳之形，盖采用截盖式，壶底近底处内收，一捺底，后人觉“西施乳”不雅，改称“倒把西施壶”。

2. 仿古壶

仿古壶是紫砂壶众多款式中一款经典壶型，经过数百年后传承到今天。此壶壶颈浑圆、敦实，与下压的壶肩形成缓冲；壶体较大，矮、扁、沉。壶口沿宽大，子母线严丝合缝，密不透气。壶盖扁、满，壶钮扁圆。特别是仿古如意壶，壶身有种特殊的如意花纹，形成一种特殊的风格，倍受紫砂爱好者的青睐。

3. 掇球壶

掇球壶是典型的几何型传统圆壶，也是最优秀的紫砂壶代表款式之一。它的基本造型是壶钮、壶盖、身壶由小、中、大三个顺序排列的球体组成，壶腹为大球，壶盖为小球，似小球掇于大球上。壶之全身无处不圆、无处不浑，圆中寓节奏，圆中富变化，多样统一，浑然天成，故称掇球壶。掇球壶在盖沿和口沿各塑一条粗细不同的烧线，这种上粗下细复合在一起的双线，称为“天压地”或文武线、子母线。民国时期程寿珍所作掇球壶为其中的精品。

4. 石瓢壶

“石瓢”最早称为“石铫”，“铫”在《辞海》中释为“吊子，一种有柄、有流的小烹器”。“铫”从金属器皿变为陶器，最早见于北宋大学士苏轼的《试院煎茶》诗：“且学公家作名钦，砖炉石铫行相随。”苏东坡把金属“铫”改为石“铫”，这与当时的茶道有着密切的关系。苏东坡贬官到宜兴蜀山教书，发现当地的紫色砂罐煮茶比铜、铁器皿味道好，于是就地取材，模仿金属吊子设计了一把既有“流”（壶嘴），又有“梁”（壶提）的砂陶之“铫”用来煮茶，这“铫”也即后人所称的“东坡提梁壶”，这可谓是最早的紫砂石铫壶。

从留传于世的石铫壶看，至陈曼生、杨彭年时期已有了很大的变化，更趋向文人化、艺术化。“曼生石铫壶”主要特色是上小下大，重心下垂，使用稳当，壶嘴为矮而有力的直筒形，出水顺畅，壶身呈“金字塔”式，丰润端庄。“曼生石铫”与“子沾石铫”相比，虽同为杨彭年所制，但前者更显饱满而丰润，后者则刚烈而古拙，这可能是因人的个性而表现出的壶艺差别。

那么，紫砂“石铫”何时称为“石瓢”的呢？这应从顾景舟时期说起，顾引用古文“弱水三千，仅饮一瓢”，“石铫”应称“石瓢”，从此相沿均称石瓢壶。

5. 鱼化龙壶

鱼化龙壶为典型传统壶型，是鱼跃龙门之意。民国的唐树芷所制鱼化龙壶，钮为卷云状，壶身浅塑波浪，波浪中龙伸出首部，龙尾卷成壶把，把上鳞片刻划清晰。此壶为红泥制成，形体较小，做工精细。清代邵大享的鱼化龙壶上的波浪堆塑得一层一层，立体感强，波涛中龙露出头部而不见爪，钮为堆浪状，装在盖里的龙头短而粗。黄玉麟所制鱼化龙壶，波浪立体感不强，波涛中的龙伸出半身，龙爪清晰可见，钮也不作堆浪而作卷云形，装在盖内的龙头细而偏小。鱼化龙壶制作因名家的不同而特点各异，如邵大享的龙不见爪，而黄玉麟、俞国良的龙爪清晰可见，唐树芷的龙爪也不见；邵大享用堆浪钮，其后的黄、俞、唐改成云形钮，都具一定的时代特点。

6. 井栏壶

井栏壶是传世紫砂茗壶之三大经典壶式之一。井栏壶顾名思义造型源于井栏。“井栏”一词，在传统文化中多见，如“命理之学”中有“井栏”一格，陈式老架二路太极拳谱第四十一式为“回头井栏直入”。实际生活中的井栏即井之护栏，亦名井床、井杆。

关于井栏壶的名字由来，有个非常有意思的典故，说：初夏一日，制壶知己杨彭年来访，陈曼生设席庭院，以紫砂茗壶为题，互交心得。彭年问近日可有新思？曼生摇头曰：“近日公务繁忙，未曾拾得！”彭年曰：“勿躁！万物皆可成壶！”曼生曰：“但求精！”二人相饮甚欢。庭院之南，有一深井，恰一丫环于井边取水，栏高水深，丫环腰身弯得犹如一只彩虾，二人见状相视而笑。曼生紧盯井栏与汲水丫环，慢慢地化为一只优美的壶把，井栏化作壶身。彭年眼望曼生，已知其意，遂传下人送笔墨，当即在石桌上描绘开来，数遍而终成一壶。彭年曰：“此壶命为汲水壶如何？”曼生摇头曰：“此壶天成，唯曰井栏。”二人相视大笑。

此壶寓意深井有如文山书海，知识有如井水，取之不竭。这是在告诫世人：学识有如人生必备之水，唯不停汲取，才能修身养性，颐养天年。此壶造型简约，色泽偏黄泛紫，风格高洁古雅。

7. 秦权壶

秦权壶以秦始皇统一度量衡时所用秤之权为形，故得名“秦权”。壶形似柱，上部收敛，桥形钮，短流，环耳形把手，半圆形截盖，体态光润优美，线条流畅而规则，气质古朴而典雅。

8. 水平壶

明朝中期盛行品茶，故小壶得以流行。水平壶的出现在一定程度上得益于广东、福建地区盛行的“工夫茶”。在喝“工夫茶”时壶内要放很多茶叶，仅用开水冲泡；茶汁出不来，必须将壶放在茶碗或茶海内，用沸水浇淋茶壶的外面，使茶壶浮在热水中才可。水平壶制作工艺要求十分精致，壶嘴和壶把的用泥必须绝对相等，壶漂浮在水面上要保持水平而不倾倒，这就是水平壶名称的由来。最著名为惠孟臣水平壶。

9. 唐羽壶

唐羽壶的创作构思源于唐代宫廷中的羽觞壶。唐人饮茶并非今日之沏茶，而是用类似于如今沱茶样的茶团和茶饼研碎放入壶中，文火之上慢慢煎煮，有点类似现在的煮咖啡。因而壶的手柄一般都较细长，似有羽翼飞升之感。它的创意也可以诠释为唐代陆羽之壶。此壶在手中把玩时有拉回时空、重温唐风、再现历史的美妙感觉。

10. 瓦当壶

瓦当壶为仿汉代瓦当式样，是紫砂壶的造型来源之一。此壶造型独特，以几何线条为主，成型规范有致，线条流畅准确，壶身多有铭文。秦砖汉瓦为名贵之古玩，清代中叶以来犹受文人推崇。瓦当壶再配以名家之壶铭，意境更加古补，格调幽雅。最著名的为陈曼生的瓦当壶，做工挺拔，壶体正面刻行书“不求其全，乃能延年，饮之甘泉”，实为紫砂壶中难得的精品，也是文人参与合作制壶的典范。

11. 德钟壶

此壶是传统款“德钟壶”，壶型为钟，“德”是修辞用的。此壶形端庄稳重，比例协调，简洁质朴。其最具代表性的是邵大亨的作品，是光素造型中的代表作。

12. 羊桶壶

羊桶壶是宜兴丁蜀地区喝茶人最常用的茶具之一。昔日用此茶壶者有这样几种人：一种是乡下的农民，他们除最紧张的农忙时分，一般每天下午一两点钟就要上街，通常肩上背一搭篮，这种搭篮是用竹子做的，篮把特别长，大约有 60 公分，篮把搭在肩膀上，篮筐靠在臀部，这样就可不必用手拎篮了，冬天将羊桶壶用旧棉衣包住塞进篮筐里，夏天则拎在手里。这些人上街喝茶有的自带茶叶，只需付开水费，出得茶馆茶叶还在壶内，路上可以喝，回到家仍可以冲开水，既节约又省事。另一种是天不亮就起床，到茶馆洗脸漱口，一般有钱的窑户、账房先生还提着包箱，内放羊桶壶，到了茶馆按档次分别在包厢、包房、包室内喝茶、聊天，有时处理一些纠纷。还有一种就是窑场工人，他们上班干活时就将茶壶往旁边一搁，口渴了，少许热一下。

羊桶壶比起一般的仿古、掇球、石瓢之类壶的容量要大一些，多在 500—800 毫升左右，一人喝足够，两三人甚至更多人也周旋得过来，比起那种“寿星壶”来又要小得多。

羊桶壶造型简练，使用方便，一出现就受到世人欢迎。因为用此壶的人大多数是要外出的，所以为便于携带，羊桶壶会配上铜质、藤质的软耳用来提拎。

羊桶的名称由来，有来自南洋外销、东洋外销、北洋外销三种说法，其实均无科学依据。羊桶壶初出来时，因其壶身上下一样粗细，壶壁直挺挺的，就像桶一样，其口也比较大，人们就称其为“扬桶”。

羊桶壶的造型长期以来没有什么大的变化，壶身、壶嘴和软耳提梁壶都差不多，主要变化是盖上，最先是平盖，后来有人受到了子羊坛牛鼻孔盖的启发制成了嵌盖款式的牛盖羊桶壶，使壶艺增添了线条的迂回感，使用起来更方便、得手，拇指、食指正好抠进盖孔，既不烫手又感温驯。

第三节　购买紫砂时可参照的国家质量标准

国家标准 GB/T 10816—2008《紫砂陶器》对紫砂产品的各项质量

性能提出了明确要求。了解这些要求可以更好地保护消费者的权益，减少购买的盲目性。

1. 吸水率：壶类，杯类，盘碟类，蒸、汽锅类的吸水率在 2.5%—6.0%之间，花盆类不大于 12%。

2. 抗热震性：180℃至 20℃水中热交换一次不裂（成套产品以壶类为代表件）。

3. 铅、镉溶出量允许极限：按国家标准 GB 12651—2003《与食物接触的陶瓷制品铅、镉溶出量允许极限》的规定：杯、罐类为铅≤0.5mg/L、镉≤0.25mg/L；除杯类以外的小空心制品（注：茶壶属于此类）为铅≤2.0mg/L、镉≤0.5mg/L；扁平制品为铅≤0.8mg/L、镉≤0.07mg/L；除罐以外的大空心制品为铅≤1.0mg/L、镉≤0.25mg/L。

4. 产品的口径或高度误差在±2.0%。

5. 有盖产品的盖与口应吻合。

6. 壶类产品在倾斜 70 度时，盖子不应脱落。

7. 成套产品的色泽应基本一致。

8. 除花盆以外的所有等级产品不应有渗漏、磕碰缺陷。

9. 所有产品的表面装饰不得采用有机物加工处理。

第四节　紫砂壶的使用要领

1. 如何开壶

一把新出炉的紫砂壶是没有太鲜艳的光泽的，也不能直接用来泡茶，因此新壶开始使用前要进行一系列的处理，行家叫做“开壶”。开壶的方法有多种，各行家的方法不尽相同，一般应遵循以下五个步骤：

第一步，洗壶。在紫砂壶开壶时，一般要先用细毛小刷将外壁和内壁刷洗干净。

第二步，用白水煮至少一个小时。具体方法是将壶盖与壶身分开，以文火慢慢加热至沸腾。这一步可以借热胀冷缩让壶身的气孔释放出所含的土味及杂质。

第三步，用老豆腐煮半小时。具体方法是将壶从白水中捞出来后，待壶体及茶配件自然冷却至常温之后，填装豆腐（建议用老豆腐，因为吸附性强）。填装时稍微压紧，避免豆腐在水煮沸之后跑出壶体。填装完毕后，放入冷水内，加热至沸腾，直至厨房内充满豆腐香气后，再等待约 5—10 分钟即可。此步骤目的是祛紫砂壶的“火气”。因为窑烧的关系，有人认为壶的“火气”很大，在正常使用之前，应该给紫砂壶“降火”、“清火”。

第四步，用甘蔗嫩头煮至少一个小时。具体方法是将用豆腐煮好的壶捞出来，再用清水洗净，自然冷却到常温。接着，将甘蔗头（略与壶身等宽）置入锅中，同上步骤一样将其煮沸，直至空气弥漫甘蔗香味 5—10 分钟即可。

第五步，用茶叶煮至少一个小时。这之前您要确定您今后用这把壶所要泡的茶叶，比如红茶、普洱、龙井等等。我们建议您一把壶只泡一种茶叶。具体方法是重新加入冷水将茶叶和壶一同置入锅内，待其煮沸，等空气弥漫茶叶香味后约 10 分钟，将壶捞出，用锅内的茶叶稍稍用力去摩擦壶体和壶盖数分钟，最后用温水把壶洗干净即可。此步骤的目的就是“定味”，确定今后该壶所泡的茶种类。

完成这五个步骤后，紫砂壶才可以正式开始使用。

2. 如何保养紫砂壶

首先，无论是新壶还是旧壶，都要先清洗干净了才有利于“养壶”。

保养紫砂壶还有一些规矩：

第一，泡茶时，不要将茶壶浸泡在水中。有些人在泡茶时，习惯将茶壶放在一个水盆里，盆中装有沸水，好达到保温目的。这种做法实际上是对壶的伤害，会让壶身留下不均匀的色泽。

第二，一把壶只能泡同一种茶，不要混泡，那会使壶的味道变杂。

第三，“养壶”不能速成。无疑，紫砂壶要经常使用才好，使用紫砂壶泡茶的次数越多，茶壶就越能充分吸收茶汁，久而久之，紫砂壶表面就会出现润泽如玉的光泽。不过，有些人为了养壶，不根据体质，无视自身的健康，喝茶太多，对身体造成伤害就不好了。而且泡茶时，不要将茶汤浇淋于壶身，或拿笔刷沾茶汤刷拭壶身，凡此种种，都会失去“养壶”的乐趣。

第四，泡完茶后，应顺手倒掉茶渣。特别是在气温较高，又比较潮湿的地区，茶渣积放壶内容易产生异味或发霉。

第五，不要把茶壶放在容易沾染灰尘、油烟的地方，以免影响壶面的润泽度。紫砂壶切忌沾到油污，一旦沾上油污，必须马上清洗，否则油渍不仅会渗到紫砂壶上留有油痕，而且不利于吸收水分。

第六，清洁时要适度。用软毛小刷子，将壶中积茶稍稍刷洗后，用开水冲净，再用清洁的茶巾稍加擦拭。紫砂壶切忌不断地推搓。

第七，养壶要特别注意壶盖、壶嘴、壶把，因为这些地方接触茶少，容易和壶身颜色不一致，可常用热茶擦这几处。

第八，给紫砂壶一定的休息时间。勤泡一段时间后，茶壶需要“休息”，这样才能使土胎彻底自然风干，便于以后再次吸收茶汁。这样养出来的壶，亮度经久不退，更不怕手的触摸。

另外，养壶时最重要的是保证壶的热度，只有在高温下紫砂泥的气孔才会打开吸收茶香，低温下是无法养壶的，所以有的人把壶泡在茶里是非常不正确的养壶方法，只会适得其反。

如果你的壶是花货，可去买支养壶专用笔，避免将壶上细小部位碰坏，也可更方便养壶。

3. 如何驱除紫砂壶的霉味

如长时间不用，紫砂壶内会有味道，去除味道的方法就是在壶内注入开水，当壶热透再倒出注入冷水，反复几次就没有味道了。因为紫砂泥本身具透气性和收缩性，在遇到冷热交替时就会像人的毛孔一样收缩与张开。但如果你的壶不是真正的紫砂壶就不要用这种方法了，因为普通的泥壶这样会开裂的。

4. 如何驱除紫砂壶的土味

刚买来的新壶往往会有一股或浓或淡的土腥味，如果紫砂壶长期不用，表面也会覆盖一层比较细的粉尘，再使用起来会有很大的一股土味，令人难以消受，泡的茶也走了味道。如何祛除这种土腥味呢？

（1）整修内部

通常中档以下的紫砂壶多半会有一些不算瑕疵的小毛病，大多可以自行排除。例如：气孔被泥屑堵塞住，易影响出水的顺畅，可以用钢针或尖钻小心将其剔除；壶身内壁或流孔接续处若残存泥屑，易卡住较小的茶叶片，形成藏污纳垢的死角，可用小钢锉及砂纸细加修整磨拭，以免造成日后使用的困扰。

（2）给壶“洗澡”

一是水煮法。取一干净无杂味的锅子，将壶盖与壶身分开置于锅底，清水要高过壶身，以文火慢慢加热至沸腾。此步骤应注意壶身和水应同步升温加热，切勿像某些书上所载，将壶身骤然置入沸水中，长时间蒸煮；否则，虽说紫砂壶冷热急变化佳，但如此折腾紫砂壶，万一出现裂缝就后悔莫及了。待水沸腾之后，取一把廉价的茶叶（通常采用较耐煮的重焙火茶叶）投入熬煮，数分钟后捞起茶渣，砂壶和茶汤则继续以小火慢炖。二三十分钟后，以竹筷小心将茶壶起锅，净置退温（勿冲冷水）。最后再以清水冲洗壶身内外，除尽残留的茶渣，即可启用。

二是刷拭法。这是较为简便的方法，先以温水暖壶后，再改注沸水盛满壶内，并用热水浇淋壶身表面，使全壶保持高温状态。然后持软毛牙刷将全壶内外彻底刷上几遍后，以热水冲去泡沫，即可去除土味及蜡质。

刷拭法的优点是简单方便，在茶桌上即可操作，不必开火动灶，缺点是效果不如水煮法彻底。此外，某些牙膏（尤其是去污力强的）含有较高成分的研磨剂，对胎身较细腻的砂壶（如朱泥、绿泥）易产生刮痕，不建议使用。

（3）给旧壶换新颜

若手中的是二手壶、老壶、旧壶、出土壶，那处理上需较为谨慎。

出土壶固然需大清特清，老壶、旧壶亦然，因为某些地区、某些人喝茶是不用茶杯，而是直接以口含壶嘴喝的，还有些不懂其价值的人家会用茶壶装酱油、煤油等物，甚至某些文物贩子喜用墨汁、鞋油、盐酸将紫砂壶刷染作旧。即便是得自朋友的二手壶亦应重新处理干净，从头泡养起，因为“好壶不事二茶”，常泡普洱的壶若突然改冲乌龙，茶汤必然不纯，有碍品评。

紫砂旧壶的“洗心革面”通常不采水煮法，因为旧壶或许隐含有龟裂、修补的暗伤，不宜下“猛药”。通常的做法是先取一盆热水，将温热过的旧壶置入，使热水淹过壶身，泡一两个小时。

5. 如何修补紫砂壶

紫砂壶使用久了，难免会有点小裂缝、小破损等等。对于紫砂壶爱好者们来说，破损的紫砂壶弃之可惜、放之烦恼，就想把它修补好。这里向您介绍修补紫砂壶的三个步骤。

第一步：清洗紫砂壶。先用清水粗洗灰尘，再用刷子、小刀配之牙膏和水清洁茶垢及断裂碴口。若有些茶垢带些紫砂较难清洗的，可用漂白粉等溶液浸泡两个小时。

第二步：粘接紫砂壶。要根据紫砂壶器物的形状、纹饰、颜色进行试拼编排，用笔写上记号，并计划好粘接的顺序。由于有些紫砂壶破损严重，对粘接剂的性能要求就高，只有选用粘接强度高、耐老化力强，而且固化时间适中的粘接剂才能够修复出质量高的紫砂壶。操作时要按照事前定的方案照顾到上下左右，碎的较多的可以从底部开始粘，有些可从口沿开始粘，必须做到每粘一块都不能有丝毫的差错。如果一块错位，最后将无法合严。粘接时还要注意不要涂胶太多，要将胶涂在紫砂片中心，合对时一定要加压，并用白布带捆绑好，流出的胶马上用丙酮擦净。

第三步：对紫砂壶残缺的部位进行补配。对紫砂壶残缺的部位可采用颜色差不多的紫砂粉加胶补配。如果是壶的嘴、把，可按原样重烧一个，并做出与原壶一样的包浆，做旧后再加胶补配粘接在紫砂壶上。

第五节　如何用紫砂壶泡不同的茶

要根据茶的种类选择不同的壶型。一般原则是壶音频率高者适宜泡重香气的茶叶，壶音稍低者宜配泡重滋味的茶。

一般紫砂壶是用于冲泡普洱茶和乌龙茶的。其原因是普洱茶和乌龙茶对冲泡的水温要求较高，一般在 95—100 度，而且要持久高温方能产生其茶叶特点。而紫砂壶有较好的保温能力，可以使乌龙茶、普洱茶的香味不易散失。所以，一般在冲泡这两种茶的时候都要采用紫砂壶。但其他茶也未必不可以用紫砂冲泡。

1. 如何用紫砂壶泡绿茶

因为绿茶的嫩度非常高，不少人认为它不适合用紫砂壶冲泡，以免闷泡。其实只要掌握了不同绿茶的特性，为它挑选一款适合的紫砂壶并不难。

250 毫升左右的扁腹敞口的紫砂壶是泡绿茶的较好选择，因为绿茶不适宜长时间的高温浸泡，它要求茶具必须尽快散热，所以注意将水温控制在 85°左右，泡好后出水要快，不要长时间闷泡。

2. 如何用紫砂壶泡红茶

红茶的种类多，产地广，按照其加工的方法与出品的茶形，一般可分为三大类：小种红茶、工夫红茶和红碎茶。工夫红茶是中国特有的红茶，比如祁门工夫、坦洋工夫、滇红工夫等等。“工夫”二字，一是指加工的时候较别种红茶下的工夫更多，二是指冲泡的时候要用充裕的时间慢慢品味。小种红茶是福建省的特产，口味讲究的是“松烟香，桂圆汤”。红碎茶按其外形又可细分为叶茶、碎茶、片茶、末茶，产地分布较广，主要供出口。

红茶的功效很多，但是最主要的还在于它对胃肠的保护作用较为明显，这与它在制作过程中经过了充分发酵有很大关系。

紫砂壶是喝红茶的首选茶具。以紫砂壶来泡红茶，可以使红茶的口感更加醇厚绵长，而且经常使用同一把壶泡红茶，香气会愈加浓郁。紫砂壶也会在红茶的泡养之下，色泽更趋浑厚。

红茶香味悠长，性甘，汤色红浓，可以选择如下条件的紫砂壶：

泥料：紫泥、红泥、降坡泥等。

壶型：壶身较高、窄长。

容量：红茶要求保温时间长，用较高、窄长的 250 毫升左右的紫砂壶最佳。

茶量控制：每次茶量应控制在 7 克左右，可以视壶体大小适当加减。

另外，冲泡红茶时，水温不宜太高，以 80—95 度之间为宜。

3. 如何用紫砂壶泡乌龙茶

乌龙茶又称功夫茶，是因为其泡茶方法和其他茶类的不同。其茶器均有严格的规格限制。

对壶的要求是：

泥料：紫泥、绿泥、红泥类均可，其中以红泥最为标准。因其中的朱泥目数较高、密度大，对高香型茶品的香味吸附损失少。经高位烧结的扁圆朱泥壶，聚热扬香，是乌龙茶的最佳伴侣。

容量：按照茶量的不同而选择不同容量的壶，一般为 80—200 毫升。

4. 如何用紫砂壶泡黄茶

黄茶的芽叶细嫩，香味鲜醇。黄茶的基本制作工艺近似绿茶，但具有黄汤黄叶的特点，这是制茶过程中进行闷堆渥黄的结果。有的揉前堆积闷黄，有的揉后堆积或久摊闷黄；有的初烘堆积闷黄，有的再烘时闷黄。由于品种的不同，在茶片的选择、加工工艺上有相当大的区别。比如，湖南省岳阳洞庭湖君山的“君山银针”茶，采用的全是肥壮的芽头，制茶工艺精细，分杀青、摊别、初烘、复摊、初包、复烘、再摊放、干燥、分级等数十道工序。加工的“君山银针”茶外表批毛，色泽金黄光亮。黄茶主要产地有：安徽、广东、贵州、湖南、湖北、四川、浙江。黄茶依原料芽叶的嫩度和大小可分为黄芽茶、黄小茶和黄大茶三类。

黄茶选用紫砂壶注意事项：

泥料：紫泥、绿泥、红泥类等所有泥料均可。

壶型：口盖宽大为佳。

容量：200 毫升以上。

5. 如何用紫砂壶泡黑茶

黑茶属于后发酵茶，是我国特有的茶类，生产历史悠久。黑茶是利用菌发酵的方式制成的一种茶叶，它的出现距今已有 400 多年的历史。由于黑茶的原料比较粗老，制造过程中往往要堆积发酵较长时间，叶片呈现暗褐色，所以被人们称为“黑茶”。黑茶有补充膳食营养、助消化、解油腻、顺肠胃、降血糖、降低烟酒毒害等多种功效。

黑茶主要产于湖南的安化县和湖北、四川、云南、广西等地。主要品种有安化黑茶、湖北佬变茶、四川边茶、广西六堡散茶、云南普洱茶等。

黑茶汤浓，色泽较深，在选壶上也需要注意：

黑茶适用紫泥、段泥中的大品壶冲泡，容量最好在200毫升以上，身筒高一些更好。紫泥、段泥泥质较为松散，利于吸附黑茶类不好的仓味，其交换作用也可以使茶汤的味道更好，身筒高更有闷泡的作用。但熟普因为汤色过浓，容易造成段泥吐黑，应该在试养后再持续泡养。粗颗粒的窑白芝麻砂最适宜泡陈普。葛陶中所制本山绿泥的梨壶，小身型、浅黄色，专泡陈普，尤其是荷香散普，能还原出熟普的内涵与本味。

第六节　对玩壶新手的建议

对于刚刚喜欢上使用紫砂壶的新手们，我们建议：

1. 不可急功近利

紫砂壶是值得把玩一生的茶具，也是爱好者情感偏好的投射，不可能有速成的，只能一点一滴地积累，如果太浮躁，估计是要交不少学费的。现在有些新壶友很茫然，并不明白什么是原矿紫砂，只能把自己的想象强加在紫砂身上，刚开始喜欢颜色鲜艳的、光亮的（原矿根本烧不出来，必须要加金属氧化物），泥（山外料）被打成一百二十目通粉的，表面细得像玻璃一样的（加玻璃水）。这种壶其实表面已经瓷化，脱离了紫砂的范畴。颗粒的甄别通过肉眼是可以正常区分的，紫砂的目数自起源至今，基本锁定在20—120目的范围，制作紫砂壶最优的目数应该在30—60目之间。过粗过细都会对紫砂的工艺步骤造成影响。

2. 茶和壶不分家

如果你原来不喝茶，是突然玩壶的，那将会有很多的弯路要走，所以磨刀不误砍柴工，一定要花点时间在茶上面。能用盖碗喝出茶叶的好坏，对你将来玩壶的进级是非常有帮助的，因为壶和茶是不分家的。

3. 不要迷恋虚名

不要去追求所谓的好泥，传统的紫泥、段泥、红泥最美。玩的名堂越多，吃的亏越多。紫砂基本泥料只有三种，就是紫泥、红泥、本山绿泥，其他的都是这三种基础泥料的分支或者天然共生矿。

4. 养得润不一定养得好

不要以为可以养得润的就是好料子，山外料和纯度不高的紫砂也可以泡养出好的效果，但是和原矿比肯定还是有较大差距的。不要以为看着润的、亮的、水色好的底料就一定好，看着干涩、水色不好的料子就一定很差。现在练泥的功夫、明针的水平、烧窑的技术，对泥料成色的影响要超过底料本身的因素。现在有一些纯度不高的料子（山外料、化工料不在探讨范围之内），经过好人工、打磨抛光，看起来很漂亮，但泥本身并不是真的好。一把刚出窑的壶，经过上千度高温之后，壶的外表灰头土脸的，一点光泽都没有，所谓和田玉一般的光泽需在茶水滋养后才会有。如此，我们能说那些刚出炉的紫砂壶泥料不好吗？也有壶工为了壶烧出来有较好的卖相，使用冲浆的方式，在泥料中调多些脂泥，再以明针把浆逼到壶外，壶烧出来就明亮的多，但这能说明泥料就纯正了吗？只看表面功夫，一般的新手会吃不少亏。紫砂壶因为泥料种类不同，出产的地域不同，练泥的方式不同，明针的功夫不同，烧制的温度不同，养出效果所需的时间也不同。有的泡几次茶表面就开始发生变化（变润、有亚光），有的变化会慢一些。所以不要以为泡养变化快的泥料就一定好，泡养变化慢的就一定不好。

5. 龙山料和山外料的识别

龙山料即“黄龙山料”。一般劣质紫砂新壶用开水注入 30 秒后倒尽，有股浓重的异味，而龙山料则有股淡淡的陶土香味。龙山料做的壶手感很润，看上去有砂感。这一点非常重要，也是区别龙山料和黄龙山以外山料的重要手段。龙山料静谧通透，呈亚光（黯然之光），养后的光泽犹如儿童眼睛般的清澈。新壶有少许云母片，但壶养成后就会消失。特别要注意看盖内，因为卖壶人这里往往不做抛光处理，呈不平滑状玻璃相（这点非常重要，因为黄龙山以外的料往往是这种质感），是劣质泥结晶度高含砂少，不耐高温的缘故。

6. 如何识别原矿

不要盲目听信别人教你如何识别原矿，比如原矿一要有铁质，其实含有氧化铁的泥土全国各地不知有多少。虽然紫砂含有云母，云母在烧成的过程中会遗留下来，在光下发出点点银光，但是从这里作为出发点，碰上长兴泥料时也一样没办法，因为长兴泥也有同样的效果。新手玩壶最大的动力应该就是不断地自我否定。

7. 壶形不要偏爱花哨

关于壶形，这个要看个人的喜好了。其实线条越简单的壶越吃工，越花哨的壶反而好做。因为花哨的壶往往就是往上加东西，但你要怎么简单，而且要简单得好看，这就是很难的事情了，水平不高的工手是很难突破的。线条简单的壶往往形、神、气、态的高低一目了然，没有其他的东西可掩盖，藏无可藏，更考验工手的功力和艺术水准。同时，线条简单的壶往往古拙。紫砂壶属于茶文化的组成部分，追求的意境为“淡泊平和，超世脱俗”。所以，古拙大度为最佳，清秀趣味次之。至于怎么提高，其实方法很简单，先从传统的壶形玩起，首先要多看少买，把眼光养正，只要方向对了，哪怕只是在起点，将来也可以玩得很好。

第十八章

紫砂壶的收藏

第一节 紫砂壶的收藏历史

紫砂壶的集藏与投资，古已有之，但明清时代主要以收藏为主。

进入20世纪70年代，其投资价值受到市场人士青睐，尤其是到了80年代，中华大地曾刮起一阵炒作紫砂壶的旋风，一些当代烧制的平淡作品一夜之间身价百倍，匪夷所思。之后，随着大量仿制品的出现，一度供不应求的局面发生转变。到90年代，紫砂集藏投资热不断降温，脱离实际价值的紫砂壶价格出现了价值回归，集藏投资由此进入相对低迷阶段。

从紫砂由热到冷的过程来看，20世纪80年代初紫砂壶的市场需求量并不大，尤其是名贵紫砂壶制作量较小，市场上看到的通常都是些普通的紫砂壶产品，仅具使用价值而没有收藏价值。但是这个时候港台地区的紫砂集藏却异常活跃，尤其是当代名家制作的紫砂壶在市场上备受青睐，市场价格越来越高。一些造型特殊、线条流畅的紫砂壶逐渐变成了高档收藏品，像目前陶艺家和工艺师制作的紫砂壶，在部分商家的炒作下，价格扶摇直上，市场交易价格少则几万元，高则十几万元。需求的大幅增加，令紫砂壶价格暴涨，一些为暴利驱使的买家纷纷抬高收购价格，使紫砂壶的供求关系发生质变，并最终导致国内集藏市场上紫砂壶价格的快速攀升，参与其间者日增。

20世纪80年代中后期，港台商人的过度炒作，严重透支了紫砂壶未来的升值空间，加上受高利润的诱惑，市场上名家赝品横行，紫砂壶的声誉江河日下，市场从此走入下坡路。其后几年，许多出自名家之手的紫砂壶其身价也不及高峰时的十分之一，形成了明显的低谷。

近几年开始，紫砂壶的收藏有走出低谷的表现，紫砂泥矿的限采，茶文化的流行，宜兴紫砂壶申请“非物质文化遗产名录”的启动，紫砂界众多工艺美术大师的当选，一系列利好在收藏界掀起了一股收藏紫砂壶的热潮。2004年，吕尧臣的“小石冷泉壶”以60万元创当代中国紫砂壶个人拍卖记录，收藏潜力极为惊人。香港佳士得曾拍卖一件清乾隆剔红饕餮夔龙纹紫砂壶，以147.7万港元的历史最高价成交。而在2010年5月底举办的中国嘉德2010春拍活动中，一把1948年顾景舟制、吴湖帆书画的“相明石瓢壶”拍得1232万元的天价，创下紫砂壶拍卖的世界纪录。据了解，名家紫砂壶保持着每年近20%的涨幅。紫砂壶不断升温的价格，也使其成为不少投资者关注的重点目标。

第二节　紫砂壶的收藏价值

紫砂壶不同于其他陶瓷藏品，产地仅有江苏宜兴一个，原料资源相对稀缺，所以紫砂壶更显珍贵，更具有收藏价值。像徐达明、季益顺等名家制作的紫砂壶在近几年的时间里价格均翻了数倍，升值潜力巨大。

另一方面，就收藏品市场的现状来看，应该说与国画比起来，紫砂壶目前价位还处于起步阶段，升值空间大。而且国内的紫砂壶收藏和市场都在发展，紫砂壶是具有投资潜力的。

但如何确定一件藏品的价值呢？许多藏友经常找专家咨询所藏紫砂壶的价值和价格，其心情迫切是可以理解的，亦是很正常的。可紫砂收藏有其积极的历史意义和现实意义，文物价值、历史价值、经济价值、文化价值、工艺价值等综合因素诸多，并不是一两句话就能说清楚的问题。其中：

老壶是历史的见证，具体反映出各个历史时期紫砂艺人的嗜好、个性、风格和制作工艺，具有很高的历史价值、文化价值、工艺价值，当然亦包括经济价值。

各个历史时期、历史阶段的代表人物、代表作品价值连城，壶比金贵。这主要说的是有历史价值，历史价值高于经济价值。

档次的区分跟收藏家的收藏有一定的关系，跟经营者的炒作亦有一定的关系，但主要是看东西的好坏（当然指的全部是真迹，伪劣品除外）、兴趣所爱，很难用同一标准具体针对某一作品。这里面牵涉到收藏的层次、不同的收藏者、不同的地区、不同的人群；亦牵涉到紫砂壶的造型、泥料、风格、个性，即使同一个艺人身上也会出现精品、名品和一般品的区分，前期和后期作品的区分，高峰期和低潮期的区分；亦牵涉到当时的历史环境、历史背景，诸如和平时期和战乱时期的区分，紫砂热潮和低谷时的区分，生活条件好和生活条件差之间的区分；艺人的生活习惯、爱好、家庭负担及知识方面的区分等等。紫砂作品的档次还跟紫砂泥料的选配、运用、工艺、工具改革相联系，制作技术的高低相联系，名人、文人的结合相联系，传统精品名品的结合相联系……这些相关知识是很丰富的。

由此来说，针对具体的某一件紫砂作品，笼统地问一声“值多少钱”是很难有具体答案的。有一些旧的日用器具，如老茶馆里很平常的日用器具，水平虽然不高，也不是出自名师之手，但它的历史价值就高于经济价值。如符合紫砂纯品、精品、名品、艺品、真品和稀品的要求，那它的历史价值、文化价值、文物价值、经济价值、工艺价值就更加珍贵了。

第三节　收藏紫砂壶的心理准备

1. 收藏紫砂壶应循序渐进

紫砂的收藏，应该从爱壶入手，玩壶入门，因势循道。在使用茗壶和品茗过程中，逐步了解紫砂壶的鉴赏收藏知识。如：紫砂陶土的泥料、泥色、泥性、泥相；紫砂成型的工艺、工技、工具、技法；茗壶的种类、造型、方圆、光塑等器的区分和不同特点；紫砂艺人的经历、师承、艺德、文化功底、兴趣爱好、个性特点；茗壶与品茗的相关联系，哪些壶适宜泡哪些茶，高壶适合泡哪些茶，矮壶又适合泡哪些茶等等。在形成自己的兴趣爱好，了解紫砂的一般知识，并经历从低到高的实践活动，逐步积累经验、积累知识、积累经历，才可以根据自己的喜好展开入门的、有目的性的、有专题性的、力所能及的收藏。这种收藏是一种学习的过程。在这一学习过程中，有选择性地读一些紫砂史料、紫砂书籍、历史沿革，然后再在此基础上边实践、边考证、边鉴赏、边收藏；切忌冒进，一步到位，以貌取壶，以闻取壶，人取亦取。

2. 收藏紫砂壶不能急功近利

紫砂收藏并非一件容易的事，要有一颗平常心，不可急功近利。

首先，紫砂收藏需要有一定的财力。除非你生财有道，可以请专家“掌眼”，在各大拍卖会上收进靠得住的紫砂拍品，如此也许不需要很多年，你就可以成为大收藏家了。可惜有如此财力的人不多，作为一般工薪阶层的紫砂爱好者，一旦沉浸于其中，首当其冲遇到的问题就是资金不够。你常常会因为囊中羞涩不能把喜爱的紫砂壶带回家而遗憾、痛苦，你常常会因为购置一件心仪已久的紫砂壶而长期节减开支，从而降低了生活质量，这实在是没有必要。

其次，紫砂收藏需要很多的时间和功夫。你要收藏紫砂壶，就得挤出时间看书，学习和掌握有关的知识；就得挤出时间跑博物馆看展品，跑拍卖会看预展，争取尽可能多的上手机会；就得挤出时间逛地摊古玩市场去淘宝，去古玩城的各个摊位找合适的藏品；就得挤出时间与紫砂收藏家交朋友以提高自己的水平，与紫砂艺人交朋友以买到中意的藏品……作为工薪阶层，你有自己赖以谋生的工作，所以你的空闲时间有限。这就要会合理安排时间。

再次，紫砂收藏很费力。既费脑力，又费体力。费脑力者，你将经常为某把紫砂壶是真是假而动脑筋，经常为它值不值得买而费神，为“捡漏”而欢欣鼓舞，为“缴学费”而懊恼不已。费体力者，你可能要为某件藏品收为己有而多次奔波。

可见，收藏紫砂要做好长期奋斗的心理准备。说其长期，缘于紫砂收藏决不可能一蹴而就，更不可能“一夜暴富”。哪怕你有再多的钱，也不可能仅凭一次拍卖会的斩获，就成为著名紫砂收藏家。更不用说资本实力不雄厚的一般藏家了。而眼力本身就不是一天两天能练就的，要靠长期的磨练。像时大彬、陈鸣远、陈曼生、顾景舟等人的作品，也许你一辈子都不可能遇到一件真品；当代名家的作品，也许你高价可以收到，但你无法保证它是孤品或绝品，是否真的出自名家本人。所以收藏紫砂的必要条件是有“三闲”，即闲钱、闲暇和闲情。闲钱，即可以自由支配的相当数量的金钱。闲暇，即可以自己支配的一定数量的业余时间。闲情，即具有从事紫砂收藏的闲情逸致，从心底里愿意和喜欢这件事，能够无怨无悔地为这种费钱、费时、费力的事情去付出自己的艰辛与努力，以此为乐，以此为荣，哪怕最终的结果不成功。

第四节　紫砂壶收藏常识

初入紫砂壶收藏领域，最好先找一个信用良好的商家，并找到内行的人“牵线”，弄明白什么样的做工好，什么样的做工差，最后才去了解该件作品是出自哪位作者之手。

另外，刚入门的收藏者不宜“大手大脚”，最忌什么都没弄懂就一掷千金。刚入门，可以花几百元买一些助理工艺师的作品，多听多问备足功课之后，再掏钱买好壶。总之，没有相当的紫砂壶品相知识，做个好藏家是不可能的。所以你要尽可能多地掌握些紫砂收藏的基础知识。

1. 哪些紫砂壶具有收藏价值

搞清楚哪些壶值得收藏，这对准备投身紫砂收藏队伍的人来说非常重要。一般来说：

（1）名家作品是首选

名家制作的紫砂壶一定是首选，这是藏友们熟知的常识。作为一种技艺，紫砂壶除了讲究泥质、工艺独特和装饰方式外，制作水平是影响价格的关键因素。鉴于名家通常具备高超的技艺，在师承传统的同时往往会不断创新，代表着一种工艺特色和流派，因此他们的作品历来受到藏家的重视和青睐。

名家紫砂壶历来是按人定价，名家名壶身价是普通紫砂壶的数倍到数百倍。目前，我国工艺美术大师的紫砂名壶每把约为5—10万元，大件精品价位则在20万元以上。省级工艺大师的作品每把为1—3万元；市级工艺师的作品每把为0.6—1.5万元；工艺师的每把3000—5000元；助理工艺师的每把1000—2000元；工艺美术员的每把壶则300—

500元。

所以，在经济实力允许的条件下，投资者应该首选名家之作。

(2) 艺术价值反映市场价格

紫砂壶的造型各有千秋，但艺术水准的高低却是衡量市场价格的重要标准。紫砂壶上各种奇异的树枝、花果、筋纹和描绘的图案及文字，是紫砂壶精美绝伦艺术价值的体现，自然受到集藏者的眷顾与珍爱。

(3) 具有时代烙印的品种受重视

紫砂壶在不同历史时期的流行特点，往往具有时代的印迹，尤其是某段时期代表性的作品，常常是千金难求之杰作，在紫砂集藏界具有非常高的地位，其历史价值和投资价值也非同寻常。如：自20世纪90年代后期，收藏市场上开始有人炒作名为“文革壶”的紫砂壶，据说有三个特征：一是使用没有烧到温度的普通紫泥；二是做工极其粗糙，甚至口颈处还有用刀痕迹；三是壶身的装饰为领袖头像或陶刻的革命诗词等。

其实，紫砂茶壶的价值在于它的工艺水平，而不在于附庸其间的其他涵义，甚至不完全在于它的历史价值。因而，现在大师们的高水平作品，往往比历史作品更有价值。

(4) 老壶一定会升值

任何一把紫砂壶，随着时光的推移，新壶变成了老壶，就有了历史价值，也就自然升值了。不过升值的幅度大有不同。如30年前徐汉棠的一把壶，仅售20元左右。当时20元钱可以买普通工人的壶50把；而今天，徐汉棠的壶至少可以卖到数万元，而当时普通工人的一把壶现在也仅卖100多元。

(5) 创新壶备受关注

一些创新壶也颇有收藏价值。这种紫砂新品佳作，制作量极少，一般为数十把左右，且不会重制。故这类壶的收藏日后是有相当升值潜力的，投资前景也十分看好。

总之，投资紫砂壶需要根据工艺特点、艺术价值、名人效应和流行趋势等进行综合考虑，优中选佳不仅是集藏的真谛，也是市场投资最基本的着眼点。

2. 如何辨别紫砂壶的真伪

辨别紫砂壶真伪的能力是很多藏友欠缺的，有时往往用高昂的价格只买回一个赝品。紫砂壶应该怎样辨别真伪呢?

（1）仅凭外观容易上当

近年来，由于古壶行情看好，不少壶商利欲熏心，找来一些宜兴艺工，将新壶外观处理得跟古壶没两样。面对这些“假古壶”，唯有从时代背景特色、造型、落款习惯等方面仔细辨认，才不会受骗。

（2）不同时代的作品有不同的特色

紫砂壶从明代正德年开始到清末，时间长达四百余年，前后出现过不少制壶名家。同时，每一时代有每一时代的作品特色。例如，明代制壶只重型制、质地，作品概为素色无彩。因此，只要壶身加上色彩（据传壶身加彩始自清雍正时代），即可肯定不是明代古壶。又如陈鸣远首开“壶盖内用印”的先河，因此如果是壶盖内用印的真古壶，保证是陈鸣远（明末清初）以后的作品。再如清道光年间，名家朱坚首创金属（锡）包壶，并用玉石制作壶嘴、壶把，故如果壶身上镶有锡或包铜时，即表示此壶必然是道光以后的作品。

（3）根据出水孔数辨识

所谓出水孔是指壶内通壶嘴的孔。出水孔数的多少，也可作为断定该壶是否为古壶的资料之一。

据了解，民国以前的紫砂壶，不论大小，出水孔都是单一孔。近年来则不一定，大、中型壶为防止茶叶堵住出水口，影响出水，故大都改为多孔状。

（4）从壶身情形辨识

众所周知，明代的紫砂壶顶多只在壶底落款，壶身大抵保持素面无物。到了明末（天启、崇祯年）的名家陈用卿，才开始以草书在壶身上落款。

现在我们常常可看到壶身上刻诗书的壶。其实，在壶身上刻诗书，是清代陈曼生所创，后代名家效法延用。

根据以上两点可得到一个结论，即壶身上刻有诗文绘画的古壶，绝对是陈曼生以后所制。

（5）从落款的甲子年辨识真伪

或许一般人都不会去注意到这一点，但这却是辨识作品真伪的一项利器。

古人相当重视甲子年表，且我国是以农立国，一提到今年是什么年时，总是习惯使用甲子年表示。甲子年是以十天干与十二地支相配而成，每六十年循环一次，称为一甲子。明清时期的艺人，落款时是完全使用甲子年表示年份。例如时大彬的“葵花壶”底款为“万历丁酉春”，对照甲子年表可知，万历丁酉年是万历二十五年。

大家在购买古壶时，务必对该壶的制作历史背景、风格、特色、作者的习惯和特色详加了解。

第五节　紫砂壶收藏中的保养问题

紫砂壶的保养对于收藏者来说意义不同寻常。

首先，我们要明确自己对收藏紫砂壶到底是抱着什么样的态度。如果仅仅是为了它们的升值空间，或者说为了保证它们的价值，其他的一切考虑都可以忽略，那您的藏品就是文物。既然是文物，就要把它像文物一样对待：轻拿轻放，妥善安置，尽量减少破损的可能。其次，如果您爱壶、爱用壶的乐趣，那手中有如此名器而不用就错失了大好的机缘，而且使用它就是对它最好的保养。此时，紫砂壶先是壶，而后才是一个保值、升值的工具。

为了体会古壶的真谛，使用时要做到：

专一。什么壶泡什么茶，什么季节用什么壶，什么心情用什么壶，这些最好都能在心里有一个大概的定位。并不是因为这些会影响紫砂壶，而是因为从一个相对固定的角度去体会，您才能更快更深地感受到一把好壶的个中奥妙。而一把紫砂壶如果能被专一地对待，那就更能形成自己独特的风格，与用壶者的心思产生深刻的联系。

不要随意摆放。有条件者可以选用质地较好的木盒盛放，如红木。木料本身的气味不能太重，最好是没有气味的，以防影响紫砂壶。木盒中铺上软垫、泡沫、布垫均可，要保证软垫表面柔软光滑，不会划伤紫砂壶。紫砂壶的口盖之间可以用薄纸，如细腻的宣纸隔开，以免壶盖与壶口因为摩擦碰撞而损伤。其他部位，如壶把、壶嘴、壶上的小雕塑也都要用光软的纸或布着重包好，因为这些地方是最受不得碰撞的。

最后要提醒诸位的就是小心谨慎。特别是藏品紫砂壶，使用时一定要注意它的安全。

第六节　有关紫砂投资市场的客观评价

如今，中国艺术品市场的性质已逐步从以收藏为主过渡为以投资为主，投机色彩过于浓重。对于眼前利益的追逐，致使市场中的假拍和赝品一直横行，甚至海外回流文物中也不乏赝品，屯货、炒作、频繁换手等现象突出；对于眼前利益的追逐，致使极少数学术界人士和机构出卖了学术良心，文物与艺术品的鉴定、批评无法形成独立的、公正的、客观的评判；对于眼前利益的追逐，致使当代艺术表现出消费化、娱乐化、复制化和趋同化的特点，艺术原创力下降；对于眼前利益的追逐，更导致不规范的市场操作，使市场结构一二级倒置。再加上相关的法律法规有待完善，致使中国艺术品市场让一些收藏爱好者望而却步，让一些经营者颇感无奈，让一些学者扼腕叹息……

近些年来，随着艺术品市场的快速发展，各艺术门类的艺术作品价值大多数都得到市场的充分挖掘，价格也都出现了大幅提升。相比较而言，紫砂艺术品的市场发展实际上滞后于艺术品市场的大环境。虽说紫砂艺术品的市场表现相对比较理性，不过，紫砂市场鱼龙混杂的现象确实存在，这需要广大业内人士共同努力，使紫砂这件中华传统艺术的瑰宝能更健康地发展。

中国紫砂相关知识

第十九章

紫砂文化与传统文化

第一节　紫砂文化与民俗文化

以紫砂壶为主体的紫砂文化，它的兴起和发展，与中国的传统文化是分不开的。紫砂陶的文化含义之一，是它承载着民俗文化的愿景与期盼，与民俗文化密不可分。过去的紫砂艺人文化水平都不高，但他们长期扎根在民间，尊师重教，尚礼崇仁，所以他们能把老百姓的许多美好的愿景与心愿融入自己的创作。

比如鲤鱼跳龙门，这是一个古老的神话，也是芸芸众生的千古梦想。而这个美好的愿景在一款壶上得到了承载与张扬，即“鱼化龙壶”。这把壶的壶身上是波涛汹涌的巨浪，中间有一条鲤鱼，而壶盖上祥云飞渡，在彩云中有一条龙。

中华民族是一个热爱和平的民族，化干戈为玉帛也是民间一个美好的愿景。这个愿景在紫砂壶上同样得到了精彩的表现。曾担任过上海画院院长的唐云先生收藏过一把壶，壶名叫“博浪锤壶”，壶身是一个圆球，上方有一根链条，那是冷兵器时代的武器。为这把壶题写壶铭的人是清末有名的书法家、鉴赏家梅调鼎。他题的壶铭有 12 个字：铁为之，沙抟之，彼一时，此一时。意思是说过去的“博浪锤”是用铁铸造的兵器，而眼前的“博浪锤”是用紫砂捏成的茶具，今非昔比。时代不同了，把化干戈为玉帛的美好愿景传达得既生动又自然，令人拍案叫绝。

再说一个梁山伯与祝英台的故事，它表现了中国人的一种爱情观。以文会友，郎才女貌，一诺千斤，忠贞不渝。这个故事在西方人眼中是一个爱情悲剧，但在中国人心目中却是幸福、美好的象征。梁山伯与祝英台在殉情之后，实现了比翼双飞、自由翱翔的梦想。这个愿景同样在紫砂壶上得到了精彩的表现。中国工艺美术大师吕尧臣先生做过一把壶，叫“蝶双飞”。他把梁山伯和祝英台相识恋爱的那个小亭做成壶盖的摘手，在那把壶上设计了一条腰线，把壶分成一阴一阳两个界面，一黄一黑两只蝴蝶加上一段切题的壶铭，把千古流传的爱情故事永久地定格在紫砂壶上。

第二节　紫砂文化与五行文化

紫砂文化与古老的五行说、阴阳观实现了绝妙的契合。先民们认为，金、木、水、火、土五行，是生成万物的元素，是大千世界的根本。

而紫砂泥俗称五色土，五色与五行在这儿对上了。那泥料中有水，有土，有金砂，在制烧过程中要用木头生火。一把紫砂壶恰好是金木水火土的结晶。许多人认为，把五色、五行捧在手上、揣在怀里，就等于是捧着万物的根本，揣着大千世界，心里特别踏实。

西周末年的思想家伯阳父曾提出过一个哲学命题：阴阳相生相克。他认为：阴阳调和万物生长，阴阳失调天下大乱。老子也说过：万物负阴而抱阳。巧了，紫砂壶这样的器皿既负阴又抱阳。我们在任何一把紫砂壶上都可以看到阴的象征，也可以看到阳的符号，可以看到阴阳同在、阴阳调和的气象。或者说，任何一把紫砂壶，它都是立体的阴阳太极图。以“贵妃壶”为例，这种壶粗看没什么特别，底平上圆。但想想贵妃身材，就茅塞顿开了。一把小小的紫砂壶，能把中华文化的很多奥妙之处展现得淋漓尽致，这就是紫砂文化的魅力。

第三节　紫砂文化与儒道释文化

紫砂文化与儒道释等传统文化也实现了完美的融合。无论你是释家弟子还是道家信徒，无论你是出家僧人还是在俗居士，你都可以在紫砂世界中找到你的情感寄托，找到你的精神家园。

1. 紫砂文化与儒家文化的交融

儒家学说有一个重要的概念叫中庸。北宋理学家程颐认为：不偏之为中，不易之为庸。也就是说，要追求平衡、协调，要追求一种无过无不及的境界。而对于紫砂艺人来说，尤其是制作光货的艺人，追求不偏不倚、无过无不及正是他们一以贯之的原则。在泥料的选择上，追求紫而不姹、红而不嫣、绿而不嫩、黄而不娇、灰而不暗、黑而不墨，这不就是中庸之道吗？更不用说喝茶、品茗本身就是与中庸之道一脉相承的生活方式。

2. 紫砂文化与道家文化的交融

道家崇尚自然，取法自然。老子说：人法地，地法天，天法道，道法自然。自然，是最高层次、最高境界的一种存在。道家追求幽野之趣、闲远之心。到了魏晋，这个思想演化成一种生活方式。那就是归隐山林，浪迹天涯，放浪不羁，追求精神自由。对于紫砂艺人，特别是制作花货的紫砂艺人，取法自然、崇尚自然也是他们的一个追求。花货的特征就是模仿自然界的花、鸟、鱼、虫做出来的壶。

蒋蓉女士曾设计过一把“荷塘月色壶”，在这把壶上有荷花、荷叶、莲藕，还有小青蛙。看到这样的壶，我们会联想到朱自清的散文《荷塘月色》，甚至会想到辛弃疾的诗篇：稻花香里说丰年，听取蛙声一片。这把壶正体现了一种乡村风情，让人流连往返。

许多攻花货的壶艺家都爱养鸟、鱼，种一些梅、兰、竹、菊，终身居住乡间，体验田园雅趣，正是“取法自然”。

3. 紫砂文化与释家文化的交融

释家文化也深深地影响了紫砂艺术的创作，成为紫砂陶艺创作的重要题材。

（1）紫砂雕塑中的佛像造型

紫砂雕塑是紫砂陶艺的一个重要门类。佛像本是我国民间雕塑艺术的传统题材。紫砂艺人临摹、学习寺庙、壁画及摩崖石刻中的佛像，以紫砂雕塑的形式进行再创作。据有关资料，明代紫砂巨匠时大彬就曾制作紫砂佛像，目前发现的至少有三件：一是观音持经像，二是白泥菩萨坐像（二像背后皆有刻款“乙巳年弟子时大彬塑”），三是署款“弟子时大彬塑”的布袋和尚坐像。（见徐秀棠的《中国紫砂》）另在《阳羡茗壶系神品》中记录了江西来的紫砂名艺人陈仲美塑的观音像，说其“塑大士像，庄严慈悯，神采欲生，璎珞花鬘，不可思议”。当代紫砂雕塑在徐秀棠大师的努力下，已发展成为与紫砂壶相颉颃的一大艺术门类。

传统佛像现仍是紫砂雕塑的重要创作题材，主要有观音、如来、弥勒、罗汉、韦陀等，形象有坐有立，既有单件人物作品，也有两人或两人以上的作品，有的更是全新的创作。

（2）紫砂壶中有关佛教法器的造型

明代紫砂巨匠时大彬的创作中就有取材于佛教法帽的造型——僧帽壶，所谓“刻桑门之帽，则莲叶擎台”（吴梅鼎《阳羡茗壶赋》）。20世纪90年代，江都地区就曾出土过时大彬的“圆僧帽壶”，底款有“时大彬于茶香室制”字样。另，丛桂山馆也有“莲瓣僧帽壶”、“方僧帽壶”所藏。有学者考证，实际上在时大彬之前的明代四名家之一的李茂林就已制作了“圆僧帽壶”。目前，经历代艺人不断传承改进，“僧帽壶”已成紫砂的传统经典造型。

再说陈曼生，他笃信佛教，酷爱紫砂壶。其赏壶、玩壶的室中悬一巨幅“南无阿弥陀佛”的墨宝。有人云：“曼公爱佛又爱壶，何不以‘阿曼陀室’为此室名。”后来，“阿曼陀室”便成为了“曼生壶”标识性的署款。而在众多造型的“曼生壶”中也有取材于寺庙的。如有一款“仿古井栏壶”（现藏南京博物院）是仿溧阳零陵寺中的唐井之井栏而制的，陈曼生还把原井栏上的石刻文字全部镌刻于壶腹。

陈曼生之后又有一位酷爱紫砂壶的文人邓奎，他应自号“壶公”的瞿子冶之邀到宜兴制茗壶，就有一款“金涂塔壶”（现藏于上海博物馆），是仿金涂塔而制的。壶的一面摹钱王造金涂塔佛像；一面则隶书铭曰：“忆昔钱王造塔，金涂八万四千，功德遐敷。吾摹其状以制铭壶，拈花宝相，焜耀浮图。虚中善受，甘露涵濡。晨夕饮之，寿考而愉。”下署楷书款曰“符生铭”，壶底有“符生邓奎监”篆文方印（见邓秋枚《砂壶全形拓本》）。“塔”即佛塔，俗称“宝塔”，亦称“浮图”；“钱王”即吴越王钱镠，他天性信佛，慕阿育王造塔之事，用金铜精铸八万四千塔。而邓奎即根据塔的造型设计了此壶。

（3）紫砂壶铭中的释家文化

一些紫砂壶上的题铭反映了释家文化。其内容主要为切茶切壶，但因茶禅一味，也有涉及佛教内容，甚至有的壶近乎禅机偈语。

在《阳羡砂壶图考》之《雅流》篇中，记录了一位爱壶方外之人——释如曜。释如曜不但爱壶、藏壶，还定制紫砂壶。书中记述了一柄卧轮紫砂大壶。其铭文“清人树、涤心泉、茶三昧、赵州禅”就是一典型的茶禅铭文。“清人树”即茶树。“涤心泉”是名泉，在道头濒海，水清味甘，挹注不匮。“茶三昧”中的“三昧”是佛教名词，即止息杂念，心注于一境，为佛教重要修行之法；“茶三昧”即指饮茶亦可修行。还有一位赵州禅师，法名从谂，有著名偈语“吃茶去”，而“赵州禅”即指此。

“曼生壶”壶铭中也有不少“茶禅一味”的玄机妙语。如“箬笠壶”铭：“笠阴阳，茶去渴，是二是一，我佛无说。”这是一则切壶（“笠阴阳”）、切茗（“茶去渴”）而又充满禅机玄语（“是二是一，我佛无说”）的铭文，意思是说：笠帽可以遮阳防暑，而茶水可以去暑解渴，如今我用的是形似斗笠的茶壶，那这功能“是二”还“是一”呢？这中间的玄机，恐怕连佛也说不清了，因为佛、禅皆在自己心中，是无法用语言说明的。

此外，壶铭中体现出的释家文化还有很多，如“山寺静，石钟鸣，一瓢邀桐君”（惠逸公壶铭）；“青山个个伸头看，看我庵中吃苦茶”（曼生铭）；“扫除禅榻净，供养石泉新”（东溪壶铭）等等。更有艺人将“心经”刻于盈握之壶上，可见释家文化与宜兴紫砂可谓渊源久远，因缘深长。

第二十章

紫砂文化的相关历史传说

第一节　陶朱公的传说

相传春秋时期，范蠡帮越王灭掉吴国后，弃官同西施逃到了宜兴丁山一个叫台山的村子隐居下来。他发现当地黄龙山的泥土可以做陶器，就教大家采泥做坯、筑窑烧陶。俗话说："万事开头难。"范蠡虽然把陶器烧出来了，但烧的不是"歪货"（陶器变形），就是"黄货"（陶器没有烧透），而且陶器上有许多裂缝。一时范蠡也找不到解决的办法。

有一天，西施淘好米，动手烧饭。范蠡见火苗很旺，射得很高，心想这不是浪费柴火吗？就把垫在锅底的三块石头拿掉。西施说，锅子压在火上，火就烧不旺了。果然，三块石头拿掉后，火就萎了下去。范蠡想：假如烧窑时泥坯不着地，垫空烧，不是容易烧透吗？按照此法，烧出来的"黄货"果然少了。后来，人们称这种石头叫"脚石"。

又有一天，范蠡做完活回家，西施正在烧饭。烧着烧，饭锅滚了。西施赶紧把灶里的木柴夹出来，只留几块在里面。范蠡问："为什么把柴夹出来？"西施说："饭烧滚后要闷一闷，要'还火'。如果一直用大火烧，时间短了做成生饭，长了就要烧焦。"等到西施还了火，开锅盛出饭来，粒粒似珍珠。范蠡吃着吃着，突然想：烧陶器不也和烧饭一样吗？如果一直用猛火，米粒吃不消，就烧焦了，而陶器吃不消，就烧裂了。假如烧烧、闷闷，不是既可烧透，又不裂了吗？

后来范蠡照着这个方法做，果然成功了。他把这些方法教给当地百姓，从此丁蜀窑场就兴旺起来了。再后来，人们尊奉他为“陶朱公”，在崇福寺塑了他的像（抗战时被日军所毁），每年阴历四月初七（范蠡生日），隆重纪念他，他居住过的地方就改名为“蠡墅”了。

以上是民间传说，宋代水利学家单锷著《水利说》云：“宜兴东有蠡河，横亘荆溪，东北通甚渎，东南接罨画溪，昔范蠡所凿。”1930 年《工商半月刊》的《宜兴之陶业调查》一文记载：“宜兴之陶业，相传为春秋范蠡所创始。蜀山之西有地名蠡墅者，既为范蠡别墅之故址。昔范蠡居此，见近旁泥土有耐火性，且粘力极强，察其可制陶器，因制为各种器皿，筑窑以烧之，殆为陶业之权舆也。今蠡墅附近地名蠡匠（墙）围者，尚有古窑十余所。”

第二节　紫砂土的传说

“人间珠玉安足取，岂如阳羡溪头一丸土”。宜兴紫砂土，是上苍的厚赐。

紫砂土就分布在今日宜兴的丁蜀（历史上的“鼎蜀镇”）地区。以黄龙山和青龙山泥矿中的紫砂泥为上品。而关于宜兴紫砂土，有一个美丽的传说。

相传在很久很久以前，现在的紫砂产地丁蜀镇还是太湖边一个贫穷的村落。镇里的村民早出晚归，耕田做农活，闲暇时便用陶土制作日常用的碗、罐等器皿。就这样，他们无忧无虑地过着简单而又平凡的生活。

有一天，一位奇怪的僧人出现在镇上。他边走边大声叫唤：“富贵土，富贵土，谁买富贵土!”村民们都好奇地看着这个人。僧人发现了村民眼中的疑惑，便又说：“不是皇家人，就不能拥有富贵吗?”人们更加疑惑了，目瞪口呆地看着他走来走去。奇怪的僧人提高了嗓门，快步走了起来，就像四下无人一样。一些有见识的长者觉得他奇怪，就跟着一起走，走着走着就来到了黄龙山和青龙山。突然间，僧人消失了。长者们四处寻找，只看到好几处新开口的洞穴，洞穴中有各种颜色的陶土。好事的长者搬了一些彩色的陶土回家，敲打铸烧，这些陶土竟神奇般地烧出了和以前不同颜色的陶器。于是，一传十，十传百，紫砂陶艺在历史长河中便慢慢形成了。

今天，“五色土”成了名副其实的“富贵土”。饮水思源，这要感激那位“异僧”，所以人们把他称为“始陶异僧”。徐秀棠大师在2002年创作了大型紫砂雕塑“始陶异僧”，供奉在富藏紫砂泥的黄龙山麓的大水潭（当年采矿留下的宕口）边，让陶都人民世代不忘其恩泽。

第三节　龙窑的传说

相传古时候太湖里有一条浑身墨黑的乌龙，长大以后，玉皇大帝就召它到天上专管耕云播雨的事情。哪个地方干旱了，乌龙就先到太湖喝足了水，再向那个地方喷，喷出来的水就变成了雨。

但有一个地方，玉皇大帝却不准乌龙去喷水，这地方就是太湖西面丁山、蜀山一带。因为这地方的老百姓不敬天帝，所以玉皇大帝要惩罚他们。

但是乌龙不忍心看到这个地方的老百姓受苦，就偷偷地降了雨，这一下惹恼了玉帝，派天兵天将捉拿乌龙。乌龙与天兵天将打斗，打得天昏地暗，终因寡不敌众，浑身是伤，摔到地下死了。当地老百姓非常感激乌龙，就把它的尸首埋了。

不知过了多少年，葬土上出现了许多洞口，人们发现洞里全是空的，乌龙的尸骨不见了，留下了一个长长的地道。后来人们用这个空洞当作烧窑的洞，发现陶器可以烧得又多、又快、又透、又省柴。从此这个地方就叫乌龙窑。当地又仿照乌龙窑造了许多窑，把它们统称为“龙窑”。

此传说从地域的角度，结合所创龙窑的造型而附会与龙，使龙窑具有了神性，足可见古时宜兴人们对难以控制的烧造技术的崇拜。

第四节　供春学艺的传说

明代，在范蠡和西施居住的“蠡墅”附近有座庙，庙里的老和尚是闻名的制陶师傅。

作为书童的龚（供）春从小天资聪慧，手脚勤快，常到庙内玩耍，帮着老和尚做些杂活，老和尚也很喜欢他。每当老和尚制作茶壶时，这个乐哈哈的孩子就像大人一样，专心地在一旁看着。待到十七八岁的时候，龚春想跟老和尚学手艺时，老和尚却连声拒绝：“难呵，学会这个行道，也难混到碗饭吃。”

小龚春拜师不成，便设法留心学、刻苦记，还把老和尚制作的大小壶样默绘成图。龚春把老和尚的制壶手艺学的差不多后，就自己动手制作茶壶。

有一天晚上，他看到月光照在屋前桃树的枝节疤上，其影子十分别致，想着想着，忽然心里一亮：这不是像一把从未见过的新式茶壶么？

原来，最早的紫砂壶都是光坯，相传苏东坡制作的提梁壶也不例外。后来，制陶的技术虽然有所发展，但也只有雕刻浅花。要以桃木节疤为壶身，饰以桃花桃叶，就得镶上圆雕一样的堆花。那时候，宜兴也没有这样的工艺。像老和尚这样有名的师傅尚且不会做，粗泥性能又差，能做的成吗？龚春没有气馁，决心试试，创一条新路。

紫砂泥矿只有丁山黄龙山洞里才有，可是价钱太贵，龚春买不起。他想了又想，突然想起老和尚制壶后每天洗手的小水潭来。他急忙赶到那里，伸手往水里一捞，小水潭里果然淤积了厚厚一层极细极柔的紫砂泥。他喜出望外，兴奋地急忙用木勺舀在盆里，不厌其烦地筛、淀、压、碾和干燥，制成干湿相宜的精料。

说不清龚春到底花了多少时光，一把从未见过的茶壶终于制成了。这把壶壶身酷似桃树枝的节疤，苍老有劲；壶嘴和壶把都有小枝配置，自然天成；壶身两侧堆以怒放的桃花和修长的桃叶，惟妙惟肖；再衬上黑黝黝的紫砂，色调古朴高雅，开创了紫砂工艺的新风格。

这个意外的成功，使龚春受到很大的鼓舞，他抑制不住满心的喜悦，捧着新制的茶壶，恭恭敬敬地去请教老和尚。老和尚见了，双目一亮，连声赞叹：“好壶，好壶！”当即取名为“供春壶”。含义有两个：一是取桃花供奉春神；一是和龚春名字谐音。

新颖别致的供春壶受到赏识者的欢迎，成为远近畅销的货品，龚春的名字随着“供春壶”的足迹也跟着传播开去。

消息传到知府耳里，贪婪的知府大人特地把龚春请去制壶。龚春原本是从来不巴结奉承权贵的，谁知这回见了知府大人后，竟破例允诺了。他用了整整三个月时间，精心制成了一把别具一格的“荷莲蛤蟆壶”。这把壶用曲卷的荷叶做壶身，用莲蓬为盖，更奇特的是盖顶立着只张着大嘴的蛤蟆。这壶做工细致，荷叶、蛤蟆栩栩如生，莲心颗颗放光彩，成了紫砂艺术的又一杰作。

知府大人得了这把茶壶，欣喜异常，爱不释手。送走龚春后，便大摆筵席，遍请显贵。酒过三巡，知府大人把“荷莲蛤蟆壶”拿出来请嘉宾鉴赏，博得阵阵赞叹声。正当知府大人心满意足、陶醉得昏昏然时，一个平素刁钻、古怪的师爷对着知府大人耳朵轻声说：“大人，这把壶好是好，就是那蛤蟆太像……太像……”知府大人听得不耐烦，大声问道：“什么？别蚊子哼哼的，大声点说。”不等师爷讲出口，知府大人的儿子在一旁抢着说：“太像我老子是吗？哈哈，哈哈！”“哈哈……”宾客们也忍不住跟着哄堂大笑起来。因为知府大人的那副模样，实在太像壶上那只想吃天鹅肉的癞蛤蟆了。

知府大人恼羞成怒，亲自带人到丁蜀镇去抓龚春，顺便想抢走垂涎已久的“供春壶”。可惜来迟了，这里早已人壶两空了。

第五节　东坡提梁壶的传说

在宜兴窑场丁蜀地区，民间流传最广、最久、最普遍的故事莫过于“东坡提梁壶”的来历了。

传说宋朝大学士苏东坡晚年官场失意，遂弃官来到蜀山，闲居在蜀山脚下的凤凰村上。他喜欢喝茶，对茶也很讲究。此地既产素负盛名的“唐贡茶”，又有玉女潭、金沙泉好水，还有“海内争求”的紫砂壶。有了这三样东西，苏东坡感觉极好，觉得比在京城做官惬意得多。但苏东坡仍感到有些美中不足，是什么呢？就是这里的紫砂壶都太小，怎么办呢？苏东坡想：我何不按照自己的心意做一把大茶壶？对，自己做茶壶自己用！他叫书童买来上好的天青泥和几样必要的工具，便开始动手了。谁知看似容易做却难，苏东坡一做做了几个月，还是一筹莫展。

一天夜里，小书童提着灯笼来送点心，苏东坡手捧点心，眼睛却朝灯笼看，心想：哎！我何不照灯笼的样子做一把茶壶。吃过点心，他一做就做到天亮。等到粗壳子做好，毛病就出来了：因为泥坯是软的，茶壶肩部老往下塌。苏东坡想了个土办法，劈了几根竹条，撑在壶肚子里，等泥坯变硬一些，再把竹条拿掉。“灯笼壶”做好了，又大又光滑，不好拿，一定要做个壶把。苏东坡思量：我这把茶壶是要用来煮茶的，如果像别的茶壶那样把壶把装在侧面，火一烧，壶把就变得乌漆墨黑的，而且烫手。怎么办？他想了又想，抬头见屋顶的大梁从这一头搭到那一头，两头都有木柱撑着，灵机一动说：“有了！”于是赶紧动手照屋梁的样子做了起来。经过几个月的细做精修，茶壶终于完成了，苏东坡非常满意，就为其起了个名字叫“提梁壶”。

因为这种茶壶别具一格，后来就有一些艺人仿造，并把这种式样的茶壶叫做“东坡提梁壶”，或简称“提苏”。

相传，提梁式紫砂壶是苏东坡在蜀山讲学时特别喜爱的。他烹茶审味，怡然自得，因此写下了“松风竹炉，提壶相呼”的诗句。每当茶后，他总要捧着这把紫砂壶玩赏一番。过了一阵子，“壶身久且色泽生光明”，他更觉神奇，视为珍宝，于是又写下了著名诗句：“青烟白菜炒米饭，氏壶天水菊花茶。”

第六节　紫砂壶治病救人的传说

古时候，有一个流浪汉，有天晚上肚子饿了，便悄悄溜进一家饭店的厨房。本来想弄两个馒头垫垫肚子，找了一圈没有发现，只有一锅红烧肉。于是，流浪汉一口气就把那锅红烧肉吃了。店主抓到流浪汉后，把他痛打了一顿。

第二天，店主将流浪汉绑上公堂。县太爷一看流浪汉，把惊堂木高高举起，又轻轻放下，说这小子不用审了，把他放了，退堂。店主不愿意了，问县太爷：你凭什么把他放了？县太爷说：这小子肥肉吃得太多，已经得了一种绝症，俗称“油漫心”，三日之内必死无疑。店主一听：那就算了吧。于是就让他的手下把流浪汉丢进了一座破庙。

流浪汉在破庙里上吐下泻，腹痛难忍，躺在那儿等死。更敲三遍，恍惚之中，庙里来了一位云游四方的和尚。和尚见此状，从怀里掏出一把老茶壶，对流浪汉说：要想活命，只有靠它了。

和尚说完，放下老茶壶就走了。流浪汉挣扎着爬起来，抓过那把壶，一看壶中没水，空空如也。他爬到一眼温泉旁，抄起老茶壶就舀泉水喝。这一喝，就是三天三夜。三天后，人们发现那小子没死，而且病痛全无。于是，大家开始揣摩，那小子起死回生的秘密究竟在哪里呢？

最后，大家把能想到的溢美之词都献给了那把紫砂壶。接下来的岁月，各色人等围绕那把神奇的壶，明争暗斗，巧取豪夺，流浪汉趁机把那壶给卖了，并卖了个好价钱。流浪汉以此置了一方家业，从此过上了安逸的生活。

第七节　“壶痴”沈万山的传说

在明朝，江南一带有一个商界名流，叫沈万山。有一天，沈府门前来了一个蓬头垢面的老乞丐，但颇有仙风道骨之貌。老头用来讨饭的工具，不是碗，也不是盆，而是一把无盖大口的紫砂壶。

沈万山看到这把壶，眼前顿时一亮，忙问老先生：此壶您卖吗？老头说：不卖，壶亡我亡。弦外之音是那壶跟我行影相伴，我要是死了，壶也将随我而去。家丁要把老头轰走，沈万山留了一个心眼，决定将老头收留，让他无限期地住在府上，好吃好喝好生侍候。

原来，沈万山是个壶痴，他见到好壶就迈不动腿，但他也不想因巧取豪夺而毁了那件宝贝。于是，那老头摇身一变，成了沈府的座上宾客。一晃几年过去了，老头没少花沈家的钱财，但沈万山连半句怨言也没有。不时，还请老头上书房坐坐，一起喝茶、聊天、把玩那把大口紫砂壶。

经过长时间的考察，老头觉得沈万山是个君子，是真正的爱壶之人，于是想在他寿终正寝之前，把那把紫砂壶送给沈万山，并告知沈万山，此非一把残壶，那盖子被我藏在某某山上的庙里。

沈万山得了这把名壶以后，终日把玩，最后他悟出了做人之道，也悟出了经商之道。从此，他财源滚滚，富可敌国。

第八节　盐运官因壶脱狱的传说

清代扬州有一个盐运官，此人心直口快，性格刚烈，在秉公办事的过程中，得罪了顶头上司。这个上司人品很坏，是个贪官。贪官决定除掉这个不听话的心腹之患。在那个年代，欲加其罪，何患无词？经过一番暗箱操作，他把盐运官送进了大牢。盐运官不服，一再地喊冤，可没人理他。盐运官决定以死抗争，在牢里又是绝食，又是撞墙，谁劝也没用，可把外面的家人急坏了。家人们万般无奈，只好四处烧香，请求上天开眼。

有个老道士，十分同情盐运官的命运，觉得应该帮帮他。他想了一个办法，请人做了一把紫砂壶，然后打点了一番狱吏，把壶带进监狱，送到盐运官手上。怪了，盐运官得到那把壶以后，不再寻死觅活了。什么样的侮辱，什么样的冤屈，都能默默地承受。就这样，一晃许多年过去了。那个贪官犯了贪污罪，被关了起来。盐运官获得了自由，还官升三级。

当后来人们问他是怎么熬过来的时，他就把老道士送给他的那把壶，拿出来给大家看。只见那壶上刻着八个字：物极必反，否极泰来。第一句话是说那贪官的，别看他现在得意，总有倒台的一天；而第二句话是说给盐运官听的，别看他现在倒霉，也有时来运转的可能。

第九节　紫砂壶选官的传说

很久以前，在扬州府有一个年迈的师爷退休了，许多人都想谋取这个职位，于是走后门的、托关系的，把知府大人搞得心烦意乱。于是知府大人决定办一次公开选拔会，谁有才用谁。大会开始那天，来了很多饱学之士，个个都是满腹经纶。知府大人亲自出了一道题。他说：“一把茶壶，一首好诗，壶随诗贵，诗依壶传。今天，谁能依据这把壶，吟出一首好诗，择优录取，谁就是今天的胜者。大家开始吧！”说完他把一把紫砂壶放在了前面。

这是一把什么壶呢？一把光货，除了盖子上有“可清心也”四个字，没有其他装饰。即便如此，才子们还是创作出一首又一首堆满华丽辞藻的诗篇。谁知知府大人看后，都不满意。当所有的人都交卷了后，只有一个小伙子还坐在那儿。他一个字也没写，知府大人过去问他：“小伙子，你在干嘛呢？”“我来应试的。”“那你的答案呢？”“我的诗已经刻在那壶盖上了。”他话音刚落便逗得众人哄堂大笑。那壶盖上只有四个字，怎么也凑不成一首诗。知府大人说：“既然如此，你就给大家念念吧！”

小伙子从容地走到那把壶旁边，一边旋转那壶盖，一边朗诵起他的诗：“可清心也，清心也可，心也可清，也可清心。”

知府大人大叫一声：“妙！”当场宣布，小伙子赢得了这个职位。这个时候，大家才恍然大悟，原来壶盖上的四个字，是一首回文诗。把这样的回文诗刻到可以旋转的壶盖上，确实体现了紫砂壶特有的一种雅趣。

第十节 “风卷葵壶”的传说

清朝嘉庆年间，宜兴蜀山有个名叫杨凤年的小姑娘，她就是紫砂大家杨彭年的妹妹。哥哥杨彭年爱做壶，做的紫砂壶简洁大方、浑朴雅致。兄妹二人虽然情同手足，可是“艺不传女”是个老规矩，杨彭年从来不肯把技术教给妹妹。

有一次，杨凤年想到作业坊拿水壶去后院浇花，刚跨进门，就被哥哥轰了出来。杨凤年气愤地说：“我又不是外人，为何连门都不能进？”杨彭年斥责道：“女人就是不能进作业坊，这是规矩，从今后不准你再跨进来！”杨凤年受了这样的训斥，伤心地哭了，心想：“女人也是人，我偏不信女人学不会做茶壶，你不把技艺教给我，我偏要自己学本领！”

主意一定，杨凤年就拿些泥料到花园中，整天捏来捏去试着做茶壶。一年、两年、三年，从打泥片开始，慢慢地她也会做大路货了。只是老照着现成的式样做，进步实在是太慢，于是杨凤年心想：我非要做一把别人没有做过的新式样出来！可是究竟做什么式样的茶壶呢？她想啊想，想得饭也吃不下，觉也睡不着，人也瘦了。

那年秋天，刮了几天几夜大风，把花园中的花草吹得倒的倒、断的断。杨凤年独自坐在花园中只顾想自己的心事，天凉了也不晓得添衣服，就那么痴呆呆地坐着。忽然，她看到面前的一枝花干上顶着一把“茶壶”，心里不觉奇怪：这茶壶式样倒没见过，怎会长在花干上？她把眼睛睁大了，定神一看：啊！这不是一朵锦葵花吗？只见锦葵花在狂风中不停地摇动，被风吹歪了又挺起来，花瓣被吹卷了再翻过来，始终不折。杨凤年不禁赞叹道：“风狂炼精神，好一朵锦葵花！”她心里霍地一亮，随即决定按狂风中锦葵的形象做一把茶壶。

她站在那里，围着锦葵花左看右看，整整看了三天三夜。然后她一连做了七七四十九天，茶壶终于做成了，她给它起了个名字叫“风卷葵”。

杨凤年做好茶壶，生怕哥哥作梗不让烧，就暗地里托人装到窑里。等到开窑出货，没有哪一个行家不说这把茶壶手工精细、心裁独出的。消息传到杨彭年耳朵里，他哪里肯相信，等到茶壶送上门来，杨彭年捧起茶壶一看，吃了一惊：“啊！我妹妹做的？好手艺！好手艺！”

因为妹妹这把壶做得好，杨彭年对杨凤年再也不保密了，兄妹两人开始在一起做起茶壶来。从此，杨凤年勤学苦练，配合哥哥，成了紫砂历史上首位著名的女艺人。

第十一节　黄山茶农供奉“救命壶”的传说

在安徽黄山一代的农村里，茶农家里的香案上多供奉一把紫砂茶壶。

相传明代徽州府有个知县，听说黄山云雾茶清香扑鼻、滋味甘醇，而且在泡茶时能出现奇景：在雾气缭绕的茶壶上，能看见美丽的姑娘，其左腿跪地面对旭日，右手前伸犹如一只飞翔的天鹅。知县为了讨得皇上的欢心，匆匆赴京将其献给了皇上。但皇帝当场试验后却并未见得“美景”，于是龙颜大怒，以欺君之罪将知县问斩，并追查制造“谣言邪说”之人，以同罪处之。徽州知府闻听此事，大惊失色，他虽然听过这样的传说，但并不知道知县瞒着他进京献茶，惹来杀身之祸不说，如今连带茶乡百姓一起受难。通过实地走访，当地百姓告诉知府：用黄山云雾茶泡茶，的确有这等景观，但须具备几个条件：须用谷雨前采制的新茶，盛在紫砂壶中，再用栗树炭烧的山泉水冲泡，才能有此景观。于是知府亲自带着一位茶道精深的老汉来到皇帝面前，用谷雨茶、紫砂壶、栗树炭、山泉水一起煮茶，果然出现了“奇观美景”。皇帝很高兴，重赏了知府，撤销了前旨，避免了一场大的灾难。从此以后，黄山百姓便把知府上京用过的紫砂茶壶、扁担、绳索等物奉若珍宝，特别是把那茶壶看作是“救命壶”。此后，黄山的家家户户都置上茶壶一把，作为供物。这种习俗，一直流传至今。

第二十一章

紫砂文化与历史名人

第一节　宋元著名文人与紫砂

1. 苏东坡爱提梁壶和匏尊壶

苏轼，号东坡居士，四川眉山人，宋代杰出的文学家、书法家和热爱生活的艺术家。他一生中游历四海，汇天地之灵气，受人文之滋养，再加上自身的绝代才情，使他的诗文书画焕发出独有的风采。

苏东坡曾经四次到江苏宜兴，大多怀着愉快的心情，松风竹炉，提壶相呼，他赋诗云："买田阳慕吾将老，从初只为溪山好。"最后，实现了他终老常州的夙愿。他的《阳羡帖》说的就是在宜兴买田一事。他在给宋神宗的《乞常州居住表》里称："臣有薄田在常州宜兴县，粗给饘粥，欲望圣慈，许于常州居住"。

苏东坡在宜兴很有影响力，这种影响力延续至今，现在蜀山的得名据说就是由于他说"此山似蜀"而来。今天当地有东坡书院，成为人们怀想苏东坡的场所。

曾有人向苏东坡讨教长寿的秘诀，苏东坡回答了五条：无事以当贵；早寝以当富；安步以当车；晚食以当肉；紫砂以当盏。从中我们可以体会到紫砂在苏东坡心中的地位。

苏东坡的品茶，如同书法。他晚年弃官来到蜀山，整天与茶壶相伴，其中有两把与他相关的紫砂壶，除了我们先前提到过的东坡提梁壶，还有一把是匏尊壶。通常人们对提梁壶的故事了解得多，说匏尊壶的少。这里我们就说说苏东坡和匏尊壶。

苏东坡在《前赤壁赋》里有“驾一叶之扁舟，举匏尊以相属”的名句。匏尊是匏瓜做的饮具。匏瓜，俗称“瓢葫芦”，多不供食用，成熟后可做水瓢、饮具。匏瓜被古代用作男人无妻的象征。曹植的《洛神赋》中有“叹匏瓜无匹兮，咏牵牛之独勤”，阮瑀在《止欲赋》中也说“伤匏瓜之无偶，悲织女之独勤”，都是此意。匏瓜也被引喻为人不受重用，不得出仕，或久任微职不得升迁。《论语·阳货》中云：“我岂匏瓜也哉！焉能系而不食”，“匏瓜以不食，得系滞一处”。陆游的《别曾学士》诗中有“匏系不得从，瞻望抱悁悁”的佳句。

一代大文豪苏东坡在黄州也有和匏瓜相似的命运。那时的他不仅孤独无助、不受重用，还蒙冤入狱，险些掉了脑袋。他从监狱出来，出汴梁，过河南，渡淮河，抵黄州，住进一座寺庙。这时他喝水、饮酒，用的也只有那匏瓜做的水瓢。由此可以体会“匏尊壶”为什么会赢得苏轼的喜爱了。

经典的“匏尊壶”有沉静、拙朴、厚实和圆润的神韵。这气韵是紫砂艺术家从苏东坡黄州生活的神魂中寻觅来的。

苏东坡品茗赏茶的传世诗词有多首，在此辑录四首，进一步证实苏东坡是设计宜兴紫砂壶的第一文人雅士。

《曹辅寄壑源茶》诗：

仙山灵草湿行云，洗遍香肌粉未均。
明月来投玉川子，清风吹破武陵春。
要知玉雪心肠好，不是膏油首面新。
戏作小诗君勿笑，从来佳茗似佳人。

《西江月·茶》词：

龙焙今年绝品，谷帘自古珍泉。
雪芽双井散神仙，曲裔从来北苑。
汤发雪，腴酽白，浅浮花乳轻圆。
人间谁敢更争妍，斗此红窗粉面。

《汲江煎茶》诗：

活火还须活水烹，自临钓石汲深清。
大瓢贮月归春瓮，小勺分江入夜瓶。
雪乳已翻煎处脚，松风忽作泻时声。
枯肠未易禁三椀，卧听荒城长短更。

《试院煎茶》诗：

蟹眼已过鱼眼生，
飕飕欲作松风鸣。
蒙草出磨细珠落，
眩转尧瓯飞雪轻。
银瓶泻汤夸第二，
未识古人煎水意。
君不见昔时李生好客手自煎，
贵从活火发新泉。
又不见今时潞公煎茶学西蜀，
定州花瓷琢红玉。
我今贫病长古饥，
分无玉怨捧娥眉，
且学公家作茗饮。
不用撑肠柱腹文字五千卷，
但愿一瓯常及睡足日高时。

我们从以上诗词中，可见苏东坡与紫砂壶已达到日久相处、形影不离的境界了。

2. 梅晓臣恋紫泥

梅尧臣（1002—1060年），字圣俞，安徽宣城人，宋仁宗时进士，工诗，与欧阳修、苏洵（苏东坡之父）是诗友，他曾怀着对紫砂壶的喜爱，访问过宜兴，留下了《陶者》诗一首。他在《宛陵集》中有两首诗涉及紫砂壶。在《依韵和杜相公谢蔡君谟寄茶》诗中有“小石冷泉留早味，紫泥新品泛春华”之句。这里对“紫泥新品”的描写，应是紫砂壶刚产生不久之意。他的《答宣城张主薄遗雅山茶次其韵》诗中还有：

“雪贮双砂罂，诗琢无玉瑕。”这里的“砂罂”也是指宜兴紫砂壶。

3. 欧阳修喜紫瓯

欧阳修（1007—1072 年），字永叔，号醉翁，晚年又号六一居士，吉州永丰（今属江西）人，北宋天圣时进士，工诗。

欧阳修除了在散文诗词创作、史传编纂、诗文评论等方面有极高的成就外，从他的诗文中也可窥出他对茶的钻研工夫。景佑三年（公元 1036 年），范仲淹因忤宰相吕夷简，被贬饶州，而欧阳修因支持范仲淹，也被贬为峡州夷陵（今湖北宜昌）县令。他初到夷陵时即作《夷陵县至喜堂记》一文曰：“夷陵风俗朴野，少盗争，而令之日食有稻与鱼，又有桔柚茶笋四时之味，江山秀美，而邑居缮完，无不可爱。”可见他与茶的情分菲浅。爱茶之人多爱紫砂，欧阳修也不例外。他在《和梅公仪尝茶诗》中云：“喜共紫瓯吟且酌，羡君潇洒有余清。”诗中的“紫瓯”即指宜兴紫砂壶。

4. 米芾的紫砂情结

米芾（1051—1107 年），字元章，号鹿门居士，祖籍山西太原，大书法家，官至礼部员外郎。他在《宝晋英光集》中有“雅燕飞觞，清谈挥座，使君高会群贤……轻淘起，香生玉尘，雪溅紫瓯园……”词中的“紫瓯”亦指宜兴紫砂壶。

5. 孙道明和“且吃茶处”

最早有确切史料记载的、有文人士大夫参与紫砂活动的出自元末蔡司霑的《霁园丛语》：“余于白下获一紫砂罐，有‘且吃茶清隐’草书五字，知为孙高士遗物。每以泡茶，古雅绝伦。”这里罐即壶。孙高士即元末名士孙道明（1296—1376 年，元华亭人，字明叔，自号停云子，又号在家道人），他博学好古，藏书万卷，每日以抄书为乐，仅手抄本达数千卷。他曾名其居所为“且吃茶处”。

第二节 明清著名文人与紫砂

1. 吴氏家族的“茶痴”和“壶缘”

在紫砂业界被公认为“陶壶鼻祖”的是吴颐山的书童供春。但现在也有学者指出，真正学做陶工，以“澄泥做壶”、“研求样式”、“代为署款”，使紫砂壶由日用品走进艺术殿堂的，很有可能就是这位吴颐山。吴颐山，名仕，字克学，宜兴人。正德九年（1514 年）进士，以提学副使擢四川参政。2008 年出版的《徐鳌润紫砂陶艺论文集》，以扎实的史料论证出是官不是僧、是文人不是书童创造了紫砂壶，从而否定了金沙寺僧和书童供春是紫砂文化鼻祖的观念，从而提出了“吴仕是紫砂文化始祖”的观点。至于吴仕是不是紫砂文化鼻祖，我们不敢妄下结论，但无论如何，吴仕家族对紫砂文化的兴起、传播和发展都起到了至关重要的作用。

第一，吴家好茶及家童学艺对紫砂兴起的作用。

我们要探讨的第一个问题就是：为什么吴仕会到金沙寺读书？又为什么只有他的家童会用心去学造壶呢？

实际上，这和吴仕的祖先喜好茶有关。明万历十八年（1590 年）《宜兴县志》里有记载，吴仕之父吴纶是一位有仙风道骨、对仕途不感兴趣、醉心山水的“茶痴”，对茶有特别的爱好。当时，宜兴的制陶业已经形成。因此一群和吴纶相似的“载笔床茶灶，随以一鹤一鹿”的文人茶客，对当时宜兴初步兴起的陶质精细茶具不会不感兴趣。特别是金沙寺，周边都是茶园，日夜和皇上才能喝的贡泉作伴，喜茶是肯定的，而吴纶和他们交往颇深也是自然的。而且根据清嘉庆《宜兴县志》记载，吴纶曾建“樵隐”、“渔乐”两所别墅，按吴纶本性，应该就在金沙寺附近，所以也会有吴仕带家童读书一事。

吴仕从小机警聪颖，和一般的孩子是不一样的，特别是随父“历游诸名彦门”，自然学识不凡。吴纶还为儿子找了一位非常有名的老师，就是宜兴人杭淮，杭淮与其兄杭济并有诗名，弘治十二年登进士，为官以耿直著称。

虽然《阳羡茗壶系》中有供春偷师金沙寺老僧学习制壶之法的记

载，但台湾徐鳌润先生考证说，在《颐山私稿》里，吴仕并没有说因和老师有介寄学金沙寺，所以很难说有“供春金沙学艺”一说。

第二，吴仕及后人的紫砂收藏及紫砂文化的传播。

如果说吴仕在无意之中培养了一代名人供春的话，那么他在做官回乡后的一些做法确是有意为之了。

正德九年三月，33 岁的吴仕在“春试”中考中进士。之后，他平步青云，仕途坦荡，初授户部主事，后分别任山西、福建、广西、河南四省学提副使（教育厅长）。在 1535 年，他 55 岁时官至四川参政，从四品。他所到之处，随身携带的那柄铭刻“供春”的紫砂壶，成为他珍贵的思乡之物。

多年之后，年近花甲的吴仕托病衣锦归乡。返乡后他念念不忘的是紫砂壶的制作和发展。他曾出资给丁山一葛姓窑户，依山筑一条高质量的龙窑，专门为吴家烧制紫砂壶，这条“吴家窑”后毁于清初战火。

吴仕的晚年秉承父亲吴纶遗风，除乐善好施、喜栽梅花之外，尤以弘扬紫砂文化为主要生活情趣。他倾力建造颇具规模的楠木厅，成为江南最大的紫砂藏壶、赏壶、品茗的文雅艺苑。他散淡的隐逸风格和别具一格的赏壶活动，深深吸引了一大批江南文人墨客，这无疑大大提升了阳羡紫砂壶的知名度。

后吴仕将这些多年赏壶品茗诗作，连同往事笔记、文札稿，结集为《颐山私稿》十卷，颇为洋洋大观。

难能可贵的是吴仕后人也非常喜好茶壶收藏。尤其是吴洪化（字迪美）对紫砂壶收藏颇有心得。周高起到宜兴也应邀到他家赏壶，他称吴洪化，“吴郎鉴器有渊心，会别壶工能事判”，即他鉴赏紫砂壶很有心得，听到壶工的名字便能判断其风格。

康熙年间，吴家又出了一位写下传世名作《阳羡茗壶赋》的赋学名家吴梅鼎。

总之，宜兴吴氏家族是与紫砂壶有着很深的渊源的。

2. 陈继儒喜好“小壶”

真正受文人影响并明确有文人参与的紫砂壶制作，应推明代紫砂巨匠时大彬。清吴骞在《阳羡名陶录》中记有：“时大彬喜作大壶，后游娄东，闻陈眉公与瑯琊、太原诸公，诸公品茶试茶之论，乃做小壶。”

这里的陈眉公，为与董其昌齐名的陈继儒。这段话是说：时大彬因为听到陈、王关于茶的议论，才发现自己原来所做的大壶并不适合泡茶，于是改做适合于泡茶的小壶。当时时大彬作为一个底层的紫砂艺人，能与艺术界顶尖人物“品茶试茶之论”，可见这里的“品茶试茶”的茶具，定为时大彬所作之大壶。

这种很大很重的紫砂壶对“年二十九，取儒衣冠焚弃之，结茅蓖山之阳……诗文虽短翰小词皆极风致”的陈继儒等人来说，肯定是难以接受的。明代是一个保守与前进、严酷以及浪漫并存的非常时代，内心充满矛盾和怀才不遇是这时文人的普遍心结。而结茅山野、超逸脱俗、连诗文都“短翰小词皆极风致”的陈继儒，难免会对时大彬提出：要把壶从大改小，做成一把可以一手持之、一手捋须吟诗的雅器的要求。时大彬听从了陈继儒等人的建议，开始改制小壶。

当然，这些小壶的概念并非是如今只有100—200毫升的小壶。但时大彬将壶从2500毫升改到了只有300—400毫升左右（确切纪年出土的三把时大彬壶容量均在300—400毫升左右），确实是文人参与后的一大变革。时大彬这一变革，将制壶工艺手法和壶型大小规格基本固定下来，并使之流传至今。可以说，这里陈继儒等人功不可没，是文人参与紫砂壶制作的一个光辉里程碑。

3. 张岱最爱供春壶

张岱（1597—1684年，还有一说是卒于1689年），字宗子、石公，号陶庵、会稽外史，别号蝶庵居士，山阴（今浙江绍兴）人，祖籍四川绵竹，故又自称“蜀人”、“古剑”。

作为明代最伟大的散文家之一，张岱也是一位收藏和鉴赏大家，对紫砂壶情有独钟，在其著作《陶庵梦忆》中有“砂罐锡注”的专门论述。文章说，“宜兴罐，以龚春为上，时大彬次之，陈用卿又次之。锡注，以王元吉为上，归懋德次之。夫砂罐，砂也；锡注，锡也。器方脱手，而一罐一注价五六金，则是砂与锡与价，其轻重正相等焉，岂非怪事！一砂罐、一锡注，直跻之商彝、周鼎之列而毫无惭色，则是其品地也。”

4. 许次纾偏爱紫砂

许次纾（1549—1604 年），字然明，号南华，浙江钱塘人，明代著名学者。清代厉鹗在《东城杂记》中载：许次纾，方伯茗山公之幼子，跛而能文，好蓄奇石，好品泉，又好客，性不善饮。所著诗文藏富，有《小品室》、《荡栉斋》二集，俱失传。其所著茶学著作《茶疏》一卷，深得茗柯至理，堪与陆羽《茶经》相表里。该书撰于万历二十五年（1597 年），前有姚绍宪、许世奇二序，后有许次纾自跋。全书涉及范围较广，包括品第茶产、炒制收藏方法、烹茶用器、用水用火及饮茶宜忌等，提供了不少重要的茶史资料。

许次纾嗜茶之品鉴，又得到吴兴姚绍宪指授，故深得茶理。其著作《茶疏》记载有："杭俗喜于盂中撮点，故责极细，理烦散郁，未可遽非。"这反映了"撮泡"新法已渐为被世人接受的事实。"撮泡"法饮茶，在客观上推动了茶具的改进。

许次纾对茶具有自己独到的认识，而且对紫砂壶情有独钟。当然，他所说的紫砂壶具不是指一般品质的，而是出自名家之手的优质产品。许次纾对饮茶及茶具的使用是十分讲究。在品茶饮用上，他强调茶之"鲜美"、"甘醇"，所谓："一壶之茶，只堪再巡。初巡鲜美，再则甘醇，三巡意欲尽矣。余尝与冯开之戏论茶候，以初巡为停停袅袅十三余，再巡为碧玉破瓜年，三巡以来绿叶成阴矣。开之大以为然。所以茶注欲小，小则再巡已终，宁使余芬剩馥，尚留叶中，犹堪饭后供啜漱之用，未遂弃之可也。若巨器屡巡，满中泻饮，待停少温，或求浓苦，何异农匠作劳。但需涓滴，何论品尝，何知风味乎。"从这段精妙的论述中，还可以看出，茶壶由大变小是有依据的，是饮茶文化发展到一定时期对茶具变革提出的客观要求。

5. 冯可宾崇尚"壶以小为贵"

冯可宾，字正卿，山东益都人，明天启壬戌（1622 年）进士，官湖州司班，入清后隐居不仕。他曾编刊《广百川学海》丛书，《岕茶笺》为其中之一，该书中有专门章节讨论茶具。冯可宾认为，"茶壶，窑器为上，锡次之。茶杯汝、官、哥、定，如未可多得，则适意者为佳耳。

或问茶壶毕竟宜大宜小？茶壶以小为贵，每一客，壶一把，任其自斟自饮，方为得趣。何也？壶小则香不涣散，味不耽阁，况茶中香味，不先不后，只有一时。太早则未足，太迟则已过。的见得恰好，一泻而尽。化而裁之，存乎其人，施于他茶亦无不可。”这段话的意思是，茶具是陶瓷一类比较好，至于什么窑器，是以“适意者”为佳，这是一个非常个性化而且非常人性化的标准，也是所有爱茶之人能接受的标准。而茶壶的大小，冯可宾则认为以小为贵，这实际上是当时社会共同的一种认识。至于说小壶的好处，冯可宾的见解还是有独到之处的。他主要是讲小壶泡茶对本身有好处，小壶能使茶“味不耽阁”，这也许是小壶能大行其道的真正原因。

冯可宾终身茶壶不离手。他喜欢自斟自饮，认为只有这样才能品尝出其间趣味。即使是客人来了，他也是每人发一把小壶，任他们自饮。

该书可以看作是研究宜兴“岕茶”和紫砂的珍贵资料。

6. 陈贞慧钟爱“时壶”

陈贞慧，字定生，生于1604年，1656年卒，万历年间生，宜兴人，其父是著名的东林党人、都御史陈于廷。作为明末清初知名的散文家，陈贞慧本人是复社重要成员，与冒襄、侯方域、方以智合称“明末四公子”。

陈贞慧的文章风采著名一时，倾家财以交天下士。随明而清的变迁，家道中落，但陈本人仍不失士大夫的本色，所著《秋园杂佩》是记载自己所知掌故的专著。其中有记述宜兴著名紫砂器物“鸜鹆啄金杯”的章节。同时，书中也记载有他所见到的“时大彬壶”。陈文曰：“时壶名远甚，即遐陬绝域犹知之。其制始于供春壶，式古朴风雅，茗具中得幽野之趣者，后则如陈壶、徐壶，皆不能仿佛大彬万一矣。一云：供春之后，四家董翰、赵良、袁锡，其一则大彬父时鹏也。彬弟子李仲芳，芳父小圆壶，李四老官，号养心，在大彬之上，为供春劲敌，今罕有见者。或沦鼠菌，或重鸡彝，壶亦有幸有不幸哉！”

明清之际的江南士人，因政治上不得志者众，好玩物藏珍者也多了起来，使得这方面的文章书籍也更丰富。作为政治背景和政治活动方面更加知名的陈贞慧，能留下这么平实而全面的记载，实属紫砂之大幸。

7. 屠隆好雅致之壶

屠隆是浙江鄞县（今浙江宁波）人，字长卿、纬真，号赤水、鸿苞居士，万历五年（1577 年）进士，曾任颖上、青浦知县及礼部郎中。屠隆生有异才，学问渊博，好饮茶，喜佛学，工诗文，通音律，善清言。屠隆对茶及茶文化颇有研究，而且深得其道。他的茶学著作《茶说》，文字清新，对茶史、茶政，特别是制茶工艺的评说和记载非常中肯、公道、科学。

自唐而宋，这是中国茶文化在士大夫阶层的形成和发展时期，直到明代，茶才真正走向民间、走向世俗。所以，屠隆决意要“述国朝《茶说》十章，以补宋黄儒《茶录》之后”。在屠隆的记述中，我们没有看到他对宜兴阳羡茶单独的推崇和称赞，但作为当时一著名品种，“岕茶”还是得到了他的认可的。

屠隆对饮茶非常讲究，当然对茶具也有自己的看法和认识。在文中“之具”章说，“器具精洁，茶愈为之生色。用以金银，虽云美丽，然贫贱之士未必能具也。若今时姑苏之锡注，时大彬之砂壶，汴梁之汤铫，湘妃竹之茶灶，宜成窑之茶盏，高人词客，贤士大夫，莫不为之珍重。即唐宋以来，茶具之精，未必有如斯之雅致。”虽没直说太多宜兴紫砂壶的好处和价值，但对紫砂壶的这种雅致，他是非常珍视的。

8. 文徵明为“沙瓶”失眠

明代中期最著名的杰出画家、大书法家文徵明是大家耳熟能详的人物，他为官为人、写诗作画都为人称道。他一生嗜茶，对宜兴山水、人物都非常钟情，平生多次来宜兴，写下了不少诗篇美文，成为今天宜兴紫砂文化财富中不可或缺的精彩篇章。

文徵明，长洲（今江苏苏州）人，名壁，字徵明，号稀奇山、停云生、衡山居士等。早年因为他的字写得不好而不被允许参加乡试，因而发愤图强，终于成为诗、文、书、画方面的全才。

文徵明为人正直，性格倔犟，不阿权贵，不交官府，有人说他“四方乞诗文、书画者接踵于道，而富贵人家不易得片楮，尤不肯与王府中人”。为了躲避当时宁王之流的干扰，他常常沉湎于茶中，以致于有些

"入魔"。譬如，他对水的要求非常之高，常派人进山汲取宝云泉来烹茶，但他又怕挑夫为图路途近便，随便汲取其他水源来交差，于是就以"竹符"（一种竹制的筹码）为信物交给泉边寺中的僧人，待挑夫来汲泉时，将竹符随水一起带回。

对于文徵明来讲，宜兴不仅仅让他学会了"竹符调水"，还有更让他动心的宜兴人和宜兴茶、宜兴壶，比如他结交了吴仕的父亲吴纶，俩人常论茶谈壶，友谊深厚。

9. 文震亨认定"供春最贵"

明代后期的中国社会，物质生活和以前相比应该说是比较丰富的，这在明人的许多笔记中可见一斑。明末长洲（今江苏苏州）人文震亨所著的《长物志》，堪称是其中非常著名、非常系统的一部小百科全书。从丹室、茶寮到书画、几榻，从花木、水石、禽鱼到器具、衣饰、舟车等等，不一而足。

文震亨是文徵明的曾孙，天启五年（1625 年）恩贡，崇祯初官武英殿中书舍人，给事武英殿，以善琴供奉。但在本质上，他应该不算是一个官僚，而是一"闲人"、"雅士"。他对饮茶非常内行而且讲究，诗、书、画得深厚的家传，人称其"山水韵格兼胜"。明亡后，绝食而殉节。

文震亨在《长物志》中，记述了他好品茶、好客茶的许多独到的讲究，对宜兴茶文化，特别是紫砂文化的研究极有价值。关于"茶壶"，文震亨认为："壶以砂者为上，盖既不夺香，又无熟汤气。供春最贵，第形不雅，亦无差小者。时大宾所制又太小，若得受水半升而形制古洁者，取以注茶更为适用。其提梁、卧瓜、双桃、扇面、八棱细花、夹锡茶替、青花、白地诸俗式者，俱不可用。锡壶有赵良璧者亦佳。然而冬月间用近时吴中归锡、嘉禾黄锡，任何时候皆最高，然制小而俗，金银具不入品。"时大彬的小壶，文震亨是不大喜欢的，原因大概是在他看来，饮茶不是个人的事，而应该是在"茶寮"几人共享，所以要适当大一点。

10. 吴骞为紫砂著述立传

吴骞（1733—1813 年），浙江海宁人，字槎客，号兔床，贡生，能画善诗，博览群书。据称他家中藏书五万，筑拜经楼，并自题其居曰“千元十架”，意谓有千部元版书。他的成才曾得到阳羡桃溪（今宜兴张渚）布衣名士陈经的帮助，在乾隆、嘉庆年间曾长期侨寓于桃溪之墨阳楼。吴骞著有《拜经楼丛书》，其中不少是记述宜兴风物人情的。而《阳羡名陶录》则是其中一部记述紫砂艺术的宝贵专著，全书系统记述了紫砂的起源、原料、工艺及明清历代名家，还选辑了当时文人雅士对紫砂艺术的评论和赞美的诗文，可以说是今人研究紫砂，特别是明清紫砂的系统史料和珍贵典藉。

关于写作《阳羡名陶录》的缘由，吴骞在《自序》中说得很清楚：一是对宜兴陶的推崇。他认为“上古器用陶匏，尚其质也”，而“三代以降……陶之道益微”，“今陶穴所在皆有……惟宜兴之陶，制度精而取法古，迄乎胜国诸名流出，凡一壶一卣，几与商彝周鼎并为赏鉴家所珍”。二是欲为艺人立传。他来宜兴后“雅慕诸人之名”曾“破数十年之劳”，未能得到几件名器，为此“虑岁月滋久，并作者姓氏且弗章，拟缀辑所闻以传好事”。而《阳羡名陶录》的写法，吴骞谦虚地称是在明代江阴人周高起所作之《阳羡茗壶系》基础上“稍加增润”，而写作的时间则在乾隆丙午年，即公元 1786 年。

11. 钱杜为“曼生壶”添姿彩

在陈曼生周围有一批研究、设计、玩赏和为紫砂题铭作画的艺术家，钱杜就是重要的一员。

钱杜（1764—1845 年），字叔美，号松壶、壶公，工诗，能书善画。画梅花师法宋代赵孟，幽冷疏散，可与“扬州八怪”中的金农、罗聘媲美。钱杜与陈曼生为友，亦常为杨彭年等紫砂工艺家的作品题诗作画。天津艺术博物馆就收藏一件杨彭年制、钱杜书画的“寒玉壶”。该壶形若半瓦，平底，通体榴皮色，腹部由钱杜刻枝梅一株。作者运刀如笔，梅干劲健与枝疏芯冷形成了强烈反差，给人以深刻的感染力。壶腹下部有字款为“叔美为昙如作”，另一面作篆书“寒玉壶”三字及行书七绝一首：“一枝两枝翠蛟影，千点万点春烟痕。忽忆西溪深雪里，橹声伊轧到柴门。壶公戏题丙子二月。”诗情画意，令人悦目赏心。

12. 吴大徵把古代文物造型引入紫砂创作

吴大徵是继陈曼生之后又一位积极参与紫砂创作的文人，如同陈曼生与杨彭年等紫砂工艺家合作一样，吴大徵主要的合作者是黄玉麟、俞国良等人。

吴大徵（1835—1902 年），字清卿，号恒轩，江苏吴县人，曾任广东、湖南巡抚，光绪间主讲龙门书院，工书法，尤以篆书最为精到。他收藏书画、青铜器、碑帖、钱币极富，因藏有青铜尊，故又自号斋。天津艺术博物馆收藏的斋款紫砂壶系仿古代青铜的造型。壶的腹部阴刻“兰圃仁兄大人正”，题“敲冰煮茗”四字行书，署款“竹溪”。竹溪是吴月亭的字，他系杨彭年的弟子，也曾与陈曼生合作制壶。人们历来认为，黄玉麟受聘于吴大徵，吴大徵所藏青铜、古陶为创作紫砂的主要借鉴。

如果说陈曼生参与紫砂陶作是开启了文化人在紫砂器上进行艺术创作先河的话，那么吴大徵则把古代文物造型引入紫砂创作，丰富了紫砂的造型，作品具有浓郁的金石韵味和古朴典雅之美。

13. 郑板桥自制紫砂壶

郑板桥（1693—1765 年），即郑燮，字克柔，号板桥，江苏兴化人，生于 1693 年，卒于 1765 年，康熙秀才，雍正举人，乾隆进士。他客居扬州，以卖画为生，为“扬州八怪”之一，其诗、书、画世称“三绝”，擅画兰竹。然而，殊不知这位自称“六分半书”的大艺术家竟然也是嗜茶如狂、爱壶若宝的品茗高手。《砂壶图考》中就记有郑板桥自制紫砂茗壶的轶事。

扬州靠近宜兴，郑板桥经过反复揣磨，博采众家之长，自己亲手制作了一把紫砂茗壶，并在壶上刻下一首诗，诗曰：

嘴尖肚大耳偏高，才免饥寒便自豪。
量小不堪容大物，两三寸水起波涛。

第三节　民国著名文人与紫砂

1. 吴昌硕与紫砂

吴昌硕（1844—1927 年），浙江安吉人，初名俊，后改名俊卿，字香补、香圃，中年字苍石、昌硕、昌石、仓硕，因得友人所赠古缶，故号缶庐、缶道人，别号有朴巢、苦铁、破荷亭长、五湖印丐等，70 岁后又署大聋。中国近代杰出的艺术家，是当时公认的上海画坛、印坛领袖，名满天下。他为吴派篆刻的创始人，书法、绘画、篆刻、诗词无一不精，绘画以篆书笔法入画，线条凝炼遒劲，气度恢宏古朴，浑厚苍莽。书法着力于《石鼓文》，深研数十年。他曾从俞樾、杨岘习辞章、训诂和书艺，与名收藏家、画家往还多见历代名迹，因此书画篆刻俱卓尔不凡，成一大家，对近代中国艺坛产生了广泛和深刻的影响。

在紫砂行业，吴昌硕曾与紫砂大师黄玉麟合作。黄玉麟作弧棱壶，两面刻吴昌硕行、楷铭文，下钤“吴昌硕”方印，壶底钤“黄玉麟作”方章。

2. 任伯年迷恋“两只龟”

任伯年，浙江山阴航坞山（今杭州市萧山区）人，我国近代杰出画家，海上画派中的佼佼者。任伯年的绘画发轫于民间艺术，吸收了西画的速写、设色诸法，形成自己丰姿多采、新颖生动的独特画风。

海派书画界的不少名家当时几乎都与紫砂名家有联谊合作、壶画相交。海派大师任伯年曾捏泥制壶，造型别具一格。吴昌硕案头常置一把紫砂壶，壶壁上刻有两只龟，就是任伯年的手笔。

3. 蔡元培制作紫砂花盆

蔡元培（1868—1940 年）字鹤卿，又字仲申、民友、孑民，乳名阿培，并曾化名蔡振、周子余，汉族，浙江绍兴山阴县（今绍兴县）人，原籍浙江诸暨。他是革命家、教育家、政治家。他是中华民国首任教育总长，1916—1927 年任北京大学校长，革新北大，开“学术”与

"自由"之风；1920—1930年，蔡元培同时兼任中法大学校长。

蔡元培也是紫砂爱好者。清末民初，一代紫砂书画雕刻家沈才田、韩泰、路兰芳、任淦庭等，曾与书画名家于右任、吴昌硕、程十发、唐云等合作，制成"四方古菱壶"、"汉君壶"等，被陶艺界一时传为佳话。其中陈少亭与蔡元培合作的一只紫砂花盆尤为名贵：盆系树桩形，树皮深褐色，有三个树节，两处脱皮露胎，造型生动逼真；盆的口径14.4厘米，高11.5厘米，两侧一面刻的是蔡元培先生的题诗："不使宝山空手回，濒行精选赠盆栽。花神未必增惆怅，乞得君家衣钵来。"另一面刻题记："黄氏植物，芳荣作品，少亭刻。"

当时，蔡先生将此盆赠给被誉为莳菊名手的《花经》作者黄岳渊。这件紫砂杰作，如今当是稀世之珍了。

第四节　当代著名文人与紫砂

1. 顾景舟与紫砂

当代最有影响的紫砂艺术大师顾景舟以其文学造诣，也可列入文人行列。顾景舟自身对诗文、书法以及历史均颇有研究。年少时制壶即在乡里享有盛名。20世纪二三十年代，他应邀到上海古玩店制壶多年，其间与著名书画家江寒汀、吴湖帆、傅抱石、陈之拂等人交情不浅，而且有过很好的合作。在之后数十年的艺术生涯中，他与当代书画艺术大师唐云、亚明、高庄、吴冠中等人均有交谊。顾景舟大师天赋过人，一生孜孜不倦、处世严谨。同时，在与众多书画文人学者的广深交往中，自身也逐渐熏养出了高雅淳朴的书卷之气，积累了深厚的壶外工夫，终成为举世公认的壶艺泰斗、一代宗师。

2. 唐云爱好"曼生壶"

国画大师唐云热衷于赏壶、藏壶，并对紫砂艺术的研究、发展倾注了很大热情。其生前觅得八把"曼生壶"，视若珍宝，其书斋也因此称为"八壶精舍"。

3. 韩美林的紫砂情结

韩美林，著名书画家、陶艺家、雕塑家、设计家，曾在美国、加拿大及世界许多国家地区举办过数十次个人艺术展，赢得荣誉。韩美林先生对紫砂的热衷和关爱，也是众所周知的。

韩美林与紫砂结缘，始于1979年北京举行的宜兴陶瓷展览会，韩美林应邀参加。在展会上他看到许多宜兴陶瓷珍品，特别是宜兴紫砂，令他激动、神往，为紫砂艺术所陶醉。

1980年，韩美林带着对紫砂的钟爱和进一步了解紫砂奥秘的心境，亲赴宜兴，拜访顾景舟，并提出要用现代陶艺设计茶壶造型，得到顾景舟的支持和理解。是年3月下旬，韩美林设计出一批紫砂壶样图稿，由顾景舟改定设计，并由顾景舟指派，分别由汪寅仙、周桂珍、张红华、江健群、李益顺、吴亚亦等制作。韩美林与顾景舟合作的“自乐提梁扁壶”、“此乐壶”、“鹧鸪壶”，与汪寅仙合作的“美林虎”，与张红华合作的“提梁旭茂”，与周桂珍合作的“牛鼻中线泉”，与张建翔合作的“翔刻寒玉”，与季益顺合作的“大水平”等作品，皆获得成功，并在当时引起轰动。韩美林与顾景舟合作制壶所用印款“历下美林”，也成了合作的象徵用款。

从20世纪80年代至90年代，韩美林与汪寅仙的合作最多，其“荷花青蛙壶”、“小鸭组壶”、“双竹提梁壶”、“小放牛壶”、“江湖群鸟壶”等等，均在创意上作出了新的尝试（详见《汪寅仙紫砂作品集》与《韩美林紫砂作品集》）。

4. 其他著名文人与紫砂

进入20世纪末到21世纪初，文人参与紫砂装饰的就更加普遍了，主要表现在以下五个方面。

第一，描述品茗佳境。如：南京艺术学院美术学院院长张友宪的“甘露”（篆书）、“暗香浮动”（行楷）；中国书协理事、江苏省国画院副院长管峻的“今来古往闲中意”、“世事了无知，一碗解清悉”、“茶烟、琴韵、书声”；中国书协副主席言恭达的“香宜竹里煎”。这些铭文既简单明了，又引人入胜。

第二，一时的联想妙得。如张友宪的“人走茶不凉”，是对俗语的反写。道出了以茶会友、人走情犹在的朋友之情。更为精彩的是他在“简洁壶”上仅刻了一“味”字，与壶茗、茶道天然合一。这是突发奇想的即兴之作，其“味”是什么，各人就有各人的品味了。

第三，祈福祝词。南京师范大学美术学院教授、著名画家陆越子的“寿者”；言恭达的“煎烹福寿茶”；张友宪的“称心如意”、“人长寿”等，用辞都是对人生美好的祝愿，也把茶的益寿功能表达了出来。

第四，引经据典。管峻在沈蘧华的“井栏壶”上铭：“南山之石，作为井栏，用以汲古，助我文澜。”此铭用了两个典故。一为《诗·小雅·鹤鸣》中的“它山之石，可以攻玉。”此铭改为“南山之石”，是以壶比玉的意思。二是清代的陈曼生，嘉庆二十一年（1816 年）前后在溧阳当地方官，见一唐代遗留的井栏，古意盎然，遂设计“井栏壶”。此铭的“汲古”，为汲取古文化的“营养”，以启发文人的诗情文采。

第五，睹物抒情。江苏省美协副主席、南京师范大学美术学院教授、著名山水画家卢星棠的“千江有水千江月”。他在壶的另一面右上方刻一淡淡的圆月，左下方刻了几条水线，就把“千江有水千江月”这句诗的意境表达出来。由水联想到茶，月下品茶为文人雅兴的写照，一字一画，是情景交融的佳作。

当今的紫砂艺坛，很多紫砂艺术家在努力掌握传统紫砂制作技艺的同时，也在不断地提升积累自身的文化修养。而当一个紫砂艺术家真正具备了深厚的文化修养及良美的内在品质，并自然地融入自己的艺术创作时，人们就会通过他的作品气质解读出艺术家独具的人格魅力和文人品位。

第二十二章

历代紫砂著名典籍

第一节　明代紫砂著名典籍

1.《阳羡茗壶系》

明天启年间周高起的《阳羡茗壶系》，是第一部关于宜兴紫砂的专著，里面记载了当时制壶名手三十人和他们的部分作品。

周高起，名伯高，江苏省江阴县（今江阴市）人，生活于明万历崇祯年间，为著名学者。崇祯十一年（1638 年）受江阴知县冯至仁礼聘，与徐遵汤同修《江阴县志》。周高起富收藏、精鉴赏、嗜茗饮，对宜兴紫砂颇有研究。他将传说及亲眼所见的紫砂相关工艺、陶人和事迹记录下来而成《阳羡茗壶系》。全书分“创始、正始、大家、名家、雅流、神品、别派”等章节，将紫砂工艺的发展脉落及制壶名家逐一著述，并列其生年、风格特点、所见传器等，是研究明代紫砂文化最重要的资料，极具学术价值。

《阳羡茗壶系》有多种版本，最早为王晫、张潮的《檀几丛书》本（清康熙三十四年，1695 年），其后有卢文绍的《卢抱经堂精钞本阳羡茗壶系》本（清乾隆三十九年，1774 年），金武祥的《粟香室丛书》本（清光绪十四年，1888 年），冯兆年的《翠琅玕馆丛书》本（清光绪十六年，1890 年），盛宣怀编纂的《常州先哲遗书》本（清光绪二十三年，1897 年），以及上海古籍出版社 1992 年 6 月影印本，北京燕山出版社 1993 年 7 月出版、孙燕点校的《古瓷鉴定指南》三篇。

2.《阳羡茗壶赋》

《阳羡茗壶赋》是吴梅鼎所写的诗赋佳作，在紫砂古籍中独树一帜。

吴梅鼎（1631—1700 年），吴以藩之子，吴颐山之侄孙，一名雯，字天篆，号浮月，江苏宜兴人。他生于明崇祯四年，卒于清康熙三十九年，是位多才多艺的文学家，长诗词，善书画，精山水、翎毛，与其兄吴天石并称一时（见《宜兴县旧志》）。他著有《醉墨山房赋》，《阳羡茗壶赋》是其中的一篇。清乾隆五十年（1785 年）吴骞编著的《阳羡名陶录》又将《阳羡茗壶赋》收入“文翰”篇，成为宜陶传世之作。

《阳羡茗壶赋》是一篇专门歌颂宜兴紫砂茗壶的赋，对紫砂泥“五色土成陶”的描绘有声有色，对明代的紫砂名家、壶艺风格的赞美更是尽善尽美。这是迄今为止发现的以诗赋形式赞美紫砂茗壶的最早和最佳的古典文献。

吴梅鼎首先在《阳羡茗壶赋》序言中写道：“六尊有壶，或方或圆，或大或小，方者腹圆，圆者腹方……独阳羡以陶为之，有虞之遗意也。”当时江浙一带，壶黜银锡及闵豫瓷，而尚宜兴紫砂器。吴梅鼎在提到阳羡茗壶始祖时说：“余从祖拳石公（指吴颐山）读书南山，携一童子名供春，见土人以泥为缶，即澄其泥为壶，极古秀可爱，世所称供春壶是也。”接着又写道：“彼新奇兮万变，师造化兮元功。信陶壶之鼻祖，亦天下之良工。”这就是吴梅鼎在他所著的《阳羡茗壶赋》中对陶壶鼻祖供春的赞颂。

紫砂茗壶的风格和式样，在明代大都崇尚古朴。金沙寺僧和供春所制各式都是如此。明万历年间涌现出的制壶名家为数很多，且各具自己的风格。在《阳羡茗壶赋》中就有这样的赞句：“大彬之典重（时大彬），价拟璆琳；仲美之雕锼（陈仲美），巧穷毫发；仲芳骨胜而秀出刀镌（李仲芳）；正春肉好而工疑刻画（欧正春）；君用美妍离奇（沈君用），尚彼浑成；用卿朴直醇饬（陈用卿），丰富自然。若夫综古今而合度，极变化以从心，技而近乎道者，其友泉徐子乎。”吴梅鼎在赋中对各名家名壶的形态风姿，描绘得淋漓尽致。

从《阳羡茗壶赋》的文采上看，对紫砂茗壶的称颂似乎已登峰造极；从其内容上看，对五色土成陶的优异特点，对早期制壶名家作品的推崇，也是甚为确切的。它不仅是一篇出色的佳赋，而且也是研究紫砂工艺发展的历史文献。

3.《历代名瓷图谱》

《历代名瓷图谱》的作者为项元汴，该书汇集了所谓宋元明各名窑的彩绘陶瓷图片 83 张，每张图片均有文字说明，类似现代的器物绘画图录，套色彩绘，绘图精细。项元汴（1525—1590 年），字子京，号墨林山人，又号香岩居士、退密斋主人，浙江嘉兴人，其能绘画，以收藏古代书籍、绘画名世。据说该书的书稿先藏于怡亲王府，清末时从怡亲王府散出。几经流转，到了 1931 年，郭葆昌校注、福开森参订，对部分图画重新着色，改正部分译文，加了注释，由北京觯斋书社出版，彩色版本，线装加封套，堪称豪华。现在我们看到的版本多是觯斋书社印行的《校注项氏历代名瓷图谱》。

4.《荆溪疏》

《荆溪疏》为明王穉登撰。王穉登字伯谷，一字百谷，武进人，太原籍，后移居苏州长洲。王穉登 10 岁能诗，早年名于吴会，万历中徵修国史，卒年 70 余岁。

此书不分志类，不具篇目，为杂记体地志，分上下二卷，上卷首记游，以分片段纪载名胜、古迹、民俗、人物，下卷诗文，都是王穉登自撰，记宜兴事物。

5.《岕茶笺》

《岕茶笺》的作者冯可宾，字正卿，山东益都（今青州）人，明天启壬戌（1622 年）进士，官湖州司班，入清后隐居不仕。

冯可宾曾编刊《广百川学海》丛书，《岕茶笺》为其中之一。明末他在湖州任官，且岕茶又产于湖州，故可推论《岕茶笺》可能撰于明末，大约在 1642 年前后。

此书约 1000 字，共分为序岕名、论采茶、论蒸茶、论焙茶、论藏茶、辨真赝、论烹点、品泉水、论茶具、论茶宜、论禁忌等十一则。《昭代丛书》本又附录了有关茶和冯可宾的资料五则，并有杨复吉乙亥

(1695 年) 跋，评其：“虽篇幅无多，而言皆居要。”

第二节　清代紫砂著名典籍

1.《阳羡名陶录》

《阳羡名陶录》作者吴骞，博学，喜藏书，兼好金石，又工画，对宜兴紫砂陶研究颇深。

《阳羡名陶录》是在明周高起《阳羡茗壶系》一书的基础上精心整理补充撰成的。而书中“增润”之处确实比较多，如写作体例已经更改、写作的内容更加丰富。

一是调整了内容的排列顺序。《阳羡名陶录》全书分上、下两卷，上卷在排列上分“原始”、“选材”、“本艺”及“家溯”四部分。前三部分分述紫砂的起源、陶土矿藏及养土烧窑、用壶养壶；而“家溯”则从金沙寺僧起叙述明清历代制壶名家，并增加了明末清初的名艺人。其下卷分“丛谈”及“文翰’，选辑了时人对紫砂陶的评论及诗文。显然，这样的排列更系统、更科学。

二是补充、订正、增加了一些内容。凡周高起提出的人和事，吴骞均照文实录（顺序除外），但他以“吴赛曰”的形式加以批注、补充、订正。如在《原始》篇中，对蜀山有所补充，说“蜀山盖颐山之支脉”，“有东坡书院”，并有“宋牧仲中臣题曰‘东坡先生买田处’之石坊”；再如说到金沙寺，他补充道：“唐相陆希声山房也”、“建炎间岳武穆曾提兵过此留题”，说明金沙寺无论从紫砂起源，还是纪念岳飞，本是重要古迹，可惜现已毁于一旦。再以订正来说，如供春，周高起说是“学使吴颐山家青衣也”，青衣者女婢也，而吴骞不但考证了吴颐山的身世，还肯定“供春实颐山家僮”，纠正了性别等等。

三是在下卷中辑录了当时文人对紫砂的精辟评论或赞美诗文。其中“丛谈”中辑录了十七位文人的二十七段评论文字，“文翰”中选录了十七位作者的“记”’、“铭”、“赞”、“赋”、“诗”及“词”等。这些评述内容涉及紫砂陶的宜茶功能以及著名艺人如供春、时大彬、陈鸣远等的艺术成就，而诗词赞赋则充分赞美了紫砂壶的艺术美。他所记载的这些几乎成为后人论述紫砂时的经典。如关于紫砂壶宜茶功能的评论则有：

“茶壶陶器为上，锡次之。”（冯可宾《茶戕》）赞美歌颂艺人的：“往时供春茶壶，近日时大彬所制，大为时人宝惜。”（许次序《茶疏》）等等。

此外，“文翰”中还辑录了周容的《宜兴瓷壶记》、吴梅鼎的《阳羡茗壶赋》和其他文人的诗歌。

吴骞在阳羡侨寓多年，对阳羡山水、紫砂茗壶情有独钟。他又博览群书、能画善诗，所以无论是对周高起《阳羡茗壶系》的“增润”，还是对“丛论”、“文翰”的选辑，都是目光独到、论述精当。概括起来，吴骞的《阳羡茗陶录》在紫砂史上有以下意义：

一是较为系统地记录了明清时紫砂的历史和制作工艺。其中的许多传统工艺一直传承至今，此书功不可没。

二是较为公正客观地评述了自明正德年起至清乾隆时的著名艺人的成就。有的艺人虽无传器留世，但仍可从其书中描述见其风采。作为封建时代的文人，能为名工巧匠立传，其远见卓识之目光、公允平和之品格尤为难得。

三是较为集中地选辑了当时文人对紫砂艺术的评论和赞美，极大地提高了紫砂艺术文化的品位，使其从普通日用器而跃身于中国艺术文化之林。此项工作要广泛涉猎并别具慧眼，无异沙里淘金，可见作者知识的渊博，治学的严谨。

2.《阳羡名陶续录》和《桃溪客语》

如果说《阳羡名陶录》是对周高起作品的改编、增补的话，吴骞的《阳羡名陶续录》则是全新的收集和汇编，其中有许多让人感到陌生的人和事，有待我们进一步研究、考证，它可以拓宽我们对清人紫砂收藏的认识，对研究宜兴紫砂在清代的传播和影响非常有意义。

在吴骞的《桃溪客语》中，对宜兴紫砂也有较多的记录，但并不系统，大部分已经收录在《阳羡名陶录》中，估计《桃溪客语》是吴骞在宜兴居住时的见闻散记，而《阳羡名陶录》则是其回家后的专门之作。

3.《壶史》

《壶史》一书作者为朱坚，浙江绍兴人，生于清嘉庆、道光年间，字石梅，又号石眉，以书画见长，并热爱紫砂。他曾著有《壶史》一书，可惜已遗失，如此书有幸被发现，那对于研究紫砂史会有非常可贵的史料价值。

4.《阳羡陶说》

《阳羡陶说》是清代著名文人张燕昌的作品。张燕昌（1738—1814年），浙江海盐人，字芑堂，号文鱼（一作文渔），又号金粟山人，清乾隆四十二年（1777年）优贡，嘉庆元年（1796年）举孝廉方正，史说其“不屑仕进，屏居村落间，孤介为怀”。

张燕昌以好金石名于世，是清代非常有名的篆刻家，乃浙派篆刻创始人丁敬的得意弟子。他的篆刻取法广泛，用刀拙朴，布局萧疏稳逸，曾以飞白入印，亦是一大胆创新，著成《金石契》共五卷。张燕昌擅长书法，篆、隶、行、楷无所不精，在绘画上工画兰竹，兼善山水、人物、花卉，作品皆悠然越俗，别有意趣。

张燕昌的另一传世名作就是《阳羡陶说》，该书在内容上远比周高起、吴骞所著丰富。同时，由于张燕昌结交广泛，又精于鉴赏，所以在记述时着重描写了一些细节和事由，这为我们了解当时紫砂在文人圈子里的情形，提供了难得的线索。在说到清代制壶“圣手”陈鸣远时，张燕昌说：“陈鸣远手制茶具雅玩，余所见不下数十种，如梅根笔架之类，亦不免纤巧。然余独赏其款，字有晋唐风格。”张燕昌喜欢陈鸣远，不仅仅在于那些茶具雅玩的精巧，关键在其落款“有晋唐风格”，显示其学识不凡。

另外，张燕昌还见到过许多其他朋友收藏的名壶和紫砂器。这些在他的《阳羡陶说》中都有记述，如在其友人沙上九处，见其“藏时大彬一壶，款题‘甲辰秋八月时大彬手制’”；到桐乡汪次迁家，汪家曾赠予他陈鸣远所制“研屏一”，一面有汪家先人汪文柏的“双钩兰”（汪家曾专门邀陈鸣远上门制壶）。

第三节　民国紫砂著名典籍

1.《阳羡砂壶图考》

《阳羡砂壶考》由李景康、张虹合作编著。李景康（1889—1960

年），字凤坡，广东南海人，“百山壶馆”主人。他1915年毕业于香港大学，一生主要从事教学、教务工作，在绘画方面也极为活跃，参加多种国画研究会。张虹（1891—1968年），字谷雏，号申斋，广东顺德人，“碧山壶馆”主人，擅长山水画，能诗，富收藏，精鉴赏，藏古玉，书画经卷、紫砂壶之富甲于香江。

《阳羡砂壶考》分上、下两卷。上卷成书于1934年，书中分创始、正传、别传、雅流、待考、别乘、附记等，部分内容基本延续了《阳羡茗壶系》、《阳羡名陶录》的内容，并在此基础上进行了分门别类的考证。在附记中收入整理了“土质出产、制工窑火、赏鉴丛话、前贤文翰、时人题咏等。”其列考证上自明中期，下至清末宣统年间，是继《阳羡茗壶系》、《阳羡名陶录》之后又一部记载宜兴紫砂壶艺发展的重要专著，1937年该书由香港百壶山馆出版。该书下卷在当时未能出版。

2.《宜兴陶器概要》

《宜兴陶器概要》是研究民国期间宜兴紫砂陶发展的重要资料。本书由周润身、周幽东合著，宜兴陶器参加芝加哥博览会筹备委员会编著，时任民国政府行政院秘书长郑洪年题写书名。此书分发刊词、宜兴陶器历史之考索、陶业概况、实业救国与陶业救济，以及转载“呈清实业部救济陶业衰落文”等五个部分。

该书在发刊词中阐述了当时宜兴陶业的状况及国内外陶业的环境，号召民众振兴实业，提倡国产，勇跃参加芝加哥博览会。书中介绍了宜兴紫砂陶器发展之源流，宜兴紫砂陶的历史名家及壶艺特色，并将当时的宜兴陶业概括为六大类，即紫砂业、黄货业、粗货业、砂货业、黑货业、溪货业等。作者还提出为振兴陶业发展，应办陶业学校，建立陶瓷研究所以培养人才，开设工厂，以科学技术振兴宜兴陶瓷工业。

第四节　建国至今紫砂知名典籍

1.《宜兴陶瓷制造》

《宜兴陶瓷制造》由宜兴丁蜀人民公社管理委员会编，江苏人民出版社 1959 年 8 月出版。

该书系统地介绍了 20 世纪 50 年代宜兴陶瓷业的生产状况。全书分十个章节：宜兴陶瓷的种类和应用；陶瓷原料；陶瓷釉料与施釉；坯料的练制与设备；成型制作工艺；干燥；烧成；陶瓷机械的加工和装配；陶瓷制品检查；陶瓷制品的包装和运输。

此书记载了实际经验，也有理论分析，尤其是成型制作工艺一章中，记录了当时宜兴多种陶瓷的制作方法，详尽地描述了紫砂器中的砂壶、盆、瓶及陶刻的工艺步骤，是研究新中国解放后，50 年代宜兴紫砂制作的重要资料。

2.《宜兴陶瓷史》

1963 年，中华全国工商业联合会编《宜兴陶瓷史》，著录陶艺匠师晋代一人，明代三十八人、清代二十四人、现代十三人，共七十六人。

3.《紫砂陶器造型》

1978 年，宜兴陶瓷工业公司编《紫砂陶器造型》，收时大彬、徐友泉、陈鸣远、陈曼生、黄玉麟、杨凤年、邵大亨所制及历代传统造型的壶样 238 种、盆样 102 种、其他 16 种，合计 356 种。

4.《中国陶瓷全集》

1982 年上海人民美术出版社同日本美乃美株氏会社合作出版的《中国陶瓷全集》（日文版）第二十三卷《宜兴紫砂》，由姚迁、蒋赞初编著，收器 224 目，其中壶 159 件，盆 33 件，其他 61 件。

5.《宜兴陶器》

香港罗桂祥先生终生收藏和研究紫砂器，藏品捐赠香港市政局，建立了茶具文物馆，目前馆藏已逾千件。1986 年，罗氏著《宜兴陶器》（英文版），为供春、时大彬等陶艺家 42 人立传，旁及 24 人，共 66 人。书末附索引人名或单位 431 条，全书收器共 244 件。罗氏在紫砂器的图形和款识研究方面诸多心得，归纳出若干带规律性的结论。他认为不同时期款识的特征是：万历年间，以欧体、楷书刻于壶底；明清之际，刻名与印章并用；康熙以后，刻字减少，除壶底用印外，或于盖内、把下盖印。罗氏还研究了紫砂器的分期问题，他将历史上的紫砂器分为明初及以前、明代、清代早期、十九世纪早期至二十世纪四个时期。

第五节 国外紫砂知名著作

1. 日本奥玄宝《茗壶图录》

《茗壶图录》由日本紫砂壶收藏家奥玄宝编著。奥玄宝（1836—1897 年），原名奥三郎兵卫，名玄宝，号兰田，日本人。

《茗壶图录》一书收入了 32 件宜兴紫砂茗壶，并仿照《茶具图赞》的形式给每件紫砂壶题名，并绘线描图，详实注明了茗壶的具体尺寸、形制、泥色以及制壶的名款、印章、拓印等内容。

《茗壶图录》分上下两册，上册为文字，由源流、式样、形状、流鋬、泥色、品汇、大小、理趣、款识、真赝、无款、衔捏、别种、用意十四个章节组成，下册为图。此书图文并茂，是研究明清紫砂壶艺的重要资料。

《茗壶图录》由台北五行图书出版有限公司于 2001 影印，中国书店于 1991 年 5 月出版的《中国陶瓷名著汇编》亦有辑入。

2. 美国谢瑞华《宜兴陶器人名索引》

美国旧金山市亚洲美术博物馆的谢瑞华，1981 年著有《宜兴陶器人名索引》，因尚未见及，不知收录多少人名。

第二十三章

历代紫砂艺术名家

第一节 “紫砂四大家”

1. 董翰：多做菱花壶

董翰是明代制壶名家，字后溪。一说他是明朝嘉靖、隆庆年间人，另一说他是明朝万历年间人。其多做菱花式壶。他所制茗壶，一改寺僧、供春以来古拙风格，以精巧著称，是最早创造菱花式紫砂壶的名手。清代陈贞慧在《秋园杂佩》中说：“供春之后四家，董翰、赵良、袁锡，其一则大彬父时鹏也。”与另三家的制壶风格相比，史籍评：“翰文巧而三家多古拙。”清乾隆年间吴骞在其所著的《阳羡名陶录》中说：董翰始创菱花式壶，赵梁多制作提梁式壶。

2. 赵梁：以古朴见长

赵梁是明代嘉靖、隆庆间江苏宜兴制陶名艺人，有的书中称“赵良”。他所制茶壶，多梁式，以古拙朴实见长。据传，赵梁是提梁式砂壶的创制人之一。

3. 元畅：以古拙见长

元畅（1522—1572 年），明代继供春而起的紫砂名艺人，有的书中记为“元锡”或“袁畅”，韩其楼在《紫砂壶全书》中称：“元畅，明，万历年间宜兴人，也有人传为元锡或袁锡的，无传器款章，未足敦是。”他所做的紫砂壶以古拙见长。

4. 时鹏：筋纹器的代表人

时鹏，亦作时朋，嘉靖至隆庆间宜兴制陶名艺人，宜兴人，时大彬之父。他擅制砂壶，以古拙见长。

他制有一把“水仙六瓣壶”，高 90 毫米，口径 105 毫米，壶底刻款：时鹏（楷书），香港茶具文物馆藏品。此壶泥为冷金黄梨皮色，嘴仰略弯，壶身腹下为六方造型，腹上渐收敛而成六瓣筋纹圆口，壶盖亦为水仙花六瓣圆条形纹饰，与壶身筋纹相吻合，盖钮为六瓣圆条形花蕾，流与把也以圆的线条做成，与壶身浑然一体，线条挺阔，轮廓分明，形制不侈不丽，典雅拙朴。此壶是明代早期紫砂壶筋纹器造型的代表作品，也是比较罕见的名家传器之一。

第二节 “紫砂三妙手”

1. 时大彬：作品数以千计

时大彬是宜兴紫砂艺术的一代宗匠，关于他的生平和成就在前面的章节我们已经介绍了一些，本节主要介绍一下他的作品。

时大彬所制作品数以千计，流传其广。有诗为证：“宫中艳说大彬壶，海外竞求鸣远碟。”“明末四公子”之一宜兴陈贞慧在《秋园杂佩》中载：“时壶名远甚，即遐陬绝域犹知之。其制始于供春，壶式古朴风雅，茗具中得幽野之趣者。后则如陈壶、徐壶、皆不能彷佛大彬万一矣。”时大彬作品虽多，但流传存世者极少。至清乾隆年间，时大彬的作品已被视为稀世珍宝了。

时大彬的作品据后人简要统计，存世的包括见于著述的不过数十件而已。据清李斗所著的《扬州名胜录》载：（天雷坛）供物中有时大彬壶，盖与口合如胶漆，不能开。摇之，中有水声，斟之无点滴，数十年如一日。潘伯英藏大彬壶四品，有“四时佳兴与人同”句，四壶之泥色、形制不得而知。曲阜“孔东塘”藏两壶，“中壶”色淡紫而包浆明润，敦朴稳重，名“宝倾壶”；“小壶”得自陈健夫，扁如柿饼，不得容杯水，柄下刻“大彬”，等等。

今天，我们能够见到若干实物和图片著录，虽有“大彬”名款，但确能定为真品者为数很少。国内现存于国家各级文物保护单位的，有以下六件时大彬作品：

（1）六方壶

此壶为红泥紫砂，系1965年于扬州江都明代墓葬中出土，明墓系万历四十四年的，有关专家大多认为是真品。“六方壶”壶形制规整，壶底阴文刻“大彬”两字。

（2）紫砂扁壶

此壶上刻有“源远堂藏，大彬制”七字。

（3）天香阁壶

此壶泥色紫黑，壶盖里刻“天香阁，大彬”五字。壶外观有大度之气，雍浑古朴，或认为是时大彬的早期作品。

（4）僧帽壶

僧帽造型在唐宋以来的瓷器造型中已不少见。时大彬将其借鉴于紫砂造型中，所作“僧帽壶”棱角分明，线条流畅，精雅独到，底款为“生莲居大彬”五字。

（5）圆形壶

1987年，山西省晋城市大阳镇陡坡村石砌古墓中出土大彬壶，壶为圆球形，紫褐色，圆口双层饼盖，宝珠钮，圆管状曲流，环形把，底刻款“丁未夏日时大彬制”，丁未为万历三十五年（1607年）。墓主张光奎生于万历元年（1573年），仕至山东右参政，总二东盐事，卒于崇祯五年（1632年）。

（6）腰园式提梁壶

1987年5月，陕西省延安市宝塔区柳林镇王家沟明崇祯十五年（1642年）墓葬出土的大彬款腰圆式提梁壶，壶为紫泥胎，胎泥比较细腻，通体椭圆造型，盖、子口与壶身合缝严实，盖面呈弧形，扁圆形盖钮，肩部高耸提梁，提梁轮廓外圆内平，壶腹部一侧有竖行阴刻铭文“以饮养浩然”，“大彬”款。墓主杨如桂生于明嘉靖三十六年（1557年），卒于明崇祯十二年（1639年），曾任职于陕西华庭、凤翔，后又任山西陵川县知县，解任后回到延安。

2. 李仲芳："老兄壶"的主人

李仲芳是制壶名手李茂林长子，为时大彬第一高足，获父之"妍巧有致"，得师之"敦雅古穆"，作品灵巧精工，技艺俱佳，所制壶俗称"老兄壶"。《阳羡茗壶系》中说："今世传大彬壶，亦有仲芳作之，大彬见赏而自署款识者，时人语曰：'李大瓶，时大名'。"

李仲芳的传器有：梨皮泥壶，壶底铭文署"万历戊午秋日九月望日为叶龛先生制，仲芳"十八字楷书款；又有梨色中壶，盖大而圆，壶底署"李仲芳"三字楷书款；香港茶具文物馆藏有李仲芳所制的觚棱壶，壶底镌铭"从来佳茗似佳人"，并署"仲芳"楷书款，此壶材质为紫泥掺细砂，整体造型有方中寓圆、圆中见方的奇妙特点，被誉为早期紫砂壶传统器皿中的"上品"，具有浓郁的古色古香的韵味等等。

3. 徐友泉：善用多种泥色

徐友泉，明万历年间人，名士衡。他不是陶艺世家出身，但其父深爱当时制壶名家时大彬的壶艺，并与之交往。徐友泉自幼拜时大彬为师，有着造型艺术方面的天分。他对紫砂工艺在泥色品种的丰富方面有杰出的贡献。

徐友泉善于配制色土，其作品总是别出心裁，变化多端，"毕智穷工，移人心目"。其壶作品有汉方、扁觯、蕉叶、莲方、菱花、鹅蛋、分裆、索耳、美人、睡莲、大顶莲、一回角、六子等诸种款式。泥色应用上有海棠红、朱砂紫、定窑白、冷金黄、淡墨、水碧、榴皮、葵黄、闪色、梨皮等各种色调。徐友泉精研壶艺时，对壶泥色和壶式样有着很多发明和创造，这对紫砂壶艺的发展起着很大的作用。

传世的徐友泉作品有："仿古虎亨壶"，底有"万历丙辰秋七月友泉"楷书刻款；"三瓣三足壶"，底署"友泉"楷书刻款，今藏香港茶具文物馆，等。

据说，徐友泉的儿子也是一位著名的制壶艺人，当时就有"大徐小徐之说"。

第三节 “紫砂二惠”

1. 惠孟臣：“孟臣壶”

惠孟臣生卒年不详，大约生活在明代天启到清代康熙年间，荆溪人，著名壶艺名家。“孟臣”姓惠，是从听泉山馆珍藏的白砂大壶中得知的，根据是，此壶底款有“天启丁卯年荆溪惠孟臣制”楷书十一字，让有关他的姓氏、籍贯和大约生活年代得到了较明确的断定。

惠孟臣壶艺出众，独树一帜，作品中小壶多、中壶少、大壶最罕，所制茗壶大者浑朴，小者精妙。他善于配制多种调砂泥，有白砂、紫砂、朱砂，以朱紫者多，白砂者少。他所制壶式有圆有扁，有高身、平肩、梨形、鼓腹、圆腹、扇形等，尤以梨形壶最具影响，十七世纪末外销欧洲各地，对欧洲早期的制壶业影响很大。据说外国王室在定制银质茶具时，要求模仿惠孟臣的梨形壶。

惠孟臣以擅制小壶驰名于世，后世称为“孟臣壶”。这种小壶特别适合于饮功夫茶，因而风靡南方。后期他专制朱砂几何形小壶，造型奇、体积小、工艺精，这种壶式为后世水平壶的前身。“孟臣壶”工艺手法极洗练，富节奏感，尤其是壶的流嘴，不论长或短，均刚直劲拔，有着与众不同的鲜明特色。其壶体光泽莹润，胎薄轻巧，线条圆转流畅，成为“孟臣壶”突出的风格特征。

惠孟臣制壶除注重壶体浑朴精妙外，还注重铭刻的书法。他的刻款书法秀娟，不离唐贤风格，笔法绝类唐代大书法家褚遂良。“孟臣壶”传器款识有“文杏馆孟臣制”、“荆溪惠孟臣制”、“惠孟臣制”、“孟臣制”。有的前面标有制作年份或绝句，如“大明天启丁卯孟臣制”、“水浸一天星孟臣”、“叶硬经霜绿孟臣制”、“烟村四五家孟臣”或“云入西津一片明”、“寸心千古秀”等诗句，一般是在十几字组成的诗句或吉祥语闲章下镌刻“孟臣制”，字体多为楷书，也有行书体，笔势灵动，具书法韵味，用竹刀刻划，后期作品并用钤印。“孟臣壶”的款识以盖内有“永林”篆书小印者为最佳精品。

2. 惠逸公：大小壶兼制

惠逸公（约1766—1831年），清朝著名紫砂艺人。他生于清雍乾年间，大小壶兼制，以工巧闻名，可与惠孟臣相提并论，并称“二惠”。只是惠孟臣的作品以浑朴精巧出名，惠逸公的作品则工巧有余，浑朴不足。但惠逸公制壶形式大小与诸色泥质俱备，且长于工巧；书法楷、行、草书俱备，其楷书尤有唐人遗意；竹刀、钢刀俱备，刻镌或飞舞或沉着。

此传世名作有：

（1）四方朱泥壶。此壶高8公分，宽10.5公分，方形壶，各面匀衬，规整、细腻、工精，下抽为圈足。虽是四方壶，但各处匀以弧线处理，线条明确流畅，毫不拘泥。四方条把圈成圆形，四方流做三弯状，拱盖，高钮，充分运用点、线、面的变化，起承转合交待清楚，整体结构合理，朱泥色泽温润出众。

（2）汉方壶。此壶高6.8厘米，宽5.2厘米，取凤翔之式，用调砂朱红泥制，艳丽秀雅，比例端庄，嘴似方，曲线流畅，口盖严密，钮方，粗砂细制作。此器为朱泥壶中相当少见的汉方壶式，尤其器身较小，不满盈握，增加了制器的难度。可惜此壶出土时壶把已断，壶钮亦有小损。壶底以行楷精刻“丁未仲冬惠逸公制”八字铭款，书艺极佳，刻工亦精，是朱泥器中罕见的款识。

第四节　“紫砂七大艺人”

1. 任淦庭：紫砂陶刻大师

任淦庭（1889—1968年），又名干庭，字缶头，号漱石、石溪、聋人、大聋、左民，是我国著名的紫砂大师。他出生于世代书香门弟，排行老三。家境贫寒，幼年只读过三年私塾，但极为刻苦好学，常折树枝席地作画写字，被乡人视为奇才。后跟随宜兴名雕刻书画家芦兰芳学习紫砂陶刻工艺。

任淦庭一生酷爱书画，每天作画不止，留下大量画稿。他潜心研究紫砂陶刻艺术，上承清末宜兴书画，金石家陈懋生、陈研卿、沈瑞田、芦兰芳、韩泰、邵云儒等，下传当今陶刻名家徐秀棠、谭泉海、毛国强、鲍志强、沈汉生、咸仲英、鲍仲梅等。其紫砂作品以传统风格为主，题材广泛，形式多样。画以山水、花鸟、人物、博古图案等为主，尤以梅、竹、兰、菊为胜。书有正、草、隶、篆、钟鼎、甲骨文等种书体。镌刻时以多变的刀法，各臻其妙地表达陶刻线条的趣味和美感，将书法、诗词、画意装饰简约得体地表现在紫砂陶上，使紫砂艺术相映成题。他能用左手或右手对瓶挥毫落墨，画出相同而对称的花鸟、山水、图案。

任淦庭的陶刻艺术在我国美术界影响颇大，与许多美术家结为挚友。他如严师、慈父般的对待紫砂陶刻艺徒，当今门徒都已成就。近八旬时，还每日习字作画，对每个艺徒按各人特长，分赠画稿，供学生参考练习。其孜孜不倦的精神，为世人铭记。

2. 裴石民："鸣远第二"

裴石民于1892年出生于宜兴蜀山，原名裴云庆，儿时入私塾时改名"德铭"，是我国著名紫砂大师。他15岁时拜自己的姐夫江祖臣为师，开始学习制作紫砂壶的技艺。江祖臣，字案卿，是清末民初的制壶名手，擅长仿制陈鸣远作品，也工筋囊器，并善捏塑、浮雕，所创"狮球"、"狮灯"、"狮座"系列壶存世较多，人称"狮球王"。江案卿制壶严谨，要求严格，德铭初入师门时，受其严教，苦练基础技艺。

获得"鸣远第二"的声誉，是20世纪二三十年代裴石民在仿古作品上取得的成就。

民国时期，很多紫砂名手时常会被古董商邀去上海制作紫砂器，其中相当部分是仿制明清作品。当时如江案卿、范大生、汪生义、程寿珍以及后来包括裴石民、顾景舟在内的新中国成立后紫砂著名"七大艺人"，在民国时期都曾到上海做过仿古紫砂。

裴石民第一次被邀到上海，是在民国六年。年方25岁的裴石民在当时还是个晚辈，还不在古董商邀请之列。而既是他姐夫又是他师傅的江案卿为人倔强清高，看不惯上海客商的嘴脸，借故推辞。年轻的裴石民既想到外面见见世面，也想出去磨练一下自己的技艺，就自告奋勇随客商到了上海。可以说这一步的迈出对裴石民日后在紫砂艺术上取得成就是一个关键的转折。

裴石民到上海后在古董商那里第一次有幸见到了紫砂史上最著名的高手之一、清康熙年间陈鸣远的真迹。经过对陈鸣远作品的反复观摩，开阔了裴石民的艺术眼界。在对陈鸣远作品“天鸡壶”、“凤首壶”等的仿制中，也充分展示了裴石民的艺术天赋，使他的技艺功力得到了极大的提升，并逐步挤身于名手之列。

崭露头角后的裴石民，开始有机会和一些名人雅士交流切磋，也有更多的机会接触到一些精彩的历史作品，而最让裴石民痴迷的依然是陈鸣远的像生类作品。此后裴石民仿制陈鸣远形态各异的古壶、古尊、古鼎、古瓶、古盆，或生类瓜果菜蔬，均能做到细腻逼真、惟妙惟肖，技艺之精湛闻名行业内外，影响也逐渐超过了师傅江案卿以及陈光明等紫砂名手，在紫砂界赢得了“鸣远第二”的美誉。

抗日战争时期，百业萧条，裴石民闭门简出，潜心创作。很多代表他艺术风格和艺术高度的经典作品都出自这个阶段，如“松段壶”、“南瓜壶”、“荷叶壶”等，以及“田螺水盂”系列、“螃蟹荷叶盘”、“十件果品”系列等像生类紫砂文玩作品。

新中国成立后，在政府的关心重视下，裴石民、朱可心等一批紫砂名手积极出来参与紫砂行业的恢复性生产。1955 年春，裴石民参加了蜀山陶业生产合作社，专门负责从事各类紫砂器的设计工作，并由江苏省人民政府任命为紫砂工艺技术辅导员，成为著名的“紫砂七大艺人”之一。在这个时期，裴石民艺术造诣真正进人了鼎盛时期，为紫砂艺术的传承和新中国的紫砂行业复兴做出了突出的贡献。

3. 吴云根：“出神入化”

吴云根（1892—1969 年），又名吴芝莱，我国著名紫砂大师。他 14 岁时向汪春荣（生义）学习制壶技艺，与汪宝根、朱可心为师兄弟。三年学成，当时经济萧条，紫砂窑大不景气，常靠搬运泥坯和窑货为生。1915 年，由宜兴利用陶器公司介绍，去山西省平定县平民陶器工厂任技师，历时三年。同行的有杨阿时、李宝珍。此间，他不仅传授了紫砂陶的成型技术，还利用木炭釉炉窑试验成二次烧成的炉均釉紫砂陶，成为近代宜兴陶业界向外省传播紫砂技艺的杰出代表之一。1929 年他受聘于南京中央大学陶瓷科当技师，两年后回宜兴。1932 年他在江苏省立宜兴中学窑业科担任技师，尔后推荐师弟朱可心进校联袂授艺，至抗日战争爆发学校停办止。1954 年加入蜀山陶业生产合作社，1956 年提升为紫砂成型技术辅导员。其待人谦和大度，德艺俱佳，作品如人品敦厚、朴实。其“门墙桃李盛极一时”，现在著名的制壶名家吕尧臣、吴震、何挺初、葛明仙等均出其门下。汪寅仙最早由他亲沐教泽，并推荐到师弟朱可心处学艺。他长期从事学校的正规艺事教育，十分重视写生，尤其对竹的形态特别关注，为他制作竹段壶充实素材、提升内涵，起到了很大作用。

他的紫砂作品构思奇妙，享有“出神入化”之美誉，制作的“提把弧菱壶”、“双色竹段壶”、“大型竹提”、“传炉壶”、“线云壶”、“合菱壶”等，曾多次被选定参加国内外陶艺大展，声誉远播。他的作品喜用双色泥表达主体，较多地用竹为题。竹节为壶身挺拔刚劲，壶嘴、壶把、钮缀以小竹枝攀于壶体，两种泥色处理得相互呼应，色泽和谐得体；在制作处理手法上以竹节为主体结构，以叶、茎、枝、芽为衬托，充分表现出翠竹的神韵。

4. 王寅春：筋纹器流派的一代宗师

王寅春（1897—1977 年），祖籍江苏镇江，父辈定居宜兴川埠上袁村，著名紫砂大师。13 岁时他拜川埠上袁村著名艺人赵松亭为师，再由赵松亭分配至陶坊所聘制壶艺人金阿寿处学艺。金阿寿比王寅春年长 18 岁，其时被聘至赵松亭陶坊，以制作一般行货为主（日用品），技艺较一般。王寅春初学时，仅从金阿寿手中学到一般的制壶本领，只能制作很普通的“寿星壶”、“海蛋壶”。

王寅春满师以后，赵松亭认为王寅春手艺太差，于是要王寅春离开陶坊。父亲王金宝闻讯，来恳求赵松亭。赵松亭于是答应试用一个月，如一个月时间内能制作出合乎要求的紫砂茶壶，则留用；如不行，便离开。赵松亭拿来赵乾泰所制的水平壶做样品，叫王寅春仿制。

为了做水平壶，王寅春光是学搓一只水平嘴就用了整整一个晚上，没有睡觉，终于掌握了搓壶嘴的决窍。不到一个月的时间，王寅春所仿制的水平壶得到成功，并在此基础上加紧了纯熟技艺、制壶速度的训练。连赵松亭亦连连夸奖“好小子，人粗手巧，留！”王寅春不但被留在赵松亭陶坊继续制壶，赵松亭还亲自给王寅春镌刻一枚制壶用印“阳羡惜阴室王”赠与他，被王寅春当成至宝，凡做水平壶均用此章。

当时赵松亭陶坊云集了紫砂业界很多高手，其中有储铭、程寿珍、邵步云、潘德根、郭其林等。王寅春工作时勤向前辈名艺人求教，不懂就问，不懂就学，技艺很快超过了自己的师父金阿寿，为后来的制壶生涯打下了坚实的基础。

1921年后，王寅春为接济生活，开始接受其他客户的订货。其时，他的技艺逐渐纯熟，所制水平茶壶，除用自己的印款“阳羡惜阴室王”、“寅春”外，亦使用订户印款如“福记”、“钱画轩”、“陶业工厂”等。但一般在盖款上用“寅春”章，以利区别。1934年，日本客商向“吴德盛陶器公司”订制300只小花盆，“吴德盛”向窑场业界订货，因时间限定为两个月，无人敢接。其时，王寅春家境十分困难，便接下了这单生意。王寅春日夜赶制，并利用熟练的成型技法，想出了用木模挡模的办法，致使花盆不会变形，如期完成交货任务，并开始在业界暂露头角。

由于“吴德盛”订制的300只小花盆做得相当讲究，王寅春得到一笔丰厚的酬金，而且为“吴德盛”老板所器重。自此开始，王寅春接受“吴德盛”老板的建议，专制紫砂方器茶具。1935年春，经“吴德盛”介绍，王寅春被聘至上海，为上海古董商龚怀希仿制紫砂古董。1936年年底，王寅春回到宜兴烧茶壶时，在蜀山西街茶馆里结识了著名金石书法家潘稚亮。潘稚亮看了王寅春所制的茶壶，认为是大家手笔，前程不可估量，遂介绍王寅春认识著名壶界收藏人士储南强。储南强亦认为王寅春的技艺不可多得。但储、潘二人均希望王寅春制壶不要署古代其他名艺人的印款，要正直做人，要光明正大地打自己的印款。潘稚亮还亲自为王寅春镌刻了方章“王寅春”款一枚。王寅春得到“切玉圣手”潘稚亮的教诲，领受印款，爱如至宝，一直沿用至逝世为止，一直未换第二个章款。

到了50年代中叶，王寅春参加了蜀山陶业生产合作社，成为工场技术辅导员，并成为政府聘请的艺人之一。在辅导徒工的同时，王寅春的技艺亦进入高峰期，创作进入旺盛期。

1956年，王寅春首创“五头梅花周盘茶具”。其壶的壶身、壶盖、壶钮为筋纹菱花造型，阴阳交合，布局严谨，功夫老到，创制成功后引起轰动。接着，王寅春又成功创制了紫砂筋纹器代表作“菊球壶”和

"半菊壶"，开创了现代紫砂筋纹器的新局面。

1957年，王寅春乘兴创作出紫砂筋纹器系列"六方菱花"、"合菱"、"菊铫"、"纹井"、"八方盘钟"、"玉笠"、"高瓜形"、"六方抽角"等作品。在这些紫砂筋纹器的制作上，王寅春充分发挥自己的技艺特点，既有苍劲刚遒、挥洒自如的风韵，亦有庄重古朴、飘逸共美的风格。1963年，王寅春成功创制"亚明方壶"、"高菊壶"等作品，其中"亚明方壶"由亚明、王寅春共同设计。王寅春充分发挥制作紫砂方器的技艺水平，润肌玉骨，稳重端庄，成为紫砂方器优秀经典之作。"高菊壶"亦称"高瓜菱壶"，具有王寅春强烈的个性和特点，为紫砂筋纹器增添了新的品种。

王寅春活到老、学到老、做到老，以不屈不挠的性格，刻苦踏实的敬业精神，在紫砂方器和筋纹器领域勤奋创作，多产高质，特别是在紫砂筋纹器领域，独创自己鲜明的个性风格特点，成为紫砂筋纹器流派中当之无愧的一代宗师。

5. 朱可心：一种壶式多种装饰

朱可心（1904—1986年）出生于宜兴市丁蜀镇，原名朱凯长，艺名"可心"，寓意"虚心者，可师也"、"山中一杯水，可清天地心"。他是我国著名的紫砂大师。

14岁时他拜汪生义为师，与吴根云结为师友。1931年受聘于江苏省立宜兴陶瓷职业学校窑业科技工，此后开始制作紫砂器。创作旺盛期，设计制作了"如意壶"、"云玉壶"、"万寿壶"、"碗梅壶"、"可心梨式壶"等，许多式样成为畅销产品。1964年他精心仿制陈鸣远包袱壶，达到紫砂技艺炉火纯青的地步。

朱可心首创一种壶式，运用多种装饰的手法，深受中外人士的欢迎。他在状如心形的壶上，分别雕青松、翠松、寒梅、古柏、碧桃等装饰，深受中外人士欢迎。由他精心制作的"可心梨式壶"被国务院定为赠日本首相中角荣的国家礼品。

朱可心是一位不断进取的艺人，其作品多洋溢时代气息，壶艺风格浑厚淳朴，法度合宜，善于从自然及生活中汲取创作灵感和素材。他还辛勤培育紫砂技艺人才，有潘春芳、许成权、汪寅仙等。

6. 顾景舟：壶艺泰斗

顾景舟，1915年生于江苏宜兴川埠乡上袁村，是我国著名紫砂大师。顾景舟可以说是历代紫砂陶艺名家中，名号最多的一位。他本名景洲，后改名为景舟，名号有曼晞、瘦萍、武陵逸人、荆南山樵及壶叟等，曾自创堂号为自治轩。他在壶艺上的成就极高，技巧精湛，且取材甚广，可说是近代陶艺家中最有成就的一位。

顾景舟少年时期即立志于紫砂陶艺创作，从其祖母邵氏学艺，潜心磨练制作技巧，二十多岁便已身列紫砂名手之林。他一直以来饱览历代紫砂精品，深入钻研与紫砂陶瓷相关的工艺知识，旁涉书法、绘画、金石、篆刻、考古等。丰富的人文素养加上精练制壶技艺，蕴酿出其紫砂创作的独特艺术风格。而顾景舟对于紫砂陶传器鉴赏亦有高深独到的造诣。作品特色是，整体造型古朴典雅，形器雄健严谨，线条流畅和谐，大雅而深意无穷，散发浓郁的东方艺术特色。

顾老的紫砂作品以茗壶为主，年轻时先由方器入手，兼做圆器，随着其与书画界的交往，逐渐偏重光素器型的制作，最后是以几何形壶奠定其个人风格，找到属于自己的艺术创作方向，开创紫砂茗壶造型的新意境。他的代表作有："汉云"、"雪华"、"鹧鸪"、"提壁"、"凤嘴"、"僧帽"、"仿鼓"、"石瓢"、"牛盖莲子"等，其中"牛盖莲子壶"、"鹧鸪壶"获国家金质奖，"僧帽壶"、"井栏壶"获国家银质奖，并有许多佳作被国内外收藏家和博物馆收藏。

顾景舟认为，明代中期至今的紫砂艺术可以像书法、绘画艺术一样，分为神品、极品、精品、能品。像明代供春、时大彬，清代陈鸣远，作品造型完整，技术高超，他们将紫砂技术发扬光大，并与中国文化艺术结合起来，他们的代表作应尊为神品；清代陈曼生承前启后，"曼生壶"就是紫砂艺术与诗书画艺术的结合品，即便技艺有所不足，若是真作，也可称为极品；历史上紫砂仿古之作不少，虽然东西是仿的，但质量是好的，堪称精品；而现在市面上流行的今人制作的高档紫砂茶具，则为能品。顾景舟还将其紫砂生涯总结为少年仿、中年创、晚年变三部曲。

顾景舟高超的壶艺境界，与他有着深厚的文化修养是分不开的。有没有文化积累，是民间艺人从艺历程中最重要的门槛，也是大家与一般匠人的重要区别之一。顾景舟重视这个渊源，并为之努力了一生。他甚至还阅读、钻研过与硅盐有关的书籍，并对选矿、原料制备、技艺加工、烧成等每个环节都有深入的研究。

从20世纪50年代初收第一个徒弟徐汉棠起，在几十年间，顾景舟可谓桃李满天下。在他的从严要求下，顾景舟的弟子各个都有相当出色的成就。

7. 蒋蓉：仿生类紫砂高手

蒋蓉（1919—2008年），别号林凤，江苏省宜兴市川埠潜洛人，中国著名紫砂大师。蒋蓉是门里出身，11岁随父亲蒋鸿泉学艺，1940—1947年由伯父蒋鸿高带至上海制作仿古紫砂器，此后开始了其艺术创作。

蒋蓉是当代中国工艺美术大师，为紫砂艺术界著名的“七大艺人”之一，也是其中唯一的女性。蒋蓉在仿生类紫砂艺术方面的造诣代表了一个时代的高峰。她善于将动物、植物、花果等自然形体，经过艺术提炼、创造，自如地运用于紫砂作品之中，设色与造型逼真，融合了艺术美感与自然生趣，形象色泽及表面肌理都有妙趣天成之感。

蒋蓉在既能继承传统又能艺术创新方面的成就尤为显著。历史上在花货上有很大成就的艺术大家不是很多，可供借鉴的优秀作品也有局限，所以蒋蓉的创作更多的是源于生活，在大自然中去寻找题材，通过仔细观察，吸取、提炼自然精华，反复推敲，认真总结。为了创作，她经常夜以继日、废寝忘食，身体尤其是腿因此也落下了病痛，但她依然凭着对艺术的执着，无怨无悔。

蒋蓉在她一生的创作生涯中先后创作了200多个品种的高档紫砂壶和工艺品，创作的代表作品有莲花茶具、“束柴三友”、“荷花壶”、“牡丹壶”、“芒果壶”、“南瓜壶”、莲藕酒具、“蛤蟆捕虫水盂”等，并发表了《师法造化，博采众长》的紫砂专论。其代表作品“荷花壶”在全国工业会议上被评为特等奖；代表作品“荸荠壶”被英国维多利亚博物馆收藏；代表作品“琵琶笔架”作为国宝被北京中南海紫光阁收藏；并为周恩来总理出访东南亚等国家制作礼品。

蒋蓉文思敏捷，才华出众，从艺70多年，把毕生的精力都贡献给了紫砂事业。紫砂艺术是文化和技艺共同积累的结果，她对这样的艺术有着非常深刻的理解，她认为，艺术是发现、提炼、厚积薄发；技术是千锤百炼，功到自成。

第五节　有关紫砂艺人的风格流派

民间工艺的一大传承特色，就是长辈带晚辈，父母传子女。这种情况在紫砂业更为典型，因为过去紫砂从业者大多是“耕且陶焉”的生产方式，做紫砂是农闲时的劳作，是生产副业，传帮带比较方便，也更易见经济利益。但农家的业余生产，往往也形不成大的气候，形成不了特色。紫砂做坯技艺在有的人家也能代代相传，但没有社会影响，甚至有的还讳言从事这种手工生产，也就大多湮没无闻。只有专业其事，把紫砂作为重要的生产和生活方式的人家才会在上面倾尽全力，形成规模，形成家族特点，进一步在社会上形成品牌。

除了耳提面命的师授徒承的技艺薪传之外，紫砂陶艺还形成了风格流派。

在紫砂壶艺中，历来就有光货、花货、筋瓤货等器型表现手法，它们的成型手法虽在身筒制作中具有相同或相似的工艺之处，但在装饰手法上却大不相同，所形成的美学趣味也不同。各个从业艺人除了受师傅的工艺影响外，还会根据自身文化修养、审美喜好和技艺手段，在日积月累的实践中最终形成自己的风格特点。

以时大彬为例，“初自仿供春得手”，日后有所变化。而他的光货制作在清代邵大亨手里达到了极致，“清嘉、道以后百五十余年中，无有超越他之上者”，而当代紫砂泰斗顾景舟却是从仿邵大亨入手的：“我仿制大亨作品的第一件就是掇壶，作于1936年……经仿制邵大亨的作品，壶艺水平产生了飞跃。”由此可见时大彬—邵大亨—顾景舟的壶艺流派。而顾景舟的制壶技艺目前为更多的徒弟们所承继、发扬，徐汉棠、周桂珍、高海庚、李昌鸿、沈巨华等都是这一流派的杰出人物。

时大彬的徒弟徐友泉仿古尊彝诸器，文献记载他“毕智穷工，移人心目”的作品样式有“汉方”、“扁觯”、“小云雷”、“提梁梁卣”、“蕉叶”、“莲方”、“菱花”、“鹅蛋”、“分裆索耳”、“美人垂莲”等诸款。这种造型取向，到清初更多地为陈鸣远所继承。陈鸣远把青铜器型如双卮、鼎、爵、觚等变化为文房雅玩，在这个造型基础上，他创造了像生作品，并以自然界的动植物形体入壶，使花货茶壶崛起而成为紫砂茶壶的重要形制之一。民国时期著名艺人蒋彦亭，走的便是陈鸣远一路，他仿制临摹飞禽走兽、虫鱼花草形状，擅制水盂、水滴、文房用具、杂玩等项。同时期的陈光明也擅此道，善做玩具和果品，如核桃、菱角、栗、柿、橘子、灵芝等，细巧玲珑，色形逼真。新中国成立初期的“七大艺人”之一的裴石民先生，摹仿陈鸣远的作品甚多，精工细作，几可乱真，有“鸣远第二”之称。他的作品除茶壶外，文房雅玩、杯盘炉鼎、花盆、假山、花果、蚕等均有所创，形态各异，风格多样。当代已故工艺美术大师蒋蓉，跟随伯父蒋彦亭学艺，发扬了陈鸣远注重生活的创造精神，在像生果品和花货茶壶的创作上蔚成大家。当代花货大家朱可心专事花货创作，以梅、竹等形象入壶，留下了丰富的造型积累，而他的徒弟汪寅仙已成为中国工艺美术大师，也是名闻中外的花货大师，在朱可心和汪寅仙的身上可以看到陈鸣远的艺术渊源。

第二十四章

现当代紫砂名人

第一节 “紫砂四小龙”

1. 江建翔：立足本土，大胆创新

江建翔，1957 年生于江苏宜兴，1976 年进入宜兴紫砂工艺厂，师承许成权学艺；1978 年进厂研究所，师从汪寅仙学艺。1982 年他进入中央工艺美术学院进修陶瓷造型设计，长期从事紫砂壶艺创作。其代表作“风倦葵壶”被中南海紫光阁收藏。

江建翔之所以能在众多的艺人中脱颖而出，成了紫砂陶艺界的一颗耀眼明星，其关键在于他对紫砂有着极高的悟性和天赋，凭着自己的实力，在继承传统中不断创新，广采博取，形成了自己的特色，作品风格俊秀、细腻、简洁、形神兼备，柔中有刚，妙趣横生，具有巨大的魅力。

江建翔近 30 年的陶艺创作实践，练就了他过硬的紫砂制壶绝技。他不但博采紫砂“光素器与花塑器”两大主流于一身，而且立足本土文化，在使用传统手工技艺的同时大胆创新，把紫砂艺术发挥得淋漓尽致，令人叹服。

2. 陈国良：实用与收藏兼顾

陈国良，号鹤轩，1954 年生于江苏宜兴丁蜀镇，随何道洪师傅学

艺，其后从事花盆、瓶、挂盘等制作。1986 年他任宜兴紫砂工艺厂艺术培训中心辅导老师和技术总监；1988 年曾在中央工艺美术学院进修“陶瓷造型设计”专业；1993 年进紫砂工艺研究所专心于自己的紫砂创新与制作。

在紫砂创作上，陈国良求精、求实，讲究实用与收藏兼顾，题材丰富多样，源于传统而别有新姿，自成一派。

3. 季益顺：以新特精巧著称于世

季益顺，1960 年出生于江苏宜兴，1978 年进宜兴紫砂工艺厂随著名高级工艺美术师高丽君学艺，言传身教，基础扎实。1983 年他于中央工艺美术学院造型设计系毕业。在紫砂艺术探索中，他把绘画、浮雕与壶体有机结合，创作作品以新、特、精、巧和实用著称，题材寓于诗意，造型优美，作品曾多次在国内外大赛中获奖。

季益顺的作品表现手法多样，在材质选用上和创意相互协调，在造型设计上大方得体，力求突破，在装饰手法上新颖独特，巧妙自然。随着其创作的日趋成熟，季益顺在壶的型体追求上丰富多彩，或前方后圆，或外方内圆，或前长后短，或后高前低。其创作作品有“莲心壶”、“合欢壶”、“葫芦组合壶”等系列。

4. 施小马：对“方器”情有独钟

施小马，1954 年生于江苏宜兴，1972 年进紫砂工艺厂，其所致之壶获过多次大奖。初入道时，施小马对各种紫砂壶造型均有涉猎，最后，他选择了与自己性格相似的方器，并成为了制作方器的高手。因为方器带给人一种刚正不阿、棱角分明、不拖泥带水的性格特点。他的代表作有“红与黑壶”、“珏提壶”、“凌云壶”等。

第二节　紫砂知名陶艺家及作品

1. 鲍志强：紫砂艺林中的奇葩

鲍志强，1946 年生于江苏宜兴蜀山，字乐人，室号“醉陶斋”。

1959年进紫砂工艺厂师从谈尧坤、范泽林学习陶刻；1962年又转师艺人吴云根门下学习制壶技艺；1965年得著名陶刻家任淦庭先生教泽，从事陶刻创作；1975年进修中央工艺美术学院陶瓷艺术系，后致力于紫砂艺术的创作研究。

鲍志强善设计制陶，尤擅长陶刻，同时对书法、绘画、篆刻、陶刻、紫砂史等方面均有独到研究。其作品注重诗、书、画、刻融紫砂陶艺术于一体的表现形式，在紫砂艺林中别树一帜。他的作品被收藏于中南海紫光阁、北京故宫博物院、南京博物院等单位。其代表作品有“富贵”茶具、“九头源泉”茶具、“福寿延年壶”等。

2. 鲍旭琦：世界紫砂优秀人才

鲍旭琦，1954年出生于宜兴陶业世家，是中国宜兴著名陶业世家鲍鼎泰、鲍生泰的嫡系传人，其家族制陶历史长达560余年。

鲍旭琦早年从事紫砂工艺设计制作，在浮雕工艺上造诣颇深，通过浮雕青铜器文化系列作品与红木工艺镶嵌结合获得了成功，受到海内外行家的高度赞誉，代表作品有“象尊”。其作品有高雅富贵、古稀深厚的中华文化典雅之美，使紫砂文化可以在一种“贵气”得到升华。1997年，他再次开创紫砂大黑金砂名壶系列作品，深得国内外收藏界的珍爱，荣获多项大奖。

3. 倪顺生：原生态题材大家

倪顺生，1938年生于江苏宜兴紫砂陶艺世家，其母邵宝琴为清代名人俞国良之养女，并亲授其紫砂技艺，以“锡山俞传”壶艺闻名暇迩。

其幼时，耳濡目睹制陶工艺，于1955年随父母进入宜兴蜀山陶业生产合作社（宜兴紫砂工艺厂前身）成为第一批紫砂艺徒，随大师朱可心习艺，勤摹多练，掌握了紫砂手工制作的技法，功底扎实，长年致力于创立具自己独特风格的花塑器茗壶，成果斐然。

倪顺生喜欢像大自然学艺，作品多以大自然的松柏、梅、桃等树枝花果塑造壶形，并点缀以昆虫为装饰，情趣盎然，其题材鲜明为藏家喜闻乐见，深受喜爱。其作品有茗壶、茶具、案头用具及各式陈设摆件。

4. 谢曼伦：泥料和配色出类拔萃

谢曼伦，1942 年生于安徽芜湖，1958 年进宜兴紫砂工艺厂，16 岁开始学习紫砂工艺，师从著名大师朱可心，获名师蒋蓉、顾景舟的指导。她技艺精纯，对泥料特性的掌握及配色学问皆有独到之处。其作品题裁多以花木为主，松、竹、梅尤多，做工细腻周到，造型爽朗明快、简洁优雅，色彩丰富讲究，具有极高的装饰性。为其作品增加文化内涵、提升作品品位，是她的艺术追求。她的代表作品有“大桑宝壶”、“碧玉如意壶”等。

5. 李昌鸿：紫砂装饰新风格的缔造者

李昌鸿，1937 年生，1955 年进宜兴紫砂工艺厂，师从顾景舟大师，在继承紫砂传统造型的基础上研究创新开拓，他力求寓意深邃、款式新颖、格调高雅，他成功研制了“紫砂绞泥装饰”、“紫砂印纹装饰”等新工艺。在创作的同时，他还对紫砂文化历史、紫砂新技术的应用进行研究，撰写专业书籍。他的代表作品有：与夫人沈遽华合作的“竹简”茶具，与徐秀棠合作的“丙寅大吉”组壶等。

6. 曹婉芬：紫砂造型艺术的探路者

曹婉芬，1940 年生于江苏宜兴，成长于一个从事紫砂陶业的家庭。1955 年她进入宜兴紫砂工艺厂随朱可心学艺，而后得裴石民与王寅春的指导；1980 年进紫砂厂研究所专营造型设计，继受顾景舟的教导。她数十年如一日，潜心于紫砂造型设计的研究制作上，艺术素养日臻成熟，受到国内外收藏界的肯定。其作品题材丰富，造型多样、严谨，线条明快，追求典雅、意趣之美感。她的代表作品有“壶艺掇英套壶”、“壶艺掇英壶”等。

7. 吴鸣：“新紫砂”的代表

吴鸣，1957 年生于宜兴丁蜀镇，1983 年，吴鸣以优异的成绩考入无锡市轻工业职工大学，对美术装潢专业进行系统的研修。1986 年他毕业后，回厂从事陶艺创作，进行深入艺术探索。经过 10 多年的磨练，他成为了一名能设计、能制作、能陶刻、能书画的全能大家，他的陶艺作品逐渐形成了鲜明而又独特的风格。吴鸣的作品脱离了传统紫砂壶的形态，往往有一个很传统、很怀旧的名称，但又现代感十足，简约流畅的线条，模糊的壶把、壶嘴，古朴的颜色……由此，他被视为“新紫砂”的代表人物。

吴鸣紫砂壶的出现，让紫砂艺术的表现形式达到了一个新的高度，拓宽了人们对紫砂的理解。他对紫砂“五色土”的独到理解，从作品自身的要求到对紫砂泥的选配、炼泥、调制处理，使得紫砂固有的内质、天然肌理都变得美轮美奂。吴鸣还对紫砂的传统技艺精华有着精深的研究，尽力掌握其特征和内涵，对传统的文化内核进行提炼优化，并运用自如。他在塑、捏、刻、画等制作技艺上直追传统紫砂名家，笔笔精到，无可挑剔，显示出深厚的“传统”个性。他的代表作有“庄子·子非鱼壶”、“月圆月缺日相长壶”等。

8. 高振宇：“传统派”与“学院派”的集大成者

高振宇，1964年生于江苏省宜兴市的陶瓷世家。1982年他进入宜兴紫砂工艺厂，师从顾景舟先生，学习紫砂壶传统工艺；1985年考入南京艺术学院工艺美术系陶瓷专业；1990年赴日本留学，考入东京武藏野美术大学工业工艺设计系陶瓷专业研究生院，1993年毕业；同年回国，任职于中国艺术研究院。这些年游学的经历使他成为紫砂“传统派”和“学院派”的集大成者。

高振宇一直深入学习和研究紫砂工艺，他的作品以器皿陶艺为创作主题，认为器皿中既可以容纳艺术创作的激情，同时也可以体现以人为本、爱护环境的现代理念，这种创作思想在我国陶艺界引起很大的反响。其作品知名度很高，先后举行过二十余次的紫砂陶艺展。

9. 徐雪娟：传统陶艺和现代陶艺的完美结合

徐雪娟，号雪卷，1961年生于中国宜兴陶艺世家，为中国工艺美术大师徐汉棠之女。受家庭的熏陶，她自幼喜陶，于1979年正式入宜兴紫砂工艺厂研究所，跟随家父学艺至今，期间被选送进中央工艺美术学院进修陶瓷造型、装饰等。

由于对紫砂艺术所具有的特殊情感和执着追求，加之家父的潜心指导，徐雪娟不仅掌握了扎实的制作技艺，而且领悟到了传统紫砂文化的精髓，在传统紫砂壶艺的造型和制作上取得了突出成绩。此外，她还将传统陶艺和现代陶艺的结合，进行了大胆的尝试和探索，获得了很大的突破，得到了陶艺界、收藏界的肯定。她的代表作品有“绿荷”茶具、“老藤”系列等。

10. 储集泉：潜心修炼书画文字的美学呈现

储集泉，江苏宜兴人，出生于宜兴书香名门，1972 年开始进入宜兴紫砂工艺厂从事紫砂陶艺术，1983 年进中央工艺美院陶瓷系深造。其艺术生涯中有幸得到花货大师朱可心的青睐并予以指点，在继承传统中得益于书画文字的修炼，以创作设计见长。他的作品以语言为主线，追求形式与内涵的美，常有心得论文见诸于媒体。其代表作品有“石榴提梁壶”、“四君子”组壶等。

11. 葛陶中：技术全面，壶艺精良

葛陶中，1957 年生，先从师随李碧芳门习艺入门，1978 年进紫砂工艺厂研究所随沈遽华磨练技艺，并获顾景舟悉心指点。1982 年他在无锡轻工业学院造型美术系进修，并参加中央工艺美术学院造型设计班学习。

葛陶中技术全面，茶壶制作精良。他不断探索紫砂陶艺的精华，充分利用紫砂泥土的特性来表达其艺术效果。所做之壶严谨、简单、明了、透彻。他把壶从奔放做到了平稳，从具体提炼到抽象，典雅严谨、轻灵简约。而同时，紫砂壶的敦厚内敛、古雅蕴致，也在他的壶上得到充分的体现。他的代表作品有“五头提壁”茶具、“五头夜知己”茶具等。

12. 毛大步：紫砂学术第一人

毛大步，字紫来，名荐轩，号令壶冲、御陶人，别署石渠壶隐、蜀山居士，自称白砂散人、壶公移砂，油画家、壶艺家、紫砂学家。毛大步受业于宜兴著名陶业世家传人鲍旭琦，磨练制壶基本功。随后其师承

江苏省工艺美术大师储立之，深研造型、壶艺创作涵养美学。

毛大步从小酷爱紫砂艺术，研读过许多古陶名著。大学期间，他专攻美术鉴赏、书画专业，后又随宜兴市美术家协会主席邵家声专修美术理论，从事文学、美学、历史学、金石学等学科研究。在紫砂陶的艺术创作中，有着特别的悟性与灵感，对紫砂茗壶及其泥料有着独特的见解，善于创作融入现代新意的作品，深受好评。

毛大步的紫砂壶透发出正气、扑气、雅气，对于茗壶制作讲究实用与收藏价值兼顾，不拘泥于流派，不专做某些风格作品，依创作灵感发挥。

13. 秦峻：以“绞泥”、“印花”见长

秦峻，1972 年生于宜兴丁蜀镇潘家村陶艺世家，1989 年跟随父亲秦西桃（曼心）学习制作紫砂茶壶，在父亲的精心指点和其自己的不断努力下，终于学有所成。

在对陶瓷造型的探索、研究进程中，秦峻吸取了历代紫砂艺人的制壶技艺，结合自己对自然物体形状、色彩的认识，形成了自己独特的制作风格。他所制作的陶艺作品取意自然、色彩分明、劲健俊逸，尤以色彩缤纷的“绞泥”、“印花”为主题的花货系列作品见长，广受收藏界喜爱。他的代表作品有“龟龙壶”等。

14. 范伟群：最具潜力的青年陶艺家

范伟群，1970 年出生于陶艺世家，是明末清初制壶大家范大生嫡孙。1984 年他进入紫砂二厂随吴同芬老师学艺，自幼受陶艺世家氛围的熏陶，加上老师的严格教导，及自己的刻苦学习，范伟群很快全面掌握了紫砂制作工艺的各种技能，后又被中国工艺美术大师徐汉棠收为徒。在徐汉棠的亲切关怀和悉心教导下，他在紫砂工艺的制作技法和创作手法上有了更大提高，光素器、花塑器、筋纹器样样精通。同时，他积极创作具有自我特色的紫砂新品，造型精炼，风格独特，工艺精美，深得海内外收藏界的喜爱，成为紫砂界最具潜力的青年陶艺家。他的代表作品有“夹砂扁富壶”、“僧帽壶”等。

第三节 “紫砂十二精英”

1. 桑黎兵：壶与画融为一体

桑黎兵，1960 年生于江苏宜兴，1984 年毕业于江苏宜兴陶瓷工业学校陶瓷美术专业，后分配到宜兴紫砂工艺厂研究所，从事紫砂壶艺创作工作。他在传承的基础上，大胆创新开拓。为求更好地表现其作品，他用紫砂“五色土”在壶体上装饰，形成自己的独特风格，使作品更具有诗情画意，达到壶中有画、画中有壶之美感。他的获奖作品众多，如“松鼠葡萄壶”、“祝寿壶”、“包涵壶”等等。

2. 吕俊杰：陶艺美学贯通中西

吕俊杰，1966 年生，壶艺大师吕尧臣之子。他从小就耳濡目染父亲的紫砂壶艺，14 岁开始随父亲学习，思维活跃，长进不凡。1993 年，吕俊杰赴新加坡南洋艺术学院深造，回国后致力于紫砂艺术的创作。他在继承父亲优秀传统的基础上，他不断探索古典与现代、东方与西方的陶艺美学理念，创作了多个具有时代感和艺术个性的作品，并多次获奖。

吕俊杰认为，一个好的紫砂艺术作品首先要带来视觉上的愉悦，要具备视觉美；抛却了这种形式上的美，紫砂还是紫砂，就不是艺术了。“阴阳太极壶”是吕尧臣、吕俊杰父子共同设计制作的，分为阳壶、阴壶两把，构思精妙，造型独特，其艺术观在其中得到了充分的展现。

3. 张正中：学院派与传统派相融合的典范

张正中，1964 年生于江苏省宜兴，毕业于江苏大学美术系。他的作品以其感性创造在理性的紫砂世界中独树一帜，富有思想创新能力强，被誉为学院派传统融合的典范，作品多次在海内外大展中获奖。他的代表作品有“海风”组壶、“年轮”、“天地”等。

4. 何震：宜兴紫砂之星

何震，1975 年生于江苏宜兴，1990 年进宜兴紫砂工艺厂艺培中心学徒，跟随启蒙老师陆君学习全手工紫砂壶制作，基本功扎实。1992 年她考入紫砂厂研究所，随姑妈高级工艺美术师曹婉芬进一步钻研造型设计及制作技法。期间作品多次参加国内外工艺美术展，受到壶艺爱好者及收藏者的广泛赞誉。

她的作品制作工艺严谨，技法娴熟，能把所学知识灵活运用于壶艺创作中，作品“韵灵壶”被中央工艺美术学院收藏。

5. 杨逸雯：注重内涵，线条流畅

杨逸雯，1984 年进宜兴紫砂工艺厂，师承高级工艺师刘建平。1993 年她进入中央工艺美术学院进修紫砂造型设计。她的作品设计注重内涵，以光货为主，线条流畅，做工精细，近年新品屡屡获奖，深受壶艺爱好者和收藏家的赞赏。她的代表作品有“制怒壶”、“双圆壶”、“紫气东来壶”等。

6. 鲍曙岩：以全手工传统光器见长

鲍曙岩，字郎石，斋号御陶坊。1964 年生于宜兴丁山白鲍祠陶艺世家，系宜兴陶都著名百年老字号鲍生泰之第五代嫡系传人。由于自幼深受紫砂文化艺术氛围的影响和熏陶，鲍曙岩在 1986 年大学毕业后步入紫砂艺术殿堂，师从壶艺泰斗顾景舟的弟子、高级工艺美术师、江苏省工艺美术名人张红华门下潜心学艺，深得顾派真传，及名师耳提面命，悉心指导。他从全手工传统紫砂技法入手，刻苦钻研，全面掌握了各类传统全手工成型制作技法和一系列独门工艺流程。1994 年 8 月鲍曙岩被选送清华大学美术学院陶瓷艺术设计系进修，学习中西方陶瓷设计的美学思想和先进理念，并有幸得到如王建中等知名教授的指导，创作思路敏捷开拓，制壶技艺与时俱进，日趋完美。身为江苏省工艺美术名人、紫砂高级工艺美术师吴震、谢曼伦之婿，鲍曙岩又在花器类自然型紫砂工艺方面受益非浅。

总体说来，他的作品具有雄健而严谨，流畅而规矩，古朴而典雅，传统而现代的艺术风格。其作品以全手工传统光货为特长，力求体现对形体、线条的精准把握能力，以唯美的造型、完美的细节处理手法，彰显独特的书卷气息和文化品位。他的代表作品有“天外天壶”、“九头六方菱花僧帽壶”等。

7. 宗紫仙：擅长紫砂造型设计与创作

宗紫先（宗志仙），1961 年生于陶都宜兴，1978 年进宜兴紫砂工艺厂学艺，1979 年师承王小龙、高丽君及季益顺，得到了悉心传授和精心指导。他制壶技艺基础扎实，擅长紫砂造型设计与创作，尤以光货、花货见长，作品造型优美、古朴大方、线条流畅、工艺精细、充满神韵，其多件作品被收藏。

8. 赵曦鹏：益顺流派的优秀传人

赵曦鹏，1975 年生于陶都宜兴，1992 年进宜兴紫砂工厂，1993 年师从著名高级工艺师季益顺学艺，深得师傅悉心指导。1994 年他进中央工艺美术学院进修造型设计和装饰，是益顺流派的优秀传人。

他在紫砂艺术创作的道路上把绘画、浮雕融于壶体之中。他的作品以花货为主，注重突出细部的处理，工艺精到，基本功扎实，曾多次在国内大型展评中获奖，深受壶艺藏家的关注和赞赏。他的代表作品有“碧彩流云壶”等。

9. 刘建飞：壶艺超群名扬四方

刘建飞，又名刘剑飞，1969 出生于陶都宜兴，1986 年从事紫砂专业，学习制壶的传统技法。1996 年他师从著名高级工艺美术师季益顺，深得师傅悉心指导，造型技艺有了很大进步。2000 年他从江苏紫砂艺术造型设计班毕业，2004 年从苏州工艺美术职业技术学院毕业。他壶艺超群，作品深受藏家的喜爱，作品在国内外展览中屡次获奖。

10. 范建荣：多精品，赢美誉

范建荣，1968 年生于陶都宜兴，1986 年考进紫砂工艺厂，1989 年进研究所，1990 年担任紫砂学习班的辅导老师。1996 年，他师从高级工艺师季益顺，深得真传，在造型设计及工艺水准上有了很大的提高。

因他壶艺高超，所以作品屡获大奖，并得到海内外艺术家和收藏家的高度评价，有许多精品被收藏。他的代表作有“荷塘情趣壶”、“合家欢壶”等。

11. 沈岩峰：作品细腻，技法娴熟

沈岩峰，1976 年生于陶都宜兴，1992 年进紫砂工艺厂。在艺术培训中心学徒三年后，他师从高级工艺师季益顺。他的作品细腻，技法娴熟，深受紫砂评论、收藏界的认同和好评。

12. 胡朝军：秉承纯手工技艺

胡朝军，1974 年生于陶都宜兴，1991 年进紫砂工艺五厂随工艺美术师顾美群习艺，从 2004 年起进入宜兴紫砂工艺厂师从著名陶艺家吴鸣。目前他在设计中心从事紫砂壶艺制作及造型设计工作。他的作品曾多次在国内外大型陶艺展评中获奖，多件作品入编知名画刊与杂志。他的作品秉承纯手工制作之优势，以方器见长，技艺纯熟。

图书在版编目（CIP）数据

中国紫砂文化/紫檀编著. —北京：时事出版社，2014.1
ISBN 978-7-80232-586-9

Ⅰ.①中…　Ⅱ.①紫…　Ⅲ.①紫砂陶—文化—中国
Ⅳ.①K876.3

中国版本图书馆 CIP 数据核字（2013）第 078821 号

出 版 发 行：时事出版社
地　　　址：北京市海淀区巨山村 375 号
邮　　　编：100093
发 行 热 线：（010）82546061　82546062
读者服务部：（010）61157595
传　　　真：（010）82546050
电 子 邮 箱：shishichubanshe@sina. com
网　　　址：www. shishishe. com
印　　　刷：北京百善印刷厂

开本：787×1092　1/16　印张：20　字数：325 千字
2014 年 1 月第 1 版　2014 年 1 月第 1 次印刷
定价：38.00 元